U0513078

我的女性史

Mon histoire des femmes by Michelle Perrot

[法]米歇尔·佩罗 著 缪君 译 向宇 校

上海人民出版社

编者按

女性们似乎有着属于自己的一天。但一年中就那么一天，媒体谈论着她们，政治家也发表演讲，向她们致敬。那些不满足于虚情假意庆典而对事实寻根问底的人则提醒我们，男女之间仍然不平等。因为在社会的大部分领域中，相比男性而言，女性更容易陷入失业或工作不稳定的困境，她们所获得的薪酬也更微薄，所处的地位也更低，得到的认可也更少。不要忘记，女性在参政行政中，仅占微不足道的比例。

社会风向会改变吗？女性会撑起半边天吗？身为女性，是否便构成了一种正面歧视[1]？（尊重女性）是否还仅仅是一种临时承诺？

---

[1] "正面歧视"（也称为"逆向歧视"或"积极歧视"）指的是在政策或行为上对某些群体给予特别待遇或优待，以纠正历史上或现行的不平等或歧视现象。这种做法通常以促进社会公平为目标，旨在帮助那些传统上处于不利地位的群体（例如少数族裔、女性、残疾人等）获得更多的机会。——译者注

有一点可以确定的是，女性自有她们的历史，但此种为女性所撰写的历史直到很晚才开始被构建。

米歇尔·佩罗（Michelle Perrot）是法国历史学家运动的发起人之一，她向大众展示了女性的过往运动、地位演变，以及为获得独立所采取的种种斗争和策略，提供了多方位的历史维度。

毫无疑问，米歇尔·佩罗始终不渝地参与到女权运动中，并满怀热心与真诚。对我们法国文化广播电台来说，她无疑是剖析女性历史的最佳人选。

在本系列广播节目[1]的录制中，她倾注了自己的心血与热情。节目取得了巨大成功后，很多听众要求将佩罗的演讲发言刊印成书，如今，这个夙愿终于得以实现。

---

1 《女性史》系列节目共有 25 集，于 2005 年 2 月 28 日至 4 月 1 日在法国文化广播电台播出，由皮耶雷特·佩罗诺（Pierrette Perrono）编导。

目　录

第一章　书写女性史

历程

我首先想要和大家分享的是关于女性史的历史。如今，女性史似乎司空见惯。"没有女人"的历史似乎是匪夷所思的。然而，女性史并非由来已久。至少从集体意义来说，女性史不仅是女性传记，或女性生活，更是记录女性作为一个整体，在浩瀚历史长河中的存在。相对而言，女性史还处于新兴状态，不过三十来年。为何如此呢？女性为何沉默？女性之声又是如何湮灭的？

在这段历史中，我既是目击者，又与许多他人一样，同时也是参与者。因此，我想谈谈我的个人经历，因为在某种程度上，我从沉默到发声的转变经历，以及我看待事物视角的变化，都成为了历史的一部分，或者说至少成为历史中叙事的新对象，呈现过去与现在不断更迭的关系。

事实上，女性史曾经并非我关注的首要问题，女性问题也同样没有引起我的重视。青春期时，我曾一心渴望进入男人的世界，那里充满知识、工作和专业。而在我家人那里，我不曾有过任何束缚。我的父母非常坚定地主张（男女）平等，他们是无理论的女性主义实践者，一直鼓励我学习，甚至希望我有（男人般的）雄心壮志。二战后即 20 世纪 50 年代的索邦大学，教授清一色都是男性。后来女学生的数量越来越多，即便女生们会时常中断学业；不过在那儿，我并没有遇到什么特别的性别歧视。直至 1949 年，西蒙娜·德·波伏瓦出版了《第二性》，引起了轰动。当时我坚定地站在了她的那一边。但我对《第二性》仅进行了部分阅读，它也并没有使我彻悟。我是后来才慢慢明白这本书的可贵。

在艰苦的战后重建时期，经济和社会问题占据主导地位，社会与历史的视野都深受其影响。那时我们讨论共产主义、马克思主义与存在主义。工人阶级对我们来说是人类与世界命运的关键，正如圣西门（Saint-Simon）所说，工人阶级是"人数最多也是最为贫困"的阶级。工人阶级是各种被压迫的象征，是遭受不可容忍的非公正待遇的受害者。为此，书写工人阶级的历史需要一种整合的方式。在索邦大学，历史教授欧内斯特·拉布鲁斯（Ernest Labrousse）与另一名著名学者费尔南·布劳德尔（Fernand Braudel）一起，对工人史卓有建树。在拉布鲁斯指导下，我完成了有关"罢工工人"的博士论文，而其中女性部分仅占据了一个章节。事实上，与饥荒造成的暴乱不同，至少在 19 世纪，罢工还仅是男性独有的行为。这种男女的不对等性以及女性作为嘲讽对象都让我感到分外震惊！然而，说实话，我并没有在这个问题上纠结太久。当时我对那些低技能工人或外国工人所遭遇的问题更为敏感，针对工人的排外主义要比性别主义让我更为反感。

直到 70 年代我才接触到女性史。时值 1968 年，我在索邦大学担任助教，亲身经历了五月风暴和女权运动，颇有感触。随后我又去了巴黎七大，这是一所开放包容、兼收并蓄的新型大学。当然，现今的我之所以如此，并非靠某时某刻的顿悟。此间的二十年里，事情有了一些转变，而我，也发生了变化。随着我深入参与女性运动，我更希望了解她们的历史，将其记载下来。因为这些女性历史几乎没有或极少被书写，对此，人们真的有所需求。在取得博士学位并成为教授后，我在工作上有了较多的自主权。1973 年，与宝琳·施密特（Pauline Schmitt）和法比恩·博克（Fabienne Bock）一起，我们共同开设了一门题为"女性有历史吗?"的课程。从课程的题目也可以看出我们的不确定与困惑。因为当时我们难以确定女性是否有历史，尤其在克劳德·莱维-斯特劳斯（Claude Lévi-Strauss）结构主义那里，注重的是女性在生育与家庭关系中的角色："物品的交换，女性的交换。"此外我们也并不清楚该如何教这门课程，既无现成的教材，也无教学法的指导，仅有一堆疑问而已。于是我们就历史中的女性问题，向社会学[1]、

---

[1] 安德烈·米歇尔（Andrée Michel）以一场关于"家庭模式"的论述开启课程，但学生们对此提出异议，因为他们误解了"模式"一词的含义，并声称不再需要家庭模式。不过米歇尔老师最后取得了学生们的信任。

历史学[1]同事们请教，因为他们在这些方面的研究更为先进。尽管如此，课程最后取得了巨大成功。运动一旦开始了，便难以停止下来。不过我暂且将这段有关历史学的回忆先放一放，在后面再来谈谈它的结果。上述历程可以说既是我个人的一段颇具探索与觉醒的历程，同时也融入了集体运动之中。对我来说，从大学的层面而言，艾克斯-普罗旺斯大学[2]、图卢兹大学[3]、巴黎八大[4]、里昂大学（社会心理学方面）等在同期也开展了相似的尝试与探索。女性运动在法国以外早已存在，且势头更为

1　皮埃尔·维达尔-纳凯（Pierre Vidal-Naquet）、雅克·勒戈夫（Jacques Le Goff）、埃马纽埃尔·勒·罗伊·拉迪里（Emmanuel Le Roy Ladurie）、性研究先驱让-路易·弗朗德兰（Jean-Louis Flandrin）、莫娜·奥祖夫（Mona Ozouf）、让·谢诺（Jean Chesneaux）等诸多学者为我们提供了相当大的帮助。

2　伊冯·尼比勒（Yvonne Knibiehler）与同事们创办了首个有关女性研究与信息的杂志 *BIEF*，并于1975年首次组织了题为"女性与人文科学"的研讨会。其有关母性、出生、女性、医生、护士和女性社会工作者等方面的研究上颇具权威。

3　与罗兰德·坦佩（Rolande Trempé）和玛丽-弗朗斯·布瑞夫（Marie-France Brive）一道。

4　与克洛德·莫塞（Claude Mossé）、马德琳·雷贝里乌（Madeleine Rebérioux）和贝阿特丽斯·斯拉玛（Béatrice Slama）一道。

猛烈。美国和英国作为妇女研究的先驱[1]，一直让我们饶有兴趣地追随其步伐。荷兰和德国（以比勒费尔德大学和柏林自由大学为中心），还有意大利的女性运动发展非常迅速，表现出明显的独特性与活力，西班牙、葡萄牙等地也紧随其后。总之，女性运动是一项全球性的运动，如今在魁北克、拉丁美洲（尤其是巴西）、印度与日本等地尤为活跃。而女性史的发展正是悄然伴随着这场女性追求解放与自由的"运动"。这是一种在社会和历史性别维度上更宽广的意识所带来的诠释与影响。

在过去的三十年里，女性史研究经过几代知识分子的传承，以论文、书籍等方式呈现了诸多学术成果，而不再是简单的"原始"积累。如今还有一本期刊，名为《克利奥》(*Clio*)，涉及历史、女性与社会问题；还有诸多协会、研讨会及综合著作。2004 年在法国布卢瓦，以"历史中的女性"为主题的"历史之约"研讨会取得了巨大成功。

女性史现在已大为改观，从研究对象到研究视

---

[1]　得益于巴黎七大查尔斯五世学院，英美文化教授弗朗索瓦丝·巴什（Françoise Basch），自 1970 年代初期起，便与英美研究建立起关联。

角，都在变革之中：历史研究对象从女性身体、私人角色，转向了城市公共空间、工作、政治、战争以及文艺创作；从女性作为受害者的历史转向了女性作为参与者的历史，以及她们是如何在多重互动中促成这一变革的；从单纯的女性史开始，逐渐演变成为性别史，后者更关注两性关系，并融入男性特质。女性史扩展了与之相关的空间、宗教与文化的视域。

上述这一切，我想要讲述给你们听，而且尽可能地全面。因为这部女性史，并非"我的"女性史。书名中的"我的"仅仅作为语法意义上的代词，但并不意味这部历史为我所有。在这里我并非想要事无巨细、面面俱到，仅仅试图从这张巨大的历史画轴中抽出几丝线索来。我将围绕以下几个主题和大家来聊一聊：沉默与根源、身体、灵魂、工作与创作、城市中的女性。我将在尽可能广的时空范围内，借助人物及事件加以佐证。尽管如此，囿于种种情形及我个人能力，这些例子大多来自法国史及当代西方史。

在这一切的背后，我们隐约可以看到，以下问题始终存在：两性之间的关系发生了什么变化？性别的外在表现与生存体验之间的关系有什么变化？这些变化是如何发生的？如果没有变化，又是为何？这些变化产生了怎样的效果？

打破沉默

书写女性历史，就意味着让女性打破她们深陷已久的沉默。为何会如此沉默呢？我们首先要弄清楚：女性真的拥有自己的历史吗？

这个问题似乎有些奇怪。乔治·桑曾说过，"一切皆为过往"，也正如后来的玛格丽特·尤瑟纳尔（Marguerite Yourcenar）说的那样："一切均是历史。"但为何女性没有出现在历史之中？

一切取决于我们对"历史"一词赋予的意义。所谓历史，即已经发生的，包含一系列事件、变革、革命与进化或积累，构成社会的发展。但历史也取决于人们对它的叙述。英语中，"故事"（story）和"历史"（history）是有所区分的。事实上女性长期以来一直被排除在历史叙事之外，仿佛她们注定要默默无闻地隐匿在不被言说的生育之中，脱离于时代变迁，置身历史事件之外。她们被埋藏在寂静的深海中。

在这一片深沉的死寂中,女性们显然并非唯一的受难者。这种沉默笼罩着所有被遗忘的、淹没在无名之海中的芸芸众生。但它对女性的压迫却是最为深重的。这其中有着各种原因。

隐形

为什么说女性是隐形的?首先,那是因为我们在公共空间中很少见到女性,而这个空间却是长期以来唯一被关注、被叙述的空间。女性在家庭中劳作,被限制在房间或固定区域之内。女性总是不被看见的。对很多社会来说,女性的隐形与沉默是构成秩序的一部分[1],也是一个城邦安定的保证。假如女性成群出现,这会令人害怕。例如在希腊,这种行为会被视为内乱和骚动。而女性公开发表言论更被视为有失体面。"女人应当保持安静,"使徒保罗如是说:"因为先造的是亚当,后造的是夏娃,并非亚当受骗,而是夏娃受骗陷入罪中。"[2]女人必须为错误付出代价,永远保持

---

[1] 关于这一问题,请参看妮可·罗茹(Nicole Loraux)的研究。

[2] 第一封《提摩太前书》,第 2 章,12—14 节。此处使用《圣经》当代译本。——译者注

沉默。

就连女性的身体，也是令人畏惧的。人们情愿将其遮盖起来。男人是个体、是人，他们拥有自己的姓氏并代代相传。有些人被称为"伟人"，是"伟大的男性"。而女性呢，没有姓，仅配有个名字。女性群体面目模糊、影影绰绰，委身于阴暗之中。"妇女和儿童"不总是"优先"，有时被旁落，有时被排除在外，依据具体情况而定。但这些约定俗成的表达方式，呈现出一种全球范围内的问题。在著作《忧郁的热带》的开头，克洛德·列维-斯特劳斯（Claude Lévi-Strauss）描述了男人们外出打猎后的村庄：那儿一个人都没有，除了妇女和儿童外。人们很少见到女性，也很少谈论起她们。

沉默的第二个原因是她们在信息资料上的失语。女性很少留下直接痕迹，无论书写的还是物质上的痕迹。女性书写的时代很晚才来临。她们在家庭的劳作成果被很快耗尽，消散得无影无踪。她们甚至会自我摧毁、抹去自己的痕迹，因为她们相信这些遗迹无任何意义。要知道，她们仅是女人，而女人的生命微不足道，轻如鸿毛。甚至在记忆中，她们还烙印有一种作为女性的羞耻感，习惯了自我贬低，把沉默视为荣誉。

研究者或编年史学者通常为男性，他们深受刻板印象的误导，或鲜少关注女性。

诚然，人们也谈论女性，但通常只是泛泛而谈："女人们是这般……""女人是那样……"。关于女性的论述往往冗长啰嗦，与之相反的是，人们又缺乏关于女性准确与详细的资料。女性形象亦是如此，大多由男性塑造，因此无疑更多地反映了艺术家自己梦想或恐惧的女性形象，而不是真实女性的样子。要知道，在被描写与叙述之前，女性早已被想象、替代了。这是女性为什么会沉默与模糊不清的第二个原因，即相关的男女性别信息的不对称性。此外，这些情况在各时代也不尽相似，这点我们之后再讨论。

但最深层次的沉默是在叙事中的沉默。早期希腊或罗马史学家的历史叙述多涉及公共空间，诸如战争、统治、"声名显赫"或作为"公共人物"的男性；中世纪的编年史与神圣故事也是如此，更多地谈论男性圣徒而非女性圣徒。男性圣徒外出活动，传福音、旅行，而女性圣徒则需保持忠贞、进行祈祷，若是能殉道，这将被视为无上之荣耀。

墨洛温王朝的王后们以其残忍著称；文艺复兴时期的优雅贵妇，还有各个时代的风流交际花，则令人浮想联翩。女性若想在历史上留下印记，似乎只有两种方式：要么恭顺虔诚，要么鲜廉寡耻。

18世纪，尤其是19世纪，历史学科变得更具有科学性与专业性，那么女性和性别关系的地位是否有所提升？答案是：仅仅提升了一点而已。法国历史学家儒勒·米什莱（Jules Michelet）在其法国史中曾这样写道：凯瑟琳·德·美第奇（Catherine de Médicis）的摄政时期是个可怕的例子，充分显示了女性掌权的弊端。在他看来，圣巴托罗缪之夜[1]也是女性僭越权力的结果。然而他又称赞道，1789年10月5日至6日的凡尔赛游行[2]中有女性的介入，彰显了她们作为母

1　又称圣巴托罗缪大屠杀，这是一场发生在法国中世纪的宗教屠杀。——译者注

2　又称十月游行，是法国大革命最早及最重要的事件之一。游行从巴黎集贸市场的妇女中开始，她们不堪忍受哄抬的物价及面包的短缺，集会很快演变成寻求自由主义政治改革及法国君主立宪制的革命活动。——译者注

亲与家庭主妇所发挥的积极作用[1]。可以看出，他的历史观在较大程度上受到了性别角色观念的影响。他赞美"人民的女性"，因为"没有什么比女性更能代表人民了"。这也是第三共和国教科书中女性的形象的呈现方式。除了圣女贞德这唯一的民族女英雄外，教科书上很少谈论起女性[2]。

来自年轻历史学家伊莎贝尔·埃尔诺（Isabelle Ernot）的研究[3]颇有独到之处。她研究了一系列女作者，如《法国王后们的罪行》（*Crimes des reines*

1　儒勒·米什莱，《法国大革命史》（*Histoire de la Révolution française*），巴黎，Gallimard 出版社，收录于"七星书库"。第一部分，p. 254："女性在过去站在了革命的前线。不必感到吃惊哦，因为她们承受了更多的苦难。"

2　丹尼斯·纪尧姆（Denise Guillaume），《学校中女性的命运——历史与社会纪实手册》（*Le Destin des femmes à l'École. Manuels d'histoire et société*），巴黎，L'Harmattan 出版社，1999年；弗朗索瓦丝和克洛德·勒利埃夫尔（Françoise et Claude Lelièvre），《向儿童讲述的共和国女性历史》（*L'Histoire des femmes publiques contée aux enfants*），巴黎 PUF 出版社，2001年。

3　伊莎贝尔·埃尔诺（Isabelle Ernot），《论1791年至1948年女历史学家与书写女性史之问题》（*Historiennes et enjeux de l'écriture de l'histoire des femmes, 1791—1948*），巴黎第七大学博士论文，2004年。

de France）（1791 年）作者路易丝·德·凯拉里奥（Louise de Kéralio），还有劳尔·达布兰特什（Laure d'Abrantès）、奥尔滕斯·阿拉尔（Hortense Allart）、德·雷内维尔夫人（Mme de Renneville），这些女性作者均系贵族出身，但都试图通过写作来谋生。19 世纪，越来越多的女性开始书写各类女性传记：王后、女圣徒、妓女，以及"非凡女性"。她们的命运似乎为女性的黑夜划出一道光明，例如布兰奇·德·卡斯蒂尔（Blanche de Castille）、让娜·达尔布雷（Jeanne d'Albret）、曼特农（Maintenon）夫人。尤其是玛丽·安托瓦内特王后（Marie-Antoinette），对于某些人来说，她是"法国人的祸害与蚂蟥"，而另一些人则试图为她平反，认为她是一位不幸的王后。奥林普·德·古日（Olympe de Gouges）就在自己发表的《妇女公民的权利宣言》中向玛丽王后致敬。还有一些研究尝试以更长的时间跨度来考察女性状况的演变，如在奥林普·奥杜阿尔（Olympe Audouard）在出版的《妇科：六千年来的女性》（*Gynécologie. La Femme depuis six mille ans*, 1873 年）一书中探讨了基督教在此演变中的作用。这本书的出版表明了即使在专制保守

的第二帝国时期，人们也对这类主题感兴趣，这对杜潘卢（Dupanloup）大主教的教权主义与皮埃尔·约瑟夫·蒲鲁东（Pierre-Joseph Proudhon）的厌女症无疑是一种挑战。

两次世界战争期间，女性开始进入大学。其中的不少人对女性历史，尤其是女性主义历史产生兴趣，如玛格丽特·蒂伯尔（Marguerite Thibert）和艾迪特·托马（Édith Thomas）[1]。然而相比掀起史学革命的年鉴学派，她们尚处于无人问津的边缘地带。"年鉴学派"由马克·布洛赫（Marc Bloch）与吕西安·费弗尔（Lucien Febvre）在此时期创立，该学派以其核心学术刊物《经济社会史年鉴》得名。

该学派极具创新性，打破了先前过于政治化的历史观，不过，经济与社会问题仍然是其重点研究对

1　玛格丽特·蒂伯尔（1886—1982），最早获得研究圣西门派历史博士论文。艾迪特·托马（1909—1970）撰写了大量1848年女性作品，其中包含宝琳·罗兰（Pauline Roland）、乔治·桑（George Sand）、路易丝·米歇尔（Louise Michel）。多萝特·考夫曼（Dorothy Kaufmann）的传记，《艾迪特·托马：抵抗的热情》（*Édith Thomas. A Passion for Resistance*），Cornell University 出版社，2004年；2006年，法国 Autrement 出版社出版了法译本。

象。此学派对性别差异漠不关心，也不将其视为研究的范畴。尽管如此，吕西安·费弗尔还是于1944年发表了一篇关于玛格丽特·德·纳瓦拉（Marguerite de Navarre）的精彩论文《围绕〈七日谈〉论神圣的爱与世俗的爱》，该文探讨了情爱甚至强奸的历史。然而以欧内斯特·拉布鲁斯（Ernest Labrousse）和费尔南·布罗代尔（Fernand Braudel）为代表的年鉴学派第二代学者并没有追随其前辈的这种尝试。

问题在于情况是如何变化至此的：女性既是研究对象，同时也是叙述主体，这种以女性为历史原材料的"女性史"是如何产生的？

女性史的诞生 [1]

女性史首先诞生于20世纪60年代的英国与美国，十年后才来到法国。"女性"这一研究对象在人文科学领域，尤其在历史学领域之中的兴起，是由科学、社会学、政治等一系列因素交织促成的。我对这些因

---

[1] 关于此方面的历史编纂学，参见弗朗索瓦丝·泰博（Françoise Thébaud），《书写女性史》(*Écrire l'histoire des femmes*)，法国丰特奈-玫瑰市，ENS 出版社，1998 年。

素做个简要的梳理。

从科学的因素看，20 世纪 70 年代左右，随着（马克思主义、结构主义）思想体系的危机、学科联盟的重塑以及主体性的兴起，新的问题开始提出。历史与人类学重新联系在了一起，对家庭有了重新发现。蓬勃发展的历史人口统计学通过出生率、结婚率、结婚年龄和死亡率对家庭进行多维度的全面考量，把握了人们行为的性别维度，不过他们并未对此深入研究，仅仅是顺带地提出了将女性作为主体的问题。历史学家乔治·杜比（Georges Duby）通过人类学的方法研究女性史，诠释了这个历程。杜比在《骑士、女人与神父》[1] 一书中审视了 12 世纪封建婚姻的运作，提出了疑问："但女人呢？我们对她们的了解到底有多少？"这个问题从此成为他研究的核心。

通过对家庭的研究，新的角色——儿童和青年，以及随之出现的问题——年龄阶段、私生活，被纳入历史研究的视野。为此，菲利普·阿里耶斯（Philippe

---

1 乔治·杜比，《骑士、女人与神父——论封建法国的婚姻》（*Le Chevalier, la Femme et le Prêtre*），巴黎，Hachette 出版社，1981 年。

Ariès）和乔治·杜比进行了一系列的深入研究[1]，女性问题自然也包含在其中。在完成《疯癫与文明》之后，米歇尔·福柯（Michel Foucault）着手研究性史[2]，并计划撰写一卷关于"歇斯底里女性"的内容。"新历史学派"，也就是人们所说的年鉴学派第三代，其研究对象范围变得更为广泛[3]，呈现出百花齐放的繁荣景象，虽有时也被人诟病为"七零八碎"，但这无疑利于学科的创新。随着学术界氛围的变化，书写历史的方式也发生了改变。

---

1 《私人生活史：从古到今》(*Histoire de lq vie privée. De l'Antiquité à nos jours*)，菲利普·阿里埃斯（Philippe Ariès）和乔治·杜比（Georges Duby）(主编)，巴黎，Seuil 出版社，5 卷，1986—1987 年。在本丛书中我编辑了有关 19 世纪那部分。

2 米歇尔·福柯（Michel Foucault），《求知的意志》(*La Volonté de savoir*)，第一册，《性史》，巴黎，Gallimard 出版社，1976 年。

3 根据阿兰·科尔班（Alain Corbin）自述，他本人是一位"敏感的历史学家"，同时也是这一演变派的代表。在完成博士论文《19 世纪法国利穆赞地区古风与现代性》(*Archaïsme et modernité en Limousin au XIXe siècle*，巴黎，Marcel Rivière 出版社，1975 年）后，他的第一本著作是《妓女：19 世纪卖淫和性痛苦史》(*Les Filles de noce. Misères et prostitution au XIX^{e}siècle*，巴黎，Aubier 出版社，1978 年）。

　　还有一个社会因素，那就是女性进入大学。女大学生几乎占据了 20 世纪 70 年代大学生总数的三分之一；而女教师，尽管在相当长时期里"不受欢迎"，在二战后却不甘示弱地与日俱增。如今，教师队伍的三分之一都是女性。可能正是这种女性化趋势催生了新的需求，至少是使女性获得了有益的倾听。

　　此外还有政治因素。从广义上来说，它具有决定性作用。20 世纪 70 年代兴起的妇女解放运动，最初针对的并不是大学；相比女性史，当时存在的其他问题也更值得关注。不过这场运动依靠的却是知识分子，比如那些自认为已经通读波伏瓦《第二性》的女性读者。这场运动至少在两个方面对人们的认识产生了影响。首先，妇女解放运动为了寻找其自身的根源与合法性，发起了"记忆工作"运动，寻找女性的记录并公之于世，这项运动在此后的社会不断地发展、延续下去。其次，从长远来看，这场运动在理论方面的抱负也不容小觑。妇女解放运动试图批判许多根深蒂固的成见，那些自称具有普遍性而实际上却只具有男性特征的成见。在 20 世纪 70 年代和 80 年代，人们渴望"认识论的突破"，这主要影响了人文社会科学，同时还涉及数学。

这些国家于是催生出女性对另一种叙述、另一种历史的渴望。

女性的呈现：言论与形象

书写历史，需要资料、文献以及相关印迹的佐证。但对女性史来说这是一个难题。因为她们的存在被抹去，痕迹被消除，相关档案也被毁掉。女性的存在无迹可寻，这形成了一个缺口。

首先，这是记录的问题，因为语言本身也成为同谋。我们可以从法语的语法窥见一斑。在男女混合的语境下，法语通常使用阳性的复数形式，即用男性复数 "ils"（他们）取代女性复数 "elles"（她们）。例如对于一场男女共同参与的罢工，人们会在统计中忽视女性参与的人数。

统计数据通常不会对性别加以区分，尤其在经济领域、工业统计或劳工统计上。统计数据上的性别化是相对较新的现象，也是女性主义社会工作者所呼吁的。难道区分性别不是分析的前提条件吗？种族起源领域的识别统计中也出现了类似问题，这在人口统计学家中引发了更为严重的分歧。

女性在婚后便失去了自己的姓氏，至少在法国是这样，在许多其他地方也是如此。重新构建女性的谱系常常是困难的，甚至是不可能的。雅克·杜帕奎尔（Jacques Dupâquier）曾发起过名为"TRA"的人口调查，想构建以 Tra 为开头的姓氏的家族谱系，以研究社会流动的现象，但由于上述的种种原因，他不得不放弃了对女性的调查。结婚率的下降、子女可以自由选择随父姓或者随母姓、父母也可以自由为子女选择姓氏，这些都无疑加深了人口学家和家谱学家未来研究的复杂程度。这场姓氏革命颇具意义。

一般来说，当多名女性出现在公共场所时，旁观者会感到有些不知所措。人们会将这些女性视为群体或一个团队，因为她们通常会以母亲、家庭主妇、养家糊口者等身份进行集体行动。因此人们也常常用刻板印象来指代并定义女性。例如警察会用"恶妇"或"泼妇"来称呼示威的女性，哪怕她们只是发出一丁点儿的叫喊，也会被视为歇斯底里。勒庞的群体心理学则给群体的种种行为贴上女性化的标签：容易情绪化、紧张、暴力、甚至野蛮粗暴。

对女性痕迹的破坏也时有发生，这种行为具有社会性，表现出对两性的区别对待。一对夫妻之中，若男方是知名人士，那么男方的相关文档会被妥善保管，而女方的则不了了之。所以我们可以看到法兰西学术院士和政治家托克维尔写给他妻子的信件被保留了下来，而看不到他妻子写给他的。私人档案的区别处理这个问题至今仍然被忽视。公共档案馆不愿意接受难以管理的资料，包括一些政治家、作家的文档，更不要说普通大众，甚至是女性的资料了。针对这种情况，约十年前，在菲利普·勒琼（Philippe Lejeune）领导下，成立了一家协会，目的是接受并促进私人档案的保存。

此外还有女性记忆的自我毁灭。不少女性根深蒂固地认为自己微不足道，从小到大被灌输的卑微感会贯穿一生，所以她们会毁掉或正在毁掉自己的私人资料。很多年长妇女，常常私下在无人的房间里烧毁自己的各种资料。

上述这些原因解释了女性资料为何缺乏，尤其缺乏的是她们的具体存在和独特历史的印记。在记忆的殿堂中，女性只是虚无缥缈的影子。

泛滥的言论

另一方面，有关女性的言论却是丰富的，甚至到了泛滥成灾的地步。关于女性的图像、文学作品以及雕塑作品可谓不计其数，但大多由男性创作，而女性对这些作品的理解，以及她们的感受和看法，则被人们忽略不计了。

人们喋喋不休、近乎偏执地谈论女性。他们谈论着女性是什么样的、该做什么。哲学家也是如此。弗朗索瓦丝·柯林（Françoise Collin）、埃芙琳·皮西耶（Évelyne Pisier）和埃莱妮·瓦里卡（Eleni Varikas）共同编著了一部评论集[1]，其中没有特别涉及哲学问题，也没有过多探讨两性间的差异，而是更多地关注了女性这个话题。"哲学文本中的性别化问题总是以女性问题呈现，并针对女性。"因为性别差异来自女性，来自她们相对于男性标准的偏离。正如卢梭所说，"她们的性别与我们的性别"造就了"我们与她们"的不同。这部由男性主导的评论集，编著者的男女性比例

---

[1] 弗朗索瓦丝·柯林、埃芙琳·皮西耶和埃莱妮·瓦里卡，《从柏拉图到德里达眼中的女性们》（*Les Femmes de Platon à Derrida*），巴黎，Plon 出版社，2000 年。

为 55：4，这恰好反映了哲学话语中性别上的不对称。该评论集提供了许多重要经典作品摘录，并按类别进行分类，其中有些是难得一见的：希腊哲学思想、教会教父及神学家思想、启蒙运动哲学家思想、较为先进的英国思想以及德国思想、蒲鲁东和法兰克福学派（阿多诺）。它甚至还收录了弗洛伊德一篇罕见的文章，尽管他很少谈论女性气质。

只需对这部评论集稍作浏览，便可了解这些论述的脉络，不必花太多精力回顾。首先来看看亚里士多德，或性别二元论思想家们的想法吧。不同于柏拉图，亚里士多德是以最激进的方式确立男性优越性的希腊哲学家[1]。他眼中的女性，介于城市与野蛮、人性与兽性之间，她们是和谐集体生活的潜在威胁。该如何将她们排斥呢？女性不仅有许多和男性不同之处，而且是未完成的男性残次品，因为她们不完整、有缺陷。女性冷漠，而男性热情；女性是夜行的，而男性是日行的；女性是被动的，男性却是主动的；男性精

1　弗朗索瓦丝·埃里蒂埃（Françoise Héritier），《男／女》（*Masculin/Féminin*），第一册，《差异的思想》（*La Pensée de la différence*），巴黎，Odile Jacob 出版社，1996 年。

气旺盛，是生命的创造者，而女性仿佛花瓶，仅仅被期待成为一个好的生育容器。亚里士多德的思想在很长一段时间内塑造了两性差异的观念。这一观点在希腊医学文献，尤其是医学研究者盖伦（Galien）的著作中得到体现。到了中世纪，神学家托马斯·阿奎那（Thomas Aquinas）采纳并调整了这一理论。

在《提摩太前书》中[1]，保罗要求女性保持沉默："女人应当安安静静地学习，完全顺服。我不准女人教导或管辖男人，她们应当保持安静。"[2]

对于神学家博须埃（Bossuet）来说，婚姻专制主义与王室的专制主义存在着同源性："身为女性的夏娃是充满不幸且被诅咒的。"为了聊以慰藉，他补充道："女人仅需谨记自己的起源；不要过分炫耀自身的娇媚。要知道她们来自一根多余的骨头，上帝仅仅想要赋予其美丽而已。"

关于性别等级制度的宗教根源，我们稍后再谈。而启蒙运动与科学也并不总是最好的顾问。不少哲学

1　本书中有关《圣经》引用的翻译，采用当代汉译本。——译者注

2　提摩太前书，第 2 章 12 节。

家在自然科学和医学中找到了更多论据来证明女性的劣势。从卢梭到奥古斯特·孔德，均持有这样的想法："……如今我们可以认为，女性身上存在的明显劣势是毋庸置疑的。与男性相比，女性可能智力和脑力薄弱，或者在精神和身体上都过于敏感，因此不适合持续性或高强度的脑力劳动。"在这里，我还没有谈及蒲鲁东，他对性别等级区分的想法更为系统化。

所幸的是，我们还是可以听到不少令人欣慰的声音。比如，孔多塞侯爵（Condorcet）的想法是具有平等精神的。他主张让女性成为公民和科学界的一员："女性拥有与男性相同的权利；她们有权获得同样的机会便利，以获得同样的知识启蒙；只有这样，她们才能以同样的独立性和平等性去真正行使这些权利。"

我今天的目的并不是研究性别差异的哲学思想——这是个过于庞大的问题。[1]我想要说的是，女性在学术话语中的存在，就好比她们在流行话语，或浪漫、诗意话语中的存在那样，人们用同样的方式在讨

1　参考吉纳维芙·弗赖斯（Geneviève Fraisse），《性别之间的差异》（*La Différence des sexes*），巴黎，PUF 出版社，1996 年。

论这种存在。

泛滥的形象

自远古时代起，人们始终在描绘、刻画女性的形象。我们从史前洞穴痕迹中还可以不断地解读她们的痕迹，到了当代的杂志和广告，女性形象更是无处不在，城市的街头巷尾充斥着女性图像。但这些图像能告诉我们女性的生活及其愿望吗？

古代史学家保罗·维恩（Paul Veyne）和中世纪史学家乔治·杜比（Georges Duby）就曾提出过图像问题，因为在他们所研究的历史时代，女性的沉默令他们印象深刻。在《神秘的女性》一书中，保罗·维恩对庞贝古城神秘别墅中的壁画进行了详细分析，对女性及其欲望进行了描述。"凝视，本来就不简单，"他指出，"而女性的处境与形象之间的关系则更为复杂。"弗朗索瓦丝·弗龙蒂西-迪克鲁（Françoise Frontisi-Ducroux）就"凝视中的性别"开展了更为细致的研究，得出了更为激进的结论：那些难以触及的所谓古代女性凝视，无非是男性想象的产物。

乔治·杜比对此也并不太乐观。在《女性图形》

序言中，他坚持强调存在一种神秘的困扰：那是一种男性主导性力量，迫使女性成为他们的观众，而她们或多或少地表示同意。他这样写道："女性无法表现自己。她们是被别人表现的。[……]时至今日，男人的目光仍然聚焦在女性身上。"要么努力征服她们，要么诱惑她们。尽管如此，乔治·杜比还是希望女性有时能够从自身的形象中获得一些乐趣。

那么，如何面对这些主要反映男性想象的图像呢？我们或许可以通过回顾各种女性形象，探讨各个时代对美的定义，[1]思考画家们对待女性的方式。在这方面，女艺术家科莱特·德布莱（Colette Deblé）有着一段独特的经历。多年来，这位艺术家一直以米开朗琪罗、菲利普·德·尚佩涅（Philippe de Champaigne）、吉洛代（Girodet）和费利克斯·瓦洛东（Félix Vallotton）等知名画家的绘画作品为基础来描绘女性。那么在她看来，这些跟她神交已久的艺术家，对女性有什么印象

---

[1]　正如乔治·维加雷洛（Georges Vigarello）在《美丽史：论文艺复兴时期至今身体与美容之艺术》(*Histoire de la beauté. Le corps est l'art d'embellir de la Renaissance à nos jours*)中所做的那样，巴黎，Seuil 出版社，2004 年。

呢？她这样回答："他们既害怕女性，却又爱着她们。"

我们可以探寻一番，女性如何看待和体验她们的形象：接受或是拒绝，享受或是诅咒，反叛或是臣服。对女性来说，形象首先是具有暴政性质的，因为它迫使女性必须去对理想化的身体或服饰进行迎合。但与此同时，形象也是一种自我庆祝，是快乐的源泉或微妙的游戏。作家玛丽-琼·博内（Marie-Jo Bonnet）在《艺术中的女性》（*Les femmes dans l'art*）中革新了相关主题的研究方法，并指出：通过艺术的运用，形象成为了女性可以征服的领域。之后我们会再回头来讨论时尚、外观与创作。毫无疑问，我们必须摒弃把这些形象看作女性生活的全景画卷的想法。但我们不应忽视她们借助对形象的利用，以及通过女性视角对形象所施加的影响。此外，我们应了解不同形象之间性质的差异，例如绘画与照片，静态图像与动态图像。电影作为一种通过性别差异来建构其语言[1]的媒介，仍然是一个未被充分探索的领域。在各时代与各艺术家之

---

1 吉纳维芙·塞利尔（Geneviève Sellier）的著作颇具开创性。参见书末的参考书目。

间也有着种种差异，有的更有象征性、更为理想化，有的则更为真实，甚至过于写实。尽管如此，女性形象仍是一个谜，我们对其知晓有多少，它所隐藏的就有多少。

资料：档案馆中的女性

言论和形象就像一件厚厚的外套将女性包裹了起来。如何打破笼罩在她们身上的沉默和刻板印象，真正地接触女性？

诚然，有许多现成的资料，如那些对女性的讨论资料，或是女性直接发声的资料供我们聆听。这些资料可以在图书馆、出版机构、书籍报刊以及公共或私人档案馆中找到。这些地方的资料可以互为补充，没有必要去将其互相对立，它们之间的差异主要在于所收集的女性话语中自发性程度的不同。我所使用的资料来源有很多。在这里着重指出几种。

首先来看看公共档案吧。有关女性的警察局和司法档案在 17 至 18 世纪最为丰富。当时的法国，乡村秩序和街头治安成为棘手问题，而女性常常是扰乱公共秩序的罪魁祸首。阿莱特·法尔热（Arlette Farge）的作品正是着眼于这个颇有意义的方向。借助挖掘档案以及自身被唤起的情感，她希望重新展示那些陌生人的生存过往，以及那些默默无闻的故事。为此她从巴黎夏特莱（Châtelet）警察局档案中汲取素材，塑造出巴黎平民百姓的生动形象。在她的《街头生活》（*Vivre dans la rue*）和《脆弱的生命》（*La Vie fragile*）[1]中，女性善于钻营却又我行我素。我们看到桀骜不驯的老板娘、精明能干的女仆、怨气满腹的妻子、被"诱惑后遭抛弃"的待嫁女孩，她们都深陷这类社会琐事的旋涡之中。这些事件充分展现了家庭中的冲突与困境，反映了社会底层小人物在城市牢笼中挣扎求生时的团结与活力。得益于当时不甚规范的警察笔录，我们有机会如闻其声般地听到那个时代中民众，尤其是女性的诉苦、抱怨、辱骂。

1　阿莱特·法尔热（Arlette Farge），《18世纪巴黎的街头生活》（*Vivre dans la rue à Paris au XVIIIe siècle*），巴黎，Gallimard出版社，《档案》丛书，1979年；《脆弱的生命：18世纪巴黎的暴力、权力与互助》（*La Vie fragile. Violence, pouvoirs et solidarités à Paris au XVIIIe siècle*），巴黎，Hachette出版社，1986年。

让·尼古拉斯（Jean Nicolas）在《法国反抗运动》[1]中对17世纪末至法国大革命期间的因粮食短缺引起的骚乱进行了详尽的研究。他发现女性在这些冲突中所扮演的角色是"街头女王"，"永远最有热心"，也是粮食"价格公平"的守护者。这也揭示出妇女在公共生活中的角色在旧制度下比在19世纪时还要重要得多，这是由于随着食品供应的规范化和面包定价制度的实施，这类骚乱在19世纪逐渐消失了。

学者安妮-玛丽·索恩（Anne-Marie Sohn）研究的对象，则是1870年至1930年间的夫妻生活与女性的私生活。这个时期的性规范与欲望表达正在发生变化。[2]在法国各省的档案馆中，她研究了约七千份涉及私人纠纷的轻罪法庭和重罪法庭的司法记录。这些档案显示，近四分之三的案件都涉及普通阶层女性，她

---

[1] 让·尼古拉斯（Jean Nicolas），《法国反抗运动：1661—1789年大众运动和社会意识》（ *La Rébellion française. Mouvements populaires et conscience sociale*, 1661—1789 ），巴黎，Seuil 出版社，《历史世界》丛书，2002 年。

[2] 安妮-玛丽·索恩（Anne-Marie Sohn），《蛹变：19—20世纪私人生活中的女性》（ *Chrysalides. Femmes dans la vie privée, XIXe—XXe siècles* ），巴黎，索邦大学出版社，1996 年。

们往往成为嫉妒或家庭暴力的受害者（激情犯罪大多由男性所为）。但女性也会奋起反抗，她们没有任由男性摆布，反而表现得如同自己意志的主人。对她们来说，城市毕竟是一个自由解放之地。

安尼克·蒂利尔（Annick Tillier）调查了19世纪布列塔尼西部村庄中常见的女性杀婴罪行。她仔细审查了相关审讯档案，[1]发现案中的女犯多为农妇，且通常是农场女佣。她们在非自愿的情况下怀孕，并在极端恶劣的条件下独自面对妊娠，以至于不惜杀死自己的孩子。这是一项惊人的研究，揭示了布列塔尼乡村的社会状况，让人们深入了解这些深陷贫困与孤独的年轻女性，以及她们的无望与沉默。

审讯记录、案情资料以及证人证词都能在一定程度上使我们贴近工人阶级女性的日常生活。她们接受审讯时候的话语，通过警察和宪兵的笔录，甚至转述，让我们仿佛还能听见回响，从这些记录中察觉到女性的缄默，以及这种无法言说的无尽沉默背后的沉重。

---

1 安尼克·蒂利尔，《村落中的罪犯：19世纪布列塔尼杀婴事件》(*Des criminelles au village. Femmes infanticides en Bretagne* (*XIXe siècle*))，雷恩，大学出版社，2002 年。

鉴于女性在家庭中的地位，我们更有可能在私人档案中找到关于她们的资料信息。从其定义就可想而知，这类私人档案长期以来都处于不确定的状态。依靠行政资助的国家或省级公共档案馆本已不堪重负，因此只会有选择性地零星地接受私人档案，诸如作家、政治家、企业家等的档案才有资格入选。把私人档案存入公共档案馆对大部分普通民众来说绝非易事，对女性而言更是难上加难。

为弥补这一缺口，应对公共档案资料的拥挤，各类相关组织纷纷成立。例如位于卡昂附近的阿登修道院内的当代记忆研究所 IMEC，主要接收来自出版社、期刊的档案，也接收作家和研究人员的相关资料，如玛格丽特·杜拉斯，米歇尔·福柯等。这是一个了解当代知识分子生活的宝库。

1993 年，著名传记作家和"普通写作"（*écritures ordinaires*）领域专家菲利普·勒琼认识到这类私人档案的脆弱性，于是创建了自传和自传遗产协会（APA）。该协会位于法国安省昂贝略昂比热市（Ambérieu-en-Bugey），目前已成为"自传之城"。该协会如今收藏有两千多份文献，其中有一半来自女性，涵盖了个人文学三大类型：自传、日记与书信。一本名为《卢梭之过》(*La Faute à Rousseau*) 的期刊负责汇报协会的相关收支情况，并提出思考主题，供各地的小组讨论和阅读。此外，定期举办的研讨会也将这个自传团体聚集在一起。这些都展示了时代个性表达的必要性。无论是写作还是演讲，女性与男性都应平等参与。

一般来说，女性在这些档案中的存在与她们书写的方式有关，包括私人甚至私密的书写，并通常与家族相关。女性常常会在晚间寂静的卧室里书写：回复邮件、写日记、叙述自己的人生故事。虽然书信、日记和自传并非专属于女性的文体，但得益于其私密性，这些形式对女性更为开放。不过，资料的不平等依然存在。

女性的自传寥寥无几。这是为什么呢？对于男性而言，他们在生命的重要转折点或生命终结时，倾向于以公共视角而非私人视角来自我审视，其目的是回顾自己的人生并留下印记；然而，大多数女性却谦卑地认为："我的人生不足为道"。"我的人生"有什么好谈的呢？除非是为了提及自己曾经认识、陪伴过或共事过的多少有些"伟大"的男性人物。那些尝试过自我记录的女性也更多地以"回忆录"的形式来记录所处的时代而非自己。例如学者玛丽·达古尔（Marie d'Agoult）、玛尔维达·冯·梅森堡（Malwida von Meysenbug），后者在其《理想主义者回忆录》[1]中谈论革命、流亡以及相遇的伟人：亚历山大·赫尔岑（Alexandre Herzen）、瓦格纳（Wagner）、尼采、加布里埃尔·莫诺（Gabriel Monod）、罗曼·罗兰。乔治·桑的《我的人生史》[2]是一部颇具特色的自传作品，非常个人化但并不私密。这部自传创作于 1847 年至 1854年间，追溯了乔治·桑家族三代人的历史，书中的每个人物都是家族历史与传承的一部分，共同构建了一

1　关于玛尔维达，请参阅雅克·勒·赖德（Jacques Le Rider）的自传，《一位十九世纪的欧洲女性玛尔维达·冯·梅森堡的传记》(*Malwida von Meysenbug. Une Européenne du XIXe siècle*)，巴黎，Bartillat 出版社，2005 年。该自传提供了大量有关《理想主义者回忆录》的摘要（法语版，日内瓦，1869 年；法语版，加布里埃尔·莫诺（Gabriel Monod）序言，巴黎，Fischbacher 出版社，1900 年；完整的德语版，1876 年），这些内容现已无法获取。

2　马丁·里德（Martine Reid）主编，巴黎，Gallimard 出版社，《房间 Quarto》丛书，2004 年。

个真正意义上的乔治·桑式的"记忆之场"[1]。这是一位"伟大女性"的开创之作。当然，随着 20 世纪女性进入公众视野之后，女性自传书写的情况也大为改观。

相比之下，书信是一种更为女性化的体裁。自著名的塞维涅夫人（Mme de Sévigné）[2] 以来，写作对于女性来说一直是一种乐趣、一种许可，甚至是一种责任。母亲通常是家庭中主要的写信者。她们写信给年迈的父母、缺席的丈夫、在校寄宿的青少年、已婚的女儿、修道院的朋友，等等。她们的书信在亲戚间流传。于是书信成了一种被允准和接受，甚至被推荐的女性社交和表达方式。而情人间的鱼雁传书，比起幽会来更为方便且风险更小，以至于逐渐取代后者成为爱情的主要表达方式。于是，情书成为文学（书信体小说）与风俗画（尤其是荷兰画）的体裁或主题之一。正如

1　记忆之场（lieu de memoire）是一个与集体记忆相关的概念，它指的是在集体记忆中具有特殊意义的特定的地点、物体或事件。——译者注

2　塞维涅夫人（1626—1696 年），法国一位以写书信在文学史上留名的女性。其书信生动有趣，大部分写给女儿，反映了路易十四时代法国的社会风貌，被奉为法国文学的瑰宝。——译者注

我们在维米尔（Vermeer de Delft）的绘画作品中所见的那样：画中女子往往在房间里，或是靠窗的位置，沉浸于阅读信件之中，而她的思绪却飘向了在外的爱人或是丈夫，他往往在远征或是远行。在这里，窗户象征着室内与室外两个世界的界线。

女性的私人信件很少被公开发表出版，除非涉及重要的男性人物，如法国政治家弗朗索瓦·吉佐（François Guizot）与女儿亨丽埃特（Henriette）的通信，马克思的女儿们与父亲的通信。乔治·桑的书信[1]以其篇幅浩瀚（有二十五卷本之多）、时间跨度之久、内容多样而著称，包罗家庭、爱情、友情以及艺术和政治等各方面。从缪塞到福楼拜，从阿格里科·佩迪吉耶（Agrico Perdiguier）、皮埃尔·勒鲁（Pierre Leroux）再到马齐尼（Mazzini），甚至还有巴尔贝斯（Barbès）、拿破仑·波拿巴，与她通信者数不胜数。当然乔治·桑也给丈夫卡西米尔·杜德旺（Casimir Dudevant）写信，她曾用了二十二页信纸表达了她对两人生活方式的期待

1　由 Garnier 和 Bordas 出版（1964—1971 年）。此外，还须添加由蒂埃里·博丹（Thierry Bodin）出版的《被找回的信件》（*Lettres retrouvées*），巴黎 Gallimard 出版社，2004 年。

与失望（1822 年）。对她的儿子莫里斯（Maurice），一名中学生，乔治·桑给他提供了有关公民生活和教育的建议。对于即将远离她的情人米歇尔·德·布尔日（Michel de Bourges），她写下了一封肝肠寸断的信件。乔治·桑称福楼拜为"亲爱的行吟诗人"，并与他讨论文学、年龄带来的困惑以及友谊的乐趣。[1]

普通人的信件面临被销毁或遭隐匿的风险。保拉·科萨特（Paula Cossart）最近出版了一本情书集，这些在巴黎档案馆偶然发现的共计一千五百多封的书信都与婚外情有关。这是一对 19 世纪情侣的情感体验与实践的珍贵见证，作为具有浪漫情趣的资产阶级和知识分子，他们的理想仍然是婚姻。[2] 在家家户户的阁

---

1 《乔治·桑与福楼拜的书信集》由阿尔丰斯·雅各布斯（Alphonse Jacobs）在巴黎 Flammarion 出版社出版。2004—2005 年冬，根据福楼拜对乔治·桑的对话，巴黎蒙帕尔纳斯剧院上演了一出由玛丽-弗朗丝·皮西耶（Marie-France Pisier）表演的戏剧，剧名为《亲爱的爱人》。

2 保拉·科萨特（Paula Cossart），《二十五年的婚外情——阿黛尔·舒克与艾梅·居耶·德·费内克斯的情书集，1824—1849 年》(*Vingt-cinq ans d'amours adultères. Correspondance sentimentale d'Adèle Schunck et d'Aimé Guyet de Fernex, 1824—1849*），巴黎，Fayard 出版社，2005 年。

楼内还有诸多秘密有待发现，可惜的是，这些秘密正
在逐渐消失。

针对青少年日记写作，特别是少女日记，菲利
普·勒琼进行了初步整理，并进行了持续研究。[1]写日
记是一种广受推崇的做法，尤其在教会中被视为引导
信徒进行心智启迪和自我约束的一种手段。新教徒也
同样重视日记写作。然而，一些非宗教的世俗女教育
家们对这种过度自省的方式持怀疑态度。

日记通常出现在女性一生中最短暂但也是最重要
的青少年时期，然后因婚姻或个人私密空间的丧失而
中断。故而日记常与少女的闺房息息相关。在这段短
暂的时光里，女孩才有机会进行自我表达。

上述不同类型的书写是难能可贵的，都是对"自
我"的一种肯定。得益于书写，女性让人们听到了

---

1 菲利普·勒琼（Philippe Lejeun），《少女的我：有关少女日
记的调查研究》（*Le Moi des demoiselles. Enquête sur le journal de
jeune fille*），巴黎，Seuil 出版社，1993 年；菲利普·勒琼和凯
瑟琳·博加特（Catherine Bogaert），《私密日记：历史与选集》
（*Le Journal intime. Histoire et anthologie*），巴黎，Textuel 出版社，
2006 年。

"我"，听到她们的声音。虽然这声音还很微弱，而且多来自受过教育的女性，至少是具有书写能力的女性，更难得的是其文字能被保存下来。同时能满足这些条件的情况非常少。

档案的建立、保存与安置，都意味着书写与自身、生活和记忆的某种关联。但这些行为在女性中是不多见的。相比之下，档案的丢失、被毁包括自我销毁的情况更为常见。后代常常对重要的男性祖先的生平感兴趣，对那些默默无闻、面目模糊的女性祖先不屑一顾。他们会销毁或出售这些女性祖辈的资料。乔治·里贝耶（Georges Ribeill）在巴黎圣图安跳蚤市场发现了一份日记孤本，作者是卡罗琳·布拉姆（Caroline Brame），一名生活在法国第二帝国时期圣日耳曼区的年轻女孩。毫无疑问，她写的日记和她的藏书一起被廉价处理了。[1] 这是一个相当典型的普通女性档案被清理的案例。许多女性早已预见晚辈可能的冷淡、忽视甚至嘲笑，这就是为何她们会在生命的晚年

1　日记以《年轻女孩卡罗琳·B 之日记》为题出版，乔治·里贝耶（Georges Ribeill）与米歇尔·佩罗（Michelle Perrot）的追问，巴黎，Arthaud-Montalba 出版社，《私人档案》丛书，1985 年。

整理好自己的物品，筛选信件、焚烧情书，尤其是可能有损名誉的那种。日记也被销毁，因为里面记录了情感的波折、希望的破碎和过往的苦楚，这些都最好被隐藏起来。让自己无谓地暴露于猎奇的目光或不怀好意的窥视之中，又有何意义呢？

因此，许多女性，尤其是女性主义者，自20世纪初以来便开始建立女性档案库，以防止女性历史的散佚和遗忘。玛丽·路易丝·布格莱（Marie-Louise Bouglé）是一名谦逊的普通职员，也是杂志《叛逆者》（La Fronde）创始人玛格丽特·杜朗（Marguerite Durand）[1]的朋友。她致力于收集当代女性主义的文本、传单、海报、信件以及物品，经常从二手市场购买这些资料。她将这批资料整理后捐献给了玛格丽特-杜兰德图书馆。她去世后，由于第二次世界大战的影响，她的丈夫将其所有藏品存放在法国国家图书馆，并得到馆长朱利安·凯恩（Julien Cain）的支持帮助。不过之后他也离世了。这批藏品几乎被所有人遗忘，直到20世纪70年代，这些资料在转移到巴黎历史图书

1　相关信息可查看后文脚注。——译者注

馆后才重见天日，并由历史学家梅特·阿尔比斯图尔（Maïté Albistur）进行评估分类。得益于她的工作，这些资料才得以供人查阅。

为了避免类似这样波折的事件重演，克里斯汀·巴贺（Christine Bard）于 2000 年与昂热大学图书馆合作，在协议框架下成立了"女性主义档案馆"。目前档案馆拥有多项重要资料，包括来自塞西尔·布伦施维奇（Cécile Brunschvicg, 1877—1946）的资料。她是激进党派的女性主义者，也是莱昂·布鲁姆在人民阵线政府中任命的三名副国务卿之一（当时妇女尚未获得投票权），她热情支持各项妇女事业。档案馆还保存了法国历史最悠久的女性主义协会——成立于 1901 年的法国妇女委员会的珍贵资料，以及前社会党妇女权利部长伊薇特·鲁迪（Yvette Roudy）和家庭计划生育领域的杰出人物苏珊娜·凯佩斯（Suzanne Képès, 1918—2005）的资料。当然，还有更多人物，不胜枚举。[1]

正是这些女性档案，共同塑造了女性历史。

1　请参阅《女权主义档案》公报（2005 年 12 月，第 9 期），该资料提供了有关信息，以及用于纪念女性的项目情况。

图书馆中的女性之声

除了档案以外，我们此外还需在印刷品与图书馆中追寻女性的踪迹。为了聆听女性的声音，也就是"她们的话语"[1]，我们要阅读那些叙述、想象、审视女性的书籍，这些固然是无法比拟的资料来源[2]。但更为关键的是，我们还应当关注女性自己撰写的作品，翻阅那些 18 世纪以来由女性创办的报刊。我们需要和女性一起跨越长期以来禁锢她们写作的藩篱，绕开阻碍她们汲取知识和施展才华的壁垒。随后，我们将详细探讨这些障碍及其克服方法。

1　莫娜·奥祖夫（Mona Ozouf），《女性的话语——论法国女性的独特性》（*Les Mots des femmes. Essai sur la singularité française*），巴黎，Fayard 出版社，1995 年。

2　莫娜·奥祖夫，《小说的自白：19 世纪：在旧制度与革命之间》（*Les Aveux du roman. Le XIXe siècle entre Ancien Régime et Révolution*），巴黎，Fayard 出版社，2001 年；纳塔莉·海尼希（Nathalie Heinich），《女性的状态：论西方小说中的女性身份》（*États de femme. L'identité féminine dans la fiction occidentale*），巴黎，Gallimard 出版社，1992 年。

在这个对女性充满禁忌的世界中，女性的写作途径是怎样的？最早的女性写作通过宗教和想象把神秘主义与文学相结合。无论祈祷或冥想，还是诗歌和小说，都是女性写作先驱的创作方式。萨福（Sappho），这位神秘的希腊女诗人，在公元前 7 世纪末的莱斯博斯岛上组织了一个女子合唱团，年轻的贵族女孩们在那里引吭高歌；修女希尔德加德·冯·宾根（Hildegarde de Bingen），早在 12 世纪便创作了《花园的乐园》（一本格里高利圣咏歌曲集）；14 世纪的玛格丽特·波雷特（Marguerite Porete）创作了《简单与湮灭的灵魂之镜》（*Le Miroir des âmes simples et anéanties*），却被当作异端并处以火刑；圣加大利纳（Catherine de Sienne），一位博学的女性，曾担任教皇的顾问；伟大的克里斯蒂娜·德·皮桑（Christine de Pisan），她创作的《妇女城》标志着 15 世纪对女性地位思考的重要转折点。"我疯狂地陷入绝望，因为上帝让我生在一个女人的躯壳里。"作者在书中如此感叹，这位前文艺复兴时期的女性对平等有着发自肺腑的强烈渴望。

有两个地方特别适合写作：一是修道院，因为那里可以闭门静修；二是沙龙，因为那里可以交流对话。在中世纪，修道院鼓励女性阅读甚至写作，以至于到了 13 世纪末，贵族妇女在文化水平方面似乎比那些参加十字军东征或其他战争的男性更胜一筹。这些受过教育的女性，渴望与众不同的爱，或许正是这种渴望，孕育了具有骑士精神的宫廷爱情。一些修女通过抄写手稿，偷偷掌握了禁止女性学习的拉丁语。到了 17 世纪，尽管修道院所服务的群体和其自身角色都发生了变化，修道院仍是女性文化中心，而要求越来越高。阿维拉的圣女大德兰（Thérèse d'Avila）[1]、波尔图瓦尔修道院的修女，以及勃艮第的加布里埃尔·苏松（Gabrielle Suchon, 1632—1703），均确立了其作为女性书写者的地位。加布里埃尔（Gabrielle），一名还俗修女，于 1693 年出版了广受赞誉的《道德与政治文集》[2]，充分证明了女性不仅仅只会虔诚地祷告。17 世

1　又称阿维拉的泰雷兹，相关信息见后文脚注。——译者注

2　塞芙琳·奥弗雷（Séverine Auffret）在 Arléa 出版社出版了有关加布里埃尔·苏松的各类作品。这本《关于女性的弱点、轻浮和不稳定的文集》（巴黎，Arléa 出版社，2002 年）是 17 世纪的"女性争论"的重要著作，人们开始讨论性别平等的可能性。

纪，朗布依埃（Rambouillet）夫人的沙龙是女才子[1]的大本营，她们对语言的雅致和优美的要求可谓苛刻。在她们的影响下，马德琳·德·斯库德里（Madeleine de Scudéry）写出了重新定义爱情的表达方式的系列巨作；拉法耶特（*La Fayette*）夫人，创作了其最为短小精致的杰作——《克莱夫王妃》（*La Princesse de Clève*）。尽管 19 世纪的厌女主义者千方百计试图遏制女性作家，但最终都是徒劳的，通往"写作的女性"之道路业已开辟。这些女性通常出身贵族，但或多或少地陷入财务困境，她们试图以笔和画笔来体面地谋生。乔治·桑就是其中之一，她的作品如今摆满在巴黎历史图书馆和法国国家图书馆的书架上。在法国国家图书馆的作者目录中，仅乔治·桑一人的书目就占据多个页面。

其他因素也刺激了女性的创作。例如，女作家更适应女读者的口味，或者被人们认为如此。某些图书类型似乎特别受女性欢迎，如烹饪菜谱、礼仪指南［1899 年女作家巴洛娜·斯塔夫（Baronne Staff）撰写

---

1 这里的法语 Précieuses 用来形容女性，指那些以追求优雅、精致和文学趣味著称的女性。——译者注

了《世界礼仪指南》]，教育学著作、时尚杂志以及小说也深受女性青睐。乔治·桑更是直接同她的女读者对话，希望改变她们的思维方式。

最后，各种形式的女性主义，无论是世俗的还是基督教的，都成为一个强大的推动女性写作的力量。尤其是在新闻报刊领域，写作也是女性的表达方式的体现。

当然，我们不能像那些敌视女性写作的人那样，用"浪潮"甚至是"入侵"这样夸张的词语来形容女性写作的兴起。但是女性进入写作领域并发表作品，已成为越来越常见的现象。那么今天的我们可以说这实现平等了吗？我不知道。无论如何，现在更多女性的声音能够被听到了，至少女性的声音得到了更多的表达。人们可以阅览她们写的书籍，品读她们的文字。

新闻报刊与女性

除了书籍，女性还是报纸与期刊的读者，同时也是创作者。女性很少阅读政治类日报，这类报纸的内容更多针对男性读者。女性读者似乎对报纸下方版面的连载专栏等更感兴趣。二十多年前，学者安妮–玛丽·蒂耶斯（Anne-Marie Thiesse）曾对 20 世纪初的女读者进行过一项调查。[1] 她收集到的女读者的珍贵回忆往往是在灯下或在卧室里，读着《面包女人》或《洗衣房的孩子》这样的悲惨故事，内心充满一种持久而微妙的悲悯。

第一批专门针对女性的报刊是时尚报刊，自 18 世纪发展起来。大部分是由男性主笔，但也有女性的参与，比如巴黎的《女士报》(1759—1778)。在伦敦，伊莱扎·海伍德 (Eliza Haywood) 设法让严肃的《女性观察家》(*Female Spectator*) 坚持了两年 (1744 年至 1746 年)。[2]

这类报刊在 19 世纪取得蓬勃发展，由于提供了女性所热衷的时尚建议，吸引了大量拥趸。这一时期，

1　安妮-玛丽·蒂耶斯 (Anne-Marie Thiesse)，《日常生活的小说：美好时代的阅读与读者》(*Le Roman du quotidien Lectures et lecteurs à la Belle Époque*)，巴黎，Le Chemin vert 出版社，1983 年。

2　尼娜·拉特纳-格尔巴尔 (Nina Ratner-Gelbart)，《女性记者与新闻界 (17 世纪—18 世纪)》(*Les femmes journalistes et la presse*)，收录于《西方女性史》(*Histoire des femmes en Occident*)，第 5 卷，巴黎，Plon 出版社，1991—1992 年；平装本，《时间》(*Tempus*) 丛书，佩兰 (Perrin)，2001 年；第 3 卷，阿莱特·法尔热 (Arlette Farge，主编)，第 427—443 页。

女性作者开始投身其中，甚至有机会接管报刊。克里斯汀·莱热（Christine Léger）曾专门就《小姐报》（*Journal des demoiselles*）写过一篇未发表的博士论文研究。该月刊由女性管理、创作并部分由女性出资运营。这本杂志内容多样，栏目不仅涵盖时尚、烹饪食谱、配有丰富想象力插图的旅行故事，还有"杰出女性人物"传记。此时传记类型作品正处于兴盛时期。女王和圣女类的故事取得巨大成功。在这种略显传统的表象背后，我们可以觉察到，这些作品的选题和基调，都传递了一种希望通过教育、知识和工作来解放女性的意愿。人们建议年轻女性学习外语，因为翻译被认为是一项适合女性的理想职业选择。当然，对于限定女性从事翻译工作这件事，还有值得商榷之处。但这毕竟是一个开始，在禁区中打开了一道缺口。

女性杂志在 19 世纪和 20 世纪中扮演了越来越重要的角色。这一点已经被女社会学家埃夫琳·苏勒罗（Évelyne Sullerot）[1] 的研究所证实。可以看到，出版商

1　艾芙琳·苏勒罗（Évelyne Sullerot），《法国女性报刊史：从起源至 1848 年》（*Histoire de la presse féminine en France, des origines à 1848*），巴黎，Armand Colin 出版社，1966 年。

的主要目的是吸引潜在的女性消费者，引导她们的品位和购买行为。化妆品行业和家居行业也将目光瞄向了"杂志广告上的光鲜女性"形象。两次世界大战之间，仿效美国人克里斯汀·弗雷德里克斯（Christine Frederiks），保莱特·贝尔内日（Paulette Bernège）推出杂志《我的家》(*Mon chez moi*)，并与家电制造商联手，旨在将家庭主妇打造成使用精良设备的专业人士。也有女性利用这类杂志平台来推动妇女解放，例如在《嘉人》(*Marie-Claire*)杂志上，马塞尔·奥克莱尔（Marcelle Auclair）以非常自由的方式回答"心灵信箱"中的读者问题，捍卫了避孕权利，并提供了一些初步建议。这些也暴露出女性杂志的模棱两可的做法，它们既是塑造女性形象的工具，又是行为规范的载体，充满矛盾。

女性主义的媒体有更强的政治参与性。劳尔·阿德勒（Laure Adler）[1] 的研究展示了第一批女性记者的崛

1　劳尔·阿德勒（Laure Adler），《女权主义的黎明：首批女记者（1830—1850）》[*À l'aube du féminisme: les premières journalistes（1830—1850）*]，巴黎，Payot 出版社，1979 年。

起，而米歇尔·里奥–萨塞（Michèle Riot-Sarcey）[1]分析了她们在批评权力方面的政治角色。女性主义者意识到媒体在公众舆论中的作用。她们具备专业精神，投身于媒体的舞台，同时也充满理想主义情怀。例如拒绝使用丈夫的姓氏，而选择使用自己本来的姓名。玛丽–让娜（Marie-Jeanne）、德西蕾（Désirée）、尤金妮（Eugénie）、克莱尔（Claire）等人一起掀起两大浪潮：1830—1832 年，圣西蒙派报纸《自由女性》（*La Femme libre*）将民事权利（离婚权）和对自由（感情、爱情、性欲）的追求设为首要任务。乔治·桑在《印第安纳》（*Indiana*, 1832 年）和《莱利亚》（*Lélia*, 1833 年）以及她的生活中都对此进行了热烈的回应。克莱尔·德马尔（Claire Démar）在《我的未来法则》（*Ma loi d'avenir*, 1833 年）中谴责"滥情"使女性陷入劣势；可谓她自杀前的对男性统治的一次呐喊示威。

1848 年由尤金妮·尼博耶（Eugénie Niboyet）、

德西蕾·盖（Désirée Gay）和让娜·德罗安（Jeanne Deroin）主办的一系列报纸更加政治化、社会化。这些报纸主张女性享有工作权，要求男女同工同酬，组建合作社；此外，还主张女性拥有选举权，尽管此项要求后来被拒绝。

这些最早的女性主义刊物，不仅在内容上，而且在形式上独树一帜。它们除了使用反父权制的名称外，还开设了"女性读者论坛"，成功地引起广大读者的兴趣，并激发了组建社群网络的构想。劳伦斯·克莱曼（Laurence Klejman）和弗洛伦斯·罗什福尔（Florence Rochefort）的研究表明，基于 1881 年的法律，法兰西第三共和国建立了现代新闻制度，使得该时期的女性主义报刊变得更加丰富多彩。[1]1880 年至 1914 年间出现了十多家女性报刊，包括奥尤伯丁娜·奥克莱尔（Hubertine Auclert）的《女公民》（*La Citoyenne*）等。其中尤其是玛格丽特·杜朗（Marguerite Durand）的《叛逆者》（*La Fronde*），称得上一次非凡的尝试。

1　劳伦斯·克莱曼和弗洛伦斯·罗什福尔，《平等力行——第三共和国下的女权主义》，巴黎（*L'Égalité en marche. Le féminisme sous la IIIe République*），巴黎，FNSP/Des femmes 出版社，1989 年。

它最初是一份日报（1897—1901 年），后改为月刊（1901—1905 年）。《叛逆者》是一份完全由女性设计、编撰，甚至排版的报纸，在当时出版业对女性持有敌意的情况下，这绝非易事。

报纸从此成为法国乃至大部分西方国家中女性表达自我的重要方式。同样，女性也开始进入此前一直被男性垄断的领域：新闻业。乔治·桑和德尔菲娜·德·吉拉丹（Delphine de Girardin）只是偶尔兼任一下女记者的工作，在此之后，如科莱特（Colette）、塞韦琳（Séverine）、吉普（Gyp）和路易丝·韦斯（Louise Weiss）等女记者则走上了更为明确和更具挑战的新征程。两次世界大战期间，一些女性冒着生命危险，进行重大新闻报道，如安德烈·维奥利斯（Andrée Viollis），她在 1935 年就在《小巴黎人报》（Le Petit Parisien）上提醒公众关注越南北圻地区农民的处境。[1] 如今，女性新闻工作者的身影遍布世界各地。

除了上述传统资料来源之外，或许还应该加上口

1　安德烈·维奥利斯（Andrée Viollis），《印度支那 SOS》（Indochine SOS），1935 年，《小巴黎人报》报道。

述史，即"无法书写者的自传"以及通过口述录音收集的资料。这一方法在 20 世纪 70 年代异军突起，引起了研究热潮。可以说是在文化平民主义推动下进行的，旨在让工人与女性发声，不再做默默无闻的历史缺席者。女性在这方面具有双重身份：首先是作为私人生活的见证者（例如在一对社会活动家夫妇的口述记录中，丈夫更多在谈论他的行动，而妻子主要谈论家庭生活：这便是所谓的记忆角色的分工）；其次，女性也是自我的见证者。现代历史研究所在这方面表现得特别突出。[1] 安妮·罗什（Anne Roche）和玛丽-克洛德·塔朗热（Marie-Claude Taranger）收集了马赛地区女性的回忆。她们将这些记忆汇集为一本名为《那些不书写的人》的宣言性的书籍。[2] 这本书既是一种方法论指南，又是一份具有重要意义的文本，例

---

1 关于西尔维·史怀哲（Sylvie Schweitzer）和丹尼尔·沃尔德曼（Danièle Voldman）。

2 安妮·罗什和玛丽-克洛德·塔朗热，《那些不会书写的人：1914 年至 1945 年马赛地区女性的故事》（*Celles qui n'ont pas écrit. Récits de femmes dans la région marseillaise, 1914—1945*），普罗旺斯艾克斯，Édisud 出版社，1995 年，菲利普题前言。

如其中的《一位马赛年轻女工的生活》(*La vie d'une jeune ouvrière à Marseille*)。

民间艺术馆和民俗博物馆，以及生态博物馆同样提供了大量有关女性日常生活的具有考古学意义的资料，例如巴黎玛约尔博物馆不久前曾展示过一个女裁缝的工作室。

女性史资料场馆

有关女性史的资料往往与男性史的资料糅杂在一起。不过还是存在一些有专门女性资料的图书馆与机构。

法国国家图书馆被誉为"历史的海洋"，堪称女性史的源泉。馆内藏有诸多女性撰写的书籍和有关女性的书籍，大量的手稿［包括西蒙娜·德·波伏瓦和西蒙娜·薇依（Simon Weil）的全部手稿］，以及最近经法国国家视听研究院（INA）研讨汇编的音频、视频资料。我们还可以参考由安尼克·蒂利尔（Annick Tillier）所撰写的《指南》（2004 年），其中包含了法国国家图书馆内有关女性（以及宗教历史）的印刷资料介绍，当然这些资料可能较为零散；不过还有手稿部门整理的资料清单，包括路易丝·韦斯（Louise Weiss）、娜塔莉·萨洛特（Nathalie Sarraute）、埃莱娜·西苏（Hélène Cixous）等人；还有阿森纳（Arsenal）资料库的清单，包括女演员与艺术家的档案；还有一份包含数百种图书的书目清单。《指南》的确是研究的一项得力工具。

在欧洲和美国（施莱辛格图书馆）的一些专门的图书馆也存有女性史的资料，例如著名的巴黎玛格丽特·杜朗图书馆，由玛格丽特·杜朗本人创立于两次大战间，获得过诸多捐赠。[1] 该图书馆收藏了上千本图书与文件，以及重要的报纸和手稿资料。在过去的三十年里，该图书馆已成为一个颇受欢迎的研究场所。

最后，值得一提的是 Musea，这是由克里斯汀·巴贺（Christine Bard）和科琳·布舒（Corinne Bouchoux）创建的关于女性与性别历史的网上博物馆

1 　玛格丽特·杜朗（Marguerite Durand，译者注：玛格丽特·杜朗是活跃于 19 世纪末至 20 世纪初记者、女权主义者和演员）图书馆，法国巴黎国家街 79 号，75013。您还可以在里昂一大大学教师进修学院 IUFM 查阅 *Aspasie*，这是一本关于女性与性别历史的纪录片集。

（musea.univ-angers.fr）。它提供持续更新的各类丰富
信息。

这些对历史的关注使得这些资料被越来越多地挖
掘，同时也是这些关注，书写着历史的篇章。

至于史前时代，克劳丁·科恩（Claudine Cohen）
通过对原始洞穴壁画及史前物品的独到解读，为我们
呈现了一个原始女性的真实生活，她摆脱了宗教与情
欲的束缚。[1] 根据洞穴壁画上的手印，史前学家可以判
断出画者的性别，分析结果告诉我们，自古以来，女
性就无所不能、无处不在。其实我们早就这么猜测，
只是现在更加确信了。因为她们的手印正是一种无言
的见证。

1　克劳丁·科恩（Claudine Cohen），《起源中的女性：西方史前
女性的形象》（*La Femme des origines. Images de la femme dans la
préhistoire occidentale*），巴黎，Belin-Herscher 出版社，2003 年；
有关壁画和女性之手的内容，请参阅《世界报》，2006 年 1 月
10 日；还可以参考（中央兰开夏大学）曼宁指数，它试图衡量
性别中的二态性。

第二章　身体

现在我们关注的重点是女性的身体。但这里的"身体"指的并不是拥有永恒静止属性的身体，而是在历史中、与时间变化互为作用的身体。因为身体所拥有的历史，不仅是生理、物质概念上的，也是美学、政治、理念概念上的[1]。这是历史学家们直至最近才逐步意识到的。[2]性别上的差异区别着身体，这是一个重

1　根据中文的逻辑，对原文罗列顺序做了一个小调整。——译者注

2　阿兰·科尔班（Alain Corbin），让-雅克·库尔丁（Jean-Jacques Courtine），乔治·维加雷洛（Georges Vigarello）主编，《身体史》（*Histoire du corps*），巴黎，Seuil 出版社，3 卷，2005—2006 年。

要维度。要知道，在中世纪和在 21 世纪，身为男孩或身为女孩，所处的境遇有天壤之别。菲利普·阿里耶斯（Philippe Ariès）凭借著作《旧制度下的儿童与家庭生活》[1] 开启了审视生命中不同阶段的大门。在著作中他描述了一个相对无性别差异的儿童，但我们无法真正知道他之所以如此描述：是时代的表现？还是历史学家所采取的描述？

以历史性讨论女性身体，我们将涉及以下几大方面：女性的生命阶段、外貌（以头发为例）、性、生育和卖淫。

女性的生命阶段

首先令人注目的是女性的寿命。如今在法国，女性平均寿命比男性长 8 岁左右。

但过去并非如此，在中世纪和近代，女性的死亡率似乎远高于男性，这是由于分娩的高死亡率造成的。

1　*L'Enfant et la Vie de famille sous l'Ancien Régime*，巴黎，Plon 出版社，1958 年。

生育在过去是一个毁灭性的经历，尤其遇到难产时，人们更倾向于拯救婴儿而非母亲，正如在意大利最开始实施剖腹产时那样。此外，19 世纪，肺结核严重影响着女性，特别是那些长期营养不良的下层女性。

女性的长寿仅是一个近期才出现的现象，与产科、妇科的进步密不可分，还与女性拥有更好的饮食、医疗护理及节制生活方式有关。根据卢梭的说法，"女孩子应当从小知道廉耻"，预防的概念已早早融入女性教育。各种形式的风险，可以说都植根于男性文化。随着女性的生活方式越来越接近男性，性别间的差距也在缩小；她们像男性那样吸烟、喝酒、工作、出行和旅行，和男性几乎一样地生活与死亡。这一观察暗示着长寿并非自然现象，而是文化与行为的结果。生物学因素逐渐让位于生存方式。

结论是：长寿的人往往是女性。女性占据了养老院的大多数。但由于年长与贫困，仅持有低退休金或低收入的女性常常陷入孤独。这也是我们这个时代所面临的问题之一，这呈现出进步中的矛盾性。

还是从人生最初的阶段——出生开始讲起吧。假如新生儿是个女孩，那可不怎么受欢迎。宣布新生儿"是个男孩"远比"是个女孩"荣耀得多！因为性别被赋予了不同的价值。正如弗朗索瓦丝·埃里蒂埃（Françoise Héritier）所说的那样："性别拥有不一致的价值。"在过去的乡村里，教堂为女孩洗礼奏鸣的钟声远不及为男孩洗礼的那样长，女性葬礼上的钟声也是如此。[1] 声音世界中也存在着性别差异。

杀婴是一种非常古老的做法，在过去广为流行。人们会采用堕胎的方式淘汰女孩，直到拥有男孩。这个原因造成了每年数十万名女孩的消失，以至于1986年印度妇产科学会不得不宣布，对女胎儿进行"堕胎"是一件"反人类的罪行"。女性人口的不足在加剧，这引起人口学家的广泛关注，因为他们担心这可能会阻碍人类的繁衍。

幼儿时期是一个相对无性别差异的时期。法语中"儿童"（Enfant）这个单词为中性，不过通常以阳性形式来使用。直至三四岁，孩子们都穿相同的衣服，一条裙子有时更方便解决"需求"，头发也差不多长，他们玩着相同的游戏，围绕在母亲围裙下长大。在育儿

1　阿兰·科尔班，《大地的钟声》（*Les Cloches de la terre*），巴黎，Albin Michel 出版社，1994 年。

所里，男孩女孩们都混同在一起生活。不过接下来便有一个缓慢的性别化过程。

女孩变成了无名者。在 20 世纪之前，几乎很少存在有关女性在孩提时期的故事。乔治·桑是个例外，在《我的生活故事》中，她详细讲述了自己的日常生活，与母亲、祖母的关系，游戏和玩偶，还回忆了自己的初次阅读，以及在无尽的童年午休中，她对地毯、壁纸产生的幻想。而后，女作家自传中类似的叙述不断丰富起来：玛格丽特·奥杜（Marguerite Audoux）、科莱特（Colette）、娜塔莉·萨洛特（Nathalie Sarraute）、克里斯塔·沃尔夫（Christa Wolf）均记录了她们精彩的回忆。19 世纪，说教或浪漫小说文学为教育女孩提供了一系列示范，一些经典的女孩形象比如索菲（Sophie，塞吉尔伯爵夫人）、爱丽丝（Alice，刘易斯·卡罗尔）、小法德特（Fadette，乔治·桑）、珂赛特（Cosette，维克多·雨果）。巴黎奥塞博物馆曾举办过一次特展，呈现印象派绘画中所描绘的女孩。[1] 伊丽莎白·维吉-勒

1　1989 年《现代小女孩特展》（ *Les Petites Filles modernes* ），尼古拉·萨维（Nicole Savy）策展。

布伦（Élisabeth Vigée-Lebrun）以女儿为对象进行绘画，贝尔特·莫里索（Berthe Morisot）也一样，画的是自己的女儿朱莉娅（Julia），画作呈现了她各时期的生活片段。

但是除开这些代表作，要了解女孩的真实生活并非易事。比起兄弟们来说，女孩的生活更为封闭，受到更多的监视。如果她们太好动，会被称为"假小子"；在普通家庭、农村或工人家庭中，尤其作为长女，她们会提前离开学校，早早工作；她们还会被指示干各种家务；作为未来的母亲，女孩还常常代替缺席的母亲。人们总是在规诫而非教育她们。

女孩受教育程度远远落后于男生，尤其是在天主教国家中。从这个角度来看，新教在圣经阅读方面，会更加注重男女的参与，因此更为平等。在天主教中，修女们在缝纫工作坊中充当主导，女孩们便在那里学习初步的阅读、祈祷和缝纫工作。女孩成为刺绣工业的最为理想的劳动力，如在17和18世纪诺曼底地区的巴约（Bayeux）和卡昂（Caen）一带，刺绣工业颇为盛行。

女孩与宗教在很早之前就建立了的关联。根据杜潘鲁主教的说法，她们是"在教会膝上长大的"。虔诚不仅是她们的责任，还是她们的习惯。

根据 1881 年费里法律，法国建立了政教分离的公立学校，对男女学生实施免费义务教育，并使用相同的课程，直至 12 岁。虽然女孩们早已广泛识字，但这样的做法颇具有革命性质。尽管当时的女生需要比她的兄弟们花费更长的时间来获得同样的学位证书。出于道德声誉的考虑，学校通常会在空间中将男女分开。

因为女孩更加引人注目，出现了越来越多有关她们的作品。[1] 在文学作品中，年轻女性的角色越来越多。她们穿梭在英国小说中，在简·奥斯汀的作品中出现，或在法国小说中驻留，如巴尔扎克笔下的乌尔苏勒·米鲁埃（Ursule Mirouet）、欧也妮·葛朗台

1　加布里埃尔·乌布尔（Gabrielle Houbre），《爱情定律》（*La Discipline de l'amour*），巴黎，Plon 出版社，1997 年；主编，"少女时代"（*Le temps des jeunes filles*），刊登于《克利奥：历史，女性与社会》（*Clio, Histoire, femmes et sociétés*），第 4 期，1996 年；乌布尔等，《少女的身体——从古至今》（*Le Corps des jeunes filles, de l'Antiquité à nos jours*），巴黎，Perrin 出版社，2001 年。

（Eugénie Grandet），还有乔治·桑的作品。她们在普鲁斯特作品中以群像出现。年轻的女性，清新纯洁，又矜持神秘，使得卡夫卡为之着迷，又让这位终身未婚的作家感到无能为力。

女性的存在是从青春期这个关键时刻开始的。在西方社会，青春期非但没有被广泛庆祝，反而被深深压抑。在青春期这一关键时刻，几乎没有任何过渡仪式。学者伊冯·韦尔迪耶（Yvonne Verdier）研究过勃艮第区域的米诺村（1979年）的年轻女孩。在15岁那年的冬天，她们去裁缝家用红线来标记未来嫁妆的床单"马凯特"（marquette），作为她们女性生活秘密的启蒙仪式。但通常情况下，女性血液带来的更多是羞耻以及沉默。因为经血被视为不洁之血，是不由自主流出的血液，是失血、死亡的象征。而男性战士的血却是荣耀之血，"浇灌了我们的犁沟"[1]；他们的精液更是富有生命力的种子。性别上的差异对身体的分泌物进行了层次等级划分。对女性来说，最好不要再"看到自己的血"。因为它流淌在女性身体的私处，是

1　法国国歌《马赛曲》当中的一句歌词。——译者注

性的秘密，而且常常引起极度的不适。直至 20 世纪 70 年代，母亲们才开始与女儿们谈论月经，告知卫生习惯，提醒她们注意"不适"。正如不久前所说的那样，广告做了最好的卫生保护宣传。

女性的贞操被歌颂、被渴望，甚至被监视，成为一种病态的执念。教会将贞操视为最高的美德，赞美玛利亚，因为她是处女与母亲的典范。在中世纪，"报喜"是绘画中一个重要主题，描绘的是天使跪拜在一个带狭窄床的年轻女子房间里。宗教价值观被世俗化、神圣化，同时也被性化。在法兰西第二帝国时期，白色和白色的婚礼都成了新娘纯洁的象征。

保护年轻女孩，成为家庭与社会的重要职责。

因为强暴是首要的威胁。中世纪男性的性启蒙是一件被容忍的仪式。乔治·杜比和雅克·罗西奥（Jacques Rossiaud）[1] 曾揭露过那些专门寻找年轻女子的团伙。但女孩子一旦不幸被侵害，总会被质疑为一

1　雅克·罗西奥，"15 世纪东南城市中的卖淫、青年及社会情况"（*Prostitution, jeunesse et société dans les villes du Sud-Est au XVᵉ siècle*），《经济社会史评论》（*Annales ESC*），第 2 期，1976 年，第 289—325 页。

个轻浮的女孩。此外，贞操一旦被破坏，尤其被多人破坏后，她便再也找不到接纳她的人。于是被耻辱所笼罩，她注定沦为妓女。19世纪，只有集体强奸案才可能受到法院的惩罚。如果由一人实施了强奸，女孩（或女性）几乎总被推定为自愿：因为她本可以进行抵抗。强奸案在刑事法庭上通常以"殴打与伤害"名义被审判。直至1976年，强奸才被法律界定为犯罪。

社会差异严重区分着年轻女性的生存状况。贵族的年轻女子拥有自由，和兄弟们一样，骑马、练剑，有家庭教师或女管家的管教和服侍，必要时学习一些基础的拉丁语；中产阶级的女子在监视下长大，由母亲抚养，接触家务、学习娱乐艺术（如无休止的钢琴），并通过几年的课程或寄宿学校，掌握社交礼仪，变得更为优雅，期待嫁得更好；普通阶层的女孩却被早早安排家务劳动。农场的女佣，例如玛格丽特·奥杜笔下贝里地区的玛丽-克莱尔，面对拥挤与杂乱的环境，常常要进行艰苦的工作；而城市的女佣则面临无数被诱惑的风险。还有其他女性会被安排在缝纫坊或工厂里进行学徒培训。

作为一名年轻女性并不容易。女性在身心双重限制下，在未来和爱情上几乎没有选择的自由，而且容易受到诱惑，尤其是意外地怀上孩子。拿破仑法典曾禁止孤儿或弃儿寻找生父。女性容易患上疾病如忧郁症、厌食症——这些词于 1880 年左右出现在英国，表达了女性的不适，或对苗条的迷恋。但这些疾病也堵住了女性的唯一出路：婚姻。

作为"女性状态"[1] 的关键问题，进入和维持婚姻成为大多数女性的生存常态（1900 年左右，女性的已婚比例在法国约占 90%，比英国稍微少一些）。在伊斯兰国家或非洲，已婚比例会更高一些。虽然在基督教中，独身被视为一条自我完善之路。不过 19 世纪后，这种情况已很少见了。当时主要赞美生育与实用，独身被视为被遗弃者或"老处女"的处境，独身女性要么成为（有遗产的）"好姑姑"，要么成了可怕的阴谋家（巴尔扎克的《贝蒂表姐》）。独身是一个困难的选择，需要以经济独立为前提。但在 20 世纪后，独身似乎变得更为普遍，尤其在英国。人们为出现诸多

1　纳塔莉·海尼希（Nathalie Heinich），《女人的状态——论西方小说中的女性身份》(*États de femme. L'identité féminine dans la fiction occidentale*)，巴黎，Gallimard 出版社，1992 年。

"剩女"感到惋惜。

遵循家庭意志所安排的婚姻，看重的是家族间的联盟，而非爱情。爱情是一种美好愿景，但并非必需品。因为父母辈怀疑激情，认为那是短暂的、具有破坏性质的，甚至有悖于建立良好而稳定的家庭。"因爱而生的婚姻最终会以苦果[1]收场。"布朗托姆（Brantôme）这么说道。

中世纪家庭主义盛行，尤其在贵族阶层中，因为贵族阶层以家族策略为主导，其间教会也会参与。原则上只要夫妻双方同意，婚姻便被视为一种圣礼。尽管只是一种徒有其表的繁文缛礼，但其中也蕴含着对女性自主权的以及婚姻中个性化的一种认可。我们目睹了爱情婚姻随着漫长时间的推移迟缓的崛起，这是19世纪女性起决定性作用的过程。女作家们如简·奥斯汀或乔治·桑为爱情婚姻进行辩护。爱情婚姻的确立，标志着女性个体与男性个体的独立，也预示着夫妻关系进入了现代化。它在20世纪得以一路高歌。当然此时婚姻的交换条件变得更为复杂，美丽的外表与

1　法语原义是"榛子果"，引申义为苦果。——译者注

富有吸引力的身体开始变得重要。一名富有的男人渴望一个漂亮的女人，即使她贫穷。于是女人的魅力逐渐成为一种资本。

当然，夫妻之间的爱是可能存在的。但这属于一种幸运，或是美德的胜利。爱情更多见于婚姻之外，男性情感的放纵被普遍容忍，因为他们的性欲被视为是不可抑制的，而对于女性来说，这种情况则少得多。她们的通奸行为会受到法庭审判，而丈夫的不忠行为，只有在夫妻共同住所中发生时才会受到处罚。因此，基于爱情的婚姻才是女性唯一体面的出路，是她们的世外桃源。

已婚女性一方面依赖丈夫，一方面又是家庭的女主人。她需要懂得如何运用别人赋予她的，或是让渡给她的权力。

在法律上她失去了自己的姓氏，需要依赖他人，同时，她又受到法律规定的约束，约束的主要目的是保护家庭，比方说沿袭旧制度的习俗。拿破仑赋予法国乃至欧洲[1]的《拿破仑法典》极具父权主义，几乎没

1　欧洲也或多或少采纳了拿破仑主持编纂的《民法典》。——译者注

有给予女性任何权利。

在性方面，女性也非常受限，她们要履行"夫妻义务"，这是神父所规定的；她们还要承担母亲的责任，以完成女性特质赋予她的义务；此外女性总被视为一个能孕育的"容器"，一旦有难言之隐（令人羞耻的不孕），总是会归咎于女性。于是不孕使得抛弃女性成为合理的事，就像拿破仑之妻约瑟芬·德·博阿尔奈皇后（Joséphine de Beauharnais）所遭遇的那样。

即便在身体上，她也同样受制于人，就像一个不听话的孩子，可以被家庭主人——家庭秩序的管理者——予以"纠正"。"打你就是爱你！"殴打妻子是一种被容忍、可接受的做法，只要不过分即可。因此，纵然邻居们会听到遭遇不公正待遇妻子的哭喊声，也不会介入。正如法国谚语所说："磨坊主在家里也是自己做主。"

在经济上，妻子更是无法自主。例如对财产的管理（根据婚约，始终在家族圈中）、对住所的选择，以及所有重大家庭生活决策，包括对子女的教育与婚姻上，妻子均没有发言权。

然而，作为家庭主妇和家庭女主人的她，还是拥有一定的影响力和权力，并知道如何进行使用。弗雷德里克·勒·普雷（Frédéric Le Play, 1806—1882）是最早进行家庭单元研究的社会学家之一，[1] 他揭示了普通妇女在家庭经济和预算管理中的作用。波妮·史密斯（Bonnie Smith）[2] 曾研究过法国北方女性市民，即工业家庭中的女性。她们大多数是天主教徒，非常重视家庭空间的建立，包括创造活跃的日常生活，围绕生育与家务持有女性神秘主义看法。作为大家庭的母亲，她们有传承已久的高度责任感，尤其对女儿、家庭与社交的职责，其中，饮食与招待占据了重要的地位。这些女性忙忙碌碌，可以在完成任务与家庭和谐中找到幸福。女小说家玛蒂尔德·布尔东（Mathilde Bourdon）以及戴高乐将军的祖母约瑟芬·戴高乐（Joséphine de Gaulle）都曾在维多利亚式的家庭小说中

1　见题为《欧洲工人》(*Les Ouvriers européens*) 或《两个世界中的工人》(*Les Ouvriers des Deux Mondes*) 的系列报道，是了解19 世纪普通家庭宝贵的资料。

2　波妮·史密斯，《法国北部的市民阶级》(*Les Bourgeoises du nord de la France*)，巴黎，Perrin 出版社，1989 年（译自美国英文本）。

具体描述过她们的日常生活与艰辛。

女性的这段生活颇为短暂，接下来的是和青春期一样神秘的更年期。这标志着生育能力的结束，也标志着19世纪时女性在概念上的终结。乔治·桑这样说道："我，已不再是一个女人。"安尼克·蒂利尔[1]也描述道："再也看不到她的血液了。"更年期意味着离开了母性、性与诱惑。

丧偶问题影响着许多女性。这是一个颇为矛盾的时期，根据社会背景、财富状况和婚约的不同，不同女性有着不一样的体验。这也是一个与金钱关联差异化最明显的时期。这里有两个极端例子。第一个例子是在法国南部乌斯塔地区热沃当的乡村里，有一名老农妇，因坚持实施长子继承权，当自己成为"吃闲饭"的人时，不得不与他人共同生活，结果被边缘化。第二个例子是在巴尔扎克笔下的巴黎市民中。那些中产阶级女性享有

---

1 安尼克·蒂利尔，《一个关键时刻——十八和十九世纪医生眼中的更年期》(*Un âge critique. La ménopause sous le regard des médecins des XVIIIe et XIXe siècles*)，刊登于《克利奥：历史，女性与社会》(*Clio, Histoire, femmes et sociétés*)，《生育》，第21期，2005年，第269—280页。

宽裕的收入，拥有房产或房产使用权，过着频繁参加社交活动的生活，或在慈善机构事业中担任受人尊敬的女主人或赞助人。此外，对于某些女性来说，丧偶意味着一段可以重获权力或者实现抱负的时光。[1]

女性在遗忘的沙漠中老去、消失。然而无论是在自传还是小说的叙述中，均出现了祖母形象。乔治·桑详细描述了她的奶奶，玛丽-奥罗尔·德·萨克斯（Marie-Aurore de Saxe），在她的小说《农民》中，她描述娜农这一长辈。奥罗尔（Aurore）撰写了《一个祖母的故事》，其中的奶奶特别注重孙女的教育。普鲁斯特讲述了他祖母去世的场景，这是作为小孙子的他第一次面对死亡的经历。在 2005 年当选法兰西学院院士的阿西娅·杰巴尔（Assia Djebar）的小说中，阿尔及利亚社会就像在传统乡村文化中一样，祖母们在集体或家庭中的传承、记忆或口头叙述中占据着重要地位。

---

1 参见艾德琳·多马尔（Adeline Daumard），《1815 年至 1848 年巴黎的中产阶级》（*La Bourgeoisie parisienne de 1815 à 1848*），巴黎，Albin Michel 出版社，1996 年；斯嘉丽·博瓦莱特-布图伊里（Scarlett Beauvalet-Boutouyrie），《旧制度下的寡妇》（*Être veuve sous l'Ancien Régime*），巴黎，Belin 出版社，2001 年。

迁徙和农村人口外流导致年长女性更为脆弱，因为她们在新结构中找不到自己的位置，只能在村里勉强生活。她们多在 19 世纪时加造的养老院中聚集居住，以抵抗晚年被遗弃的孤独。

女性的死亡与她们的生活一样，非常低调。能够立遗嘱、开追悼会的人，要么是家庭事务的领导者，要么是企业家、公众人物。"大型"葬礼多是有关男人的。对于路易丝·米歇尔（Louise Michel）或莎拉·伯恩哈特（Sarah Bernhardt）这样的人物来说则较为特别，因为她们代表的是女英雄。此外，在一些国家，包括 19 世纪的英国，女性死后并不会在墓地下葬，尽管她们平时是负责扫墓之人。

一个女性的消失，在公共空间中并不算什么大事。但在后辈的心中，他们常常记得的人是祖母，因为她往往活得最久。她就像家族最后的一名见证者，带给我们最后的一份温情。

外表：女性的头发

女性首先是一种印象：一张脸、一个着衣或赤裸着的身体。女性是表象。在犹太—基督教文化中，女性必须在公共场合保持沉默；但必要时，又需要隐藏或又展示自己。社会和宗教的准则规范着女性的展现尺度，甚至精确到女性身体以何种方式展现以及哪些具体部位可以展示。例如，头发被视为是女性诱惑的集中体现。

美丽，似乎成为女性的首要戒律。从古至今，人们告诫女性："你要美丽，也要闭嘴。"文艺复兴时期特别强调了女性美丽与男性力量之间所具有的性别差异。乔治·维加雷洛（Georges Vigarello）展示了随着不同的时代，人们对身体部位的重视程度以及欣赏品位的变化。[1] 直至 19 世纪，人们专注于女性上半身的脸部及胸部，对腿部的关注较少。随着目光的向下，裙子变得更为合身，直至裙摆将脚踝露出。到了 20 世纪，大腿登上了舞台。大家看看 Dim 品牌袜子腿部的长度便可以略知一二了。与此同时，对苗条的追求以及对纤瘦近乎厌食症的沉迷，逐渐取代了 1900 年代对

1　乔治·维加雷洛，《美的历史》（*Histoire de la beauté*），同前引。

丰满曲线的崇尚。

在恋爱关系或婚姻较量中，美丽成为一种资本。这是一种不平等的交换，因为这期间男人作为诱惑者被视为唯一的主动者，而他的女性伴侣只需乐于被对方吸引，并体现出恰当的智慧。马里沃（Marivaux）笔下的玛丽安娜（Marianne），擅长用漂亮手帕进行巧妙饰佩。对丑陋的女人，人们总有些冷落歧视。直至20世纪，这种对美丽的过分关注才开始有所改观。事实上，每位女性都可以变得美丽。正如一些女性杂志声称的那样，美丽不过是化妆品、护肤品的产物。服饰，或说时尚也颇为重要，它既是一种愉悦，也是一种审美的专制，塑造了外表的伪装。"这其实是一个意愿问题。"马塞尔·奥克莱尔（Marcelle Auclair）在《嘉人》（Marie-Claire）杂志中如是说。简而言之，女性没有丑陋的权力。美学成为一种伦理道德。

部分女性对这种奴役提出了抗议。"是衣服穿着我们，而不是我们穿着衣服"，弗吉尼亚·伍尔夫（Virginia Woolf）这样睿智地讽刺。乔治·桑意识到有必要在她的自传的前几页对自己的外貌进行一番描述，于是幽默地记录下个人身份证件上有关人体测量的数据后，便再也没有提起过了。她觉得自己不漂亮，但她并不在乎，因为她有更重要的事情要做，不会花时间在镜子前停留。童年时期，她随父亲与家人一起到马德里，她父亲是当时法国帝国军队的军官。她在那里的一座宫殿中，看到镜子里赤身裸体的自己，颇为震惊。

我选择和大家谈论女性的头发，是因为头发是女性的象征，是性感的集中体现，也是最具诱惑之物，如欲望的火花。

头发，介于野性与身份之间

头发，首先是一个有关毛发的问题。[1] 毛发与身体有着双重的私密关系：一方面它渗透于身体内部，另一方面它接近性器官。毛发的根深植于身体内部，借

1　克里斯蒂安·布龙贝尔热（Christian Bromberger），《毛发语言学：毛发的语言》（*Trichologiques: les langages de la pilosité*），收录于帕斯卡·杜雷、让-克洛德·考夫曼、大卫·勒·布雷顿、弗朗索瓦·德·桑格利、乔治·维加雷洛（Pascal Duret, Jean-Claude Kaufmann, David Le Breton, François de Singly, Georges Vigarello，主编），《一个为自己的身体》（*Un corps pour soi*），巴黎，PUF 出版社。《身体实践与社会》丛书（*Pratiques physiques et sociétés*），2005 年，第 11—40 页。

用迪迪埃·安齐厄（Didier Anzieu）的说法，是在"自我—皮肤"的内部的，这层皮肤薄膜定义了内外界限。此外，毛发还掩盖着性器官。[1]

毛发还暗示着如羊毛等动物的兽毛。让·伊塔尔（Jean Itard）笔下的那位野孩子，或鲁德亚德·吉卜林（Rudyard Kipling）《丛林之书》中的莫格利（Mowgli），拥有长长的头发。为了让他进入文明社会，人们便给他剪去了头发。野人们有着长且浓密的头发。布丰（Buffon）这样描写过赫登托（Hottentot）人。[2] 在他眼里，他们与动物非常接近："头上长满蓬乱头发，或有

---

[1]　迪迪埃·安齐厄，《我——皮肤》（*Le Moi-peau*），巴黎，Dunod 出版社，1985 年。

[2]　这句可能指的是英国 17 世纪的自然学家和探险家托马斯·巴顿（Thomas Button）的某个文本，但这里似乎有些混淆。托马斯·巴顿最出名的是他在北美的探险，特别是在哈德逊湾的探险，而不是对南部非洲民族的描述。然而，如果看看 18 世纪和 19 世纪欧洲作家的作品，这个引用可能实际上是与某些描述科伊科伊人（Khoikhoi）有关的（这些人当时通常被欧洲人称为 Hottentots，这是一个如今被认为带有贬义且不合适的术语）。这些描述通常出现在旅行记述、探险报告或人类学研究中，欧洲人观察并描述了南部非洲的土著民族，通常以一种异国情调或刻板印象的方式进行描写。要更准确地了解这段描述的出处及其确切的背景，需提供更多关于作者或出现背景的信息。——译者注

着羊毛般卷曲的头发；脸部被长胡须遮盖，上面还有两个更粗的弯月形胡子。"[1] 未加驯服的毛发，暗示着令人有些不安的自然性。因此德国社会学家诺贝特·埃利亚斯（Norbert Elias）曾指出，在整个文明进程中，假发在宫廷社会中作为必不可少的面具角色，象征着毛发被快速驯化的方式。

显然，头发与体毛均是人体的一部分。19世纪，一缕头发作为纪念品，被提升到信物的高度。人们会虔诚地将孩子的头发，或爱人的一缕发丝，保存在一个吊坠中。恋爱中的女人给心仪的人一缕头发，希望他能够将自己永记于心，同样地，她也保存对方的头发。保拉·科萨特（Paula Cossart）出版了阿黛尔和艾梅之间特别的通信往来，[2] 阿黛尔曾这样写道："我曾花

---

1 转引自克劳迪娜·哈罗什（Claudine Haroche）和让-雅克·库尔丁（Jean-Jacques Courtine）的《面孔的历史——论16世纪至19世纪初表达与隐藏自己的情感》[*Histoire du visage. Exprimer et taire ses émotions* (*XVIᵉ siècle-début du XIXᵉ siècle*)]，巴黎，Rivages 出版社，1988年（再版，Petite bibliothèque Payot 出版社），1994年，第126—127页。

2 保拉·科萨特，《二十五年的婚外情》(*Vingt-cinq ans d'amours adultères*)，同前文所引。

了两个多小时来梳理头发，我打算把它们与你的头发结合在一起。我不想夸耀整理它们所需要的耐心，但我向你保证，世界上只有你能给予我勇气，一根一根梳理这些头发。说实话，我那样度过了每一刻，完全沉浸在那无数的美妙想法中。"捐出头发，意味着将自己的一部分捐献出去，即将自己身体的一部分赠予他人。以这种琐碎的瞬间去抵御时光的流逝。

无论是男是女，剃光其头发，便意味着占有这个人，使之成为无名之辈。军人们也会剃光头，一方面出于卫生原因，但另一方面也是为了纪律；在古代，奴隶们也会被剃光头；同样，被俘虏的人或囚犯也会被剃为光头。19世纪，在法国监狱中，被拘禁的预审犯人要求享有保留胡须与头发的权利，因为这是能够明显区分被定罪者与预审犯人的方式。在法兰西第三共和国，这是被最早予以承认的几项"权利"之一。同样，根据奥松维尔（Haussonville）委员会的说法，监狱不会让女性因犯经历剃掉头发这种"令人羞辱的耻辱"，而是让她们留下中等长度。[1] 不过被监禁的年轻女

1　奥松维尔委员会，《关于监狱的议会调查》(*Enquête parlementaire sur les prisons*)，1872年。

子须佩戴帽子，绝不允许让"一根头发露出"。监狱通过对犯人身体的管制来维持秩序，而头发是最为敏感的部分。

集中营囚犯对这种剃光头、剪发的羞辱并不陌生。西蒙娜·薇依曾提到过在集中营入口前的悲剧：虽然她没有经历过剃光头，但她的头发被剪得很短。[1]她说，这帮助了她。在集中营遗址中最可怕的残留物，或许是集中营囚犯的头发，因为那些头发几乎是活生生的，是人最后的证据。

对于所有人来说，失去头发是一种痛苦，对女性来说尤为敏感，因为那是女性特有的标志。不少患者化疗结束后，在镜子中审视已无头发的自己，着实是一种巨大的考验。

性别和毛发的差异：胡须和头发[2]

使徒保罗给哥林多人的信中写道："人的本性不

---

1 2005 年 1 月 29 日，法国电视 2 台播出的节目。

2 西尔维安·阿加辛斯基（Sylviane Agacinski），《性别形而上学：基督教的男性／女性之源》（*Métaphysique des sexes. Masculin/ féminin aux sources du christianisme*），巴黎，Seuil 出版社，2005 年。

也教导你们：男人如果留长发就是他的羞耻，而女人如果留长发就是她的荣耀吗？因为头发是赐给女人当做盖头的。"[1] 所有都已经说过了，"本性"决定着羞耻与荣耀，需根据性别来决定头发长短。上帝仅仅遵循了他所创造的规则，信徒也是如此。

性别差异还体现在毛发及其用途上：女性留长发，男性蓄胡须。人们经常将长发视为女性化的标志。在中性风格盛行的时期，如浪漫主义时期或 1968 年后的年代，人们让头发自由生长。不过在那个时代的企业中，男性长发者会被审查。年轻男性如坚持留长发，将面临被排斥，甚至被解雇的威胁。这类问题时常引发冲突。

在古罗马以及后来的基督教时期，男子气概常常通过剃光头来表现。保罗主张女性戴头巾，但男性无需如此，而应该剪短头发："对于男人来说，如果留长发，那么是他的耻辱。"于是战士的头颅个个都非常光亮。新纳粹主义者将其视为男子气概的宣言。

对于胡子，那是另外一回事。不过它也是男子气

---

1 《哥林多前书 11》(*Première Épître aux Corinthiens*)，第 14—15 页。

概的另一个表现。莫里哀就谈论过"胡须的力量"。其剧作中的人物阿尔诺夫在《太太学堂》里说道:"胡子拥有无上的力量。"渴望保持贞洁的圣女向上帝祈求,渴望在下巴上长出胡须。这位"有胡须的圣女"是想借助异性的毛发特征来保护自己。

胡须因此具有阳刚之气的象征含义,意味着力量、热情和生育能力,还有(如狮子的鬃毛所代表的)勇气与智慧。天父以及代祷者亚伯拉罕,都被描绘为有胡须的男子。对基督教神学家亚历山大城的圣利兔(Clément d'Alexandrie)来说,胡须显示了男性的年长、优先于女性的地位,代表着年龄、资历、时间以及父权身份。

但胡须也必须被驯服。公元 4 世纪,教会的教父抵制"有胡须的僧侣"[1],特别是与塞巴斯蒂安的尤斯塔修斯门徒们发生过斗争。后者主张严格的禁欲主义,放弃性行为,并主张留长胡须与头发。事实上,毛发的不分明性掩盖的是对性别不分明的渴望。因此在 20

1 西尔维安·阿加辛斯基(Sylviane Agacinski),《性别形而上学》,巴黎,Seuil 出版社,2005 年。

世纪后期，城市的理发师们推崇中性风，不过今天这种风格已有所减退。

头发，女性的标志与象征：表现与形象

女性头发的表现是形象塑造的一个重要环节，尤其是当想要暗示她具有的自然兽性、性或罪恶时。夏娃和抹大拉的马利亚都拥有浓密的毛发，这是中世纪雕塑和德国文艺复兴绘画中对美貌描绘的共同之处。

抹大拉的马利亚被视为妓女，但对某些人来说，她是基督的情人。畅销书《达·芬奇密码》的作者甚至将她描绘成基督的妻子，他们还有一个女儿莎拉，让人梦寐以求。她用她的长发擦拭基督的脚。即便成了圣女，她也被描绘为拥有丰盈的头发。[1]

如果对描绘女性头发的画作进行详细梳理，那么可以有不少惊喜的发现。例如在受到造访的卧室里，圣母那少女般的长发通常披散在肩上；天使加百

---

1 在众多例中可随便举出几个：埃库瓦（Écouis）的圣母教堂中 14 世纪的雕像；卢浮宫中格雷戈尔·埃哈特（Gregor Erhart）的雕像，1510 年。

列也同样拥有一头浓密的长发。天使们也总是拥有头发，以至于在装饰圣诞树时，人们会使用被称为"天使之发"的闪亮花环。天使与头发性别模糊的标记在于：天使没有性别，但他们有头发。这或许在某种程度上代表了他们的性别特征。相反，对于残忍的女人，如朱迪思（Judith）或莎乐美（Salomé），她们的头发冗长而凌乱。被她们斩首的男人——赫罗弗尼斯（Holopherne）、施洗约翰（Jean Baptiste）——也是如此，仿佛她们想要夺走他们多余的男子气概。

文艺复兴时期画家们对感官的追求在绘制女性身体和头发上表现得淋漓尽致：波提切利（Botticelli）、丁托列托（le Tintoret）、委罗内塞（Véronèse），还有枫丹白露学派和德国画派的画家，都给夏娃、忧郁女神或女巫披上了一头秀发。

无论画中的女子是在室内弹钢琴或做缝纫，还是在花园里，印象派画家在他们的作品中都巧妙运用了女性头发的光亮，尤其是雷诺阿（Renoir）。维也纳画家们在发丝中还增添了一丝色情气息。

新艺术运动以卷曲为特点，将女性的头发作为主要图案，构成熟悉的形式，成为城市装饰（建筑立面、地铁站）、室内装饰的重要元素。[1] 因此，在南希学派的装饰艺术中，就如人们在这座城市的马约雷别墅里看到的那样，花瓶、壁炉装饰、门把手、天花板的饰条等都用发饰图形来进行装点。

文学作品中关注头发的描写同样丰富。小说中通常仅描绘发型遮盖下头发的颜色，诗歌中则更为详细，就像波德莱尔在《恶之花》中用一首诗歌致敬《头发》[2]——颜色、气味、大海的回忆、感官的波动、感性和狂喜，均交织在这首美丽的诗中，堪称以女性发丝为灵感的最为动人的诗歌之一。

丹麦神学家诗人克尔凯郭尔（Soren Aabye Kierkegaard）的语言被女性的性魅力所折磨，呈现出完全不同的描写。在《诱惑者日记》中，他谈到令男人们为之倾倒的头发，以及由此所激发出的灵感："有什么比女性

1　克劳德·奎格尔（Claude Quiguer），《1900 年的女性和机器——现代风格痴迷之解》（Femmes et machines de 1900. Lecture d'une obsession modern style），巴黎，Klincksieck 出版社，《20 世纪图书馆》丛书，1979 年。

2　《全集》，巴黎，Gallimard 出版社，"普莱阿德图书馆"丛书，第 1 卷，第 38 页。

的一头浓密秀发更美的呢？蓬乱丰盈，令人着迷。然而根据圣经，头发是女性不完美的一个表现，并提出几大理由，但事实难道不是如此？！当女人低下头，她沉重的发辫几乎落地，就像与盛开的蔓藤植根于大地，而男人昂首向天、目空一切，不愿脚踏实地；她难道比男人不完美吗？一头秀发，是女性的魅力，更是女性的力量；正如诗人所说，通过秀发，女性吸引住男人，将他束缚在了土地之上。我很想对那些所谓宣扬解放的人说：看，这就是女性的不完美，比男人更弱；但如果你们有勇气，那么可以剪掉女性那浓密的卷发，切断沉重的锁链，让女性奔跑，像疯子、像罪犯那样四处奔跑；让所有人都感到恐惧。"[1] 着迷、恐惧、憎恨，都渗透在这篇具有象征意义的文字中，其中谈到剃光女性的头发，将她们当作疯子或罪犯来对待，作家是为了摆脱对她们头发的困扰，也夹杂着对

---

[1] 《或者……或者》摘录。《诱惑者日记》（*Le journal du séducteur*），巴黎，Robert Laffont 出版社，1993年；引自弗朗索瓦丝·柯林（Françoise Collin）、埃夫琳·皮西耶（Évelyne Pisier）和埃莱妮·瓦里卡（Eleni Varikas）的《从柏拉图到德里达的女性》（*Les Femmes de Platon à Derrida*），第 541 页。

渴望她们而产生的内疚感吧。

头发，意味着女人、肉体、女性气质、诱惑、挑逗与罪恶。

19世纪是一个色情的时代，充满了遮掩和展示，女性的头发被赋予性暗示。从维也纳画家（如克林姆特、席勒）的精致色情画，到1900年代的明信片，画家描绘了殖民地或犹太妇女的裸体与头发，呈现了粗俗色情。

隐藏女性的头发：头巾的悠久历史 [1]

在古代地中海地区，佩戴头巾的做法颇为常见，但无任何宗教义务色彩。在许多希腊—罗马祭祀仪式中，男女都可以佩戴头巾。《旧约》和福音书中对头巾的佩戴均没有任何要求。

---

[1] 罗辛-A.兰宾（Rosine-A·Lambin），《女人的头巾——历史、社会和心理学梳理》（ *Le Voile des femmes. Un inventaire historique, social et psychologique* ），伯尔尼，Peter Lang 出版社，1999年；让-克洛德·弗吕热尔（Jean-Claude Flügel），《裸体的梦想家，关于服饰的装饰》（ *Le Rêveur nu, de la parure vestimentaire* ），巴黎，Aubier-Montaigne 出版社（1930年），1982年。

佩戴头巾是使徒保罗所创的新规。在《哥林多前书》（11，5—10）中他写道，在聚会中，男人应脱帽，而女人应戴帽："凡是女人在祷告或做先知传道的时候，如果不蒙着头，就是羞辱自己的头，因为这与头发被剃掉了是同样一件事。要知道，女人如果不遮盖自己，她就应该连头发也剪掉；但既然女人剪掉头发或剃掉头发是可耻的，她就应该遮盖自己。"鉴于女人由男人创造，所以"女人为天使的缘故，应当在头上有服权柄的记号"。戴头巾是依赖的标志，"女人为此要在头上戴上权威的标志"。

使徒保罗之后，教父们更为严苛了。罗马时期神学家特土良（Tertullien）还专门写了两篇文章《处女的头巾》和《女性的打扮》来讨论基督教早期的重要问题。

由此，头巾在宗教方面，对于上帝、对于人，具有多重意义，成为依赖、羞耻与荣誉的多重标志。

头巾也是权威的象征。在罗马，一个已婚妇女如果不佩戴她的瑞卡（rica）头巾便出门，那么可能会被迫离婚。年轻的女孩并不佩戴也无需佩戴头巾，而已婚妇女则是一个需要佩戴头巾的人群，因为头巾是一种保持谦逊的工具。特土良认为帽子与头巾远远不够，还必须遮盖女性的身体与头发，因为它们是诱惑的来源。

作为贞洁的象征，头巾也代表着处女膜。新娘的头巾是一种婚庆头巾，只有新郎才能揭开，就好比只有他才能"撕裂"处女膜一样。新娘戴头巾意味着妻子需要进行奉献、付出和牺牲。

此外还有修女的供奉头巾。在入教的那天，她会将自己的头发献给上帝，并戴上头巾。从 4 世纪开始，教会将修女的头巾视为一项必备物品，是她们的贞洁与归属于上帝的标志。教会要求修女佩戴头巾，并建议其他女性也佩戴，至少要将头部遮盖起来。

但这个建议有时难以实施。玛格丽特·奥杜在自传小说《玛丽-克莱尔》中描绘了一名深受修女服装之苦的修女，"当我穿上衣服时，我觉得进入了一个永为暗黑的房子"，天使德西蕾修女如此叹息道。晚上，她很高兴能够脱下长袍与头巾。而她在奄奄一息之际，试图摆脱约束：她取下头巾，让头发散落下来。这让她的"姐妹们"大为震惊，她们怀疑她背叛了贞洁誓言。基督徒圣维罗尼卡（Véronique）也表示，"觉得修女露出头发是件可耻的事"。

在梵蒂冈第二届大公会议期间，头巾问题成为神职人员和修女间讨论的一个核心问题。修女们要求对她们的服饰进行精减，因为那些传统服装与现代生活需求相去甚远。虽然神职人员自己也想世俗化，但为了忠于教会教父的精神，他们反对修女们的请求，保留了佩戴头巾的义务，仅仅对头巾做了一些简化。

伊斯兰教和头巾之间的关系备受争议，我们在这里不下论断。根据宗教人类学、哲学研究者马雷克·薛贝乐（Malek Chebel）的说法，《古兰经》对此并没有任何强制性要求。[1]但伊斯兰教在地中海文化中发展起来，这些文化要求隐蔽女性并将其禁闭（如使她们深居闺房、后宫，阿拉伯-安达卢西亚文化有隐蔽女性的传统）。女性自行使用头巾的情况颇为复杂，正如阿尔及利亚女作家阿西娅·杰巴尔（Assia Djebar）的小说所展示的那样。在男性主导的世界中，戴头巾

---

[1] 参见，尤其是《后宫之灵——马格里布地区的神话和性实际情况》（*L'Esprit de sérail. Mythes et pratiques sexuels au Maghreb*），巴黎，Payot 出版社，1988 年，第二版，1995 年；《伊斯兰爱情百科全书》（*Encyclopédie de l'amour en Islam*），巴黎，Payot 出版社，1995 年。

是唯一使得女性们能在公共空间中穿行的方式。在阿尔及利亚战争时期,《无墓之女》中的凯撒利亚［位于地中海东岸,今歇尔谢尔（Cherchell）］女性在头巾下成功隐藏了与游击队的联系。如今,即使是非常自由的伊朗女性们,也会戴上头巾来保护自己,用以避开注视、抵御权力与男人。而在头巾之下,她们穿着自己想要穿着的衣物。

但摩洛哥的柏柏尔女性并不戴头巾,这可能是对阿拉伯化的一种抵抗。在北非地区,如摩洛哥,尽管还是少数,但女权主义者们将拒戴头巾视为对自由的肯定。

因为原教旨主义意图使女性顺从。为此,头巾是对女性及她们身体进行统治的象征。我让你戴上头巾,因为你是我的。我们明白这会引发争论,正如在法国有"不做妓女,也不屈服"的反抗运动,也有在公立学校禁止穿戴头巾的法律辩论。在这些问题上,甚至女权主义者内部也存有分歧。

梳理头发:诱惑的工具

可见,发型是关乎礼仪、宗教与时尚的多重问题。

　　19世纪，一名"循规蹈矩"的女性通常会将头发遮盖住。因为披头散发的女性被视为是庸俗的，甚至粗野的。在集市上，购物的中产阶级妇女普遍戴着帽子，而与之相区分的女商贩则通常裸露自己的头发。事实上，时尚很早便开始影响男女的头饰。17—18世纪，女性的发型迎来了惊人的发展，变成了各种繁杂装饰的组合品，玛丽·安托瓦内特王后[1]甚至以法国海军"贝勒普尔"号军舰造型设计了高发髻。

　　但之后人们的注意力开始转向头发本身，以不同的方式来打理头发。在公共场合，女性很少把头发充分展示出来，而是紧紧地扎成一个发髻；只有在家中这样的私密空间，尤其在卧室里，才会把头发松解开来。婚礼当晚，新娘让丈夫解开她的头发，并从此将这个特权保留给他。学者阿多诺（Adorna）注意到，女性对发型有一种盲目的崇拜。年轻女子将自己奉献给情人后，便开始对自己的裙子与发型感到焦虑。

1　玛丽·安托瓦内特出生于1755年奥地利维也纳，系法国大革命前的最后一位法国王后。14岁嫁给了法国王储后成为法国国王路易十六。她因对奢华、时尚方面的爱好和在凡尔赛官的巨大开销而闻名，后被公开送上断头台处死。——译者注

　　发型设计将头发变成了一种服饰，一件艺术品和时尚之物，头发参与了诱惑或优雅舞台的展现。于是，就像帽子设计师一样，发型师也登场了，成为女性的参谋，甚至闺蜜，发廊也变成了闺房。

　　头发的长度、款式、发色都是时尚所规范的对象，仅仅关于发色的说法都够写上一大堆了。据说男人更喜欢金发女郎。[1] 大多数画家对此也无异议，他们喜欢那些照亮画布的头发，如委罗内塞或丁托列托。受到西班牙戈雅[2] 以及东方的影响，浪漫主义开始欣赏带光泽的黑色头发。但金发而后又占据主导地位，从家庭天使到英式独立女性，都拥有一头纯金色秀发：佐拉小说中纳娜的金发浓密而性感，轻抚动人；在印象派画作，尤其雷诺阿的作品中，金发也得以充分呈现。20 世纪，性感女神也通常是金发：玛丽莲·梦

1　乔安娜·皮特曼（Joanna Pitman），《金发女郎——从阿佛洛狄忒到麦当娜一段有趣的故事》（*Les Blondes. Une drôle d'histoire, d'Aphrodite à Madonna*），巴黎，Autrement 出版社，2005 年（英译法）。

2　弗朗西斯科·戈雅（Francisco Goya, 1746—1828），是西班牙浪漫主义画派的画家。戈雅是西班牙皇室的宫廷画家，也用画作记录了战争，如《战争的灾难》。——译者注

露、碧姬·芭铎、格蕾丝·凯利、麦当娜。画家图卢兹-罗特列克（Toulouse-Lautrec）所钟爱的红发女郎却在传统中名声不佳，因为她们发色如血，让人联想到女巫。[1]

剪去头发：解放的象征，1920—1930 年"疯狂的时代"[2]

最早剪短长发的是 1870—1880 年左右的一群俄罗斯女学生。无论是否无政府主义者，她们进入医学院，致力于为大众健康服务。她们中间的一名年轻女子留着短发（也有人说她是"剃着光头"），吸引了路易丝·米歇尔（Louise Michel, 1830—1905）[3] 的注意。

1　泽维尔·福什（Xavier Fauche），《红发男女——特别闪耀的光》(*Roux et rousses. Un éclat très particulier*)，巴黎，Gallimard 出版社，《发现》丛书，1997 年。

2　克里斯汀·巴贺（Christine Bard），《假小子——疯狂时代的时尚与幻想》(*Les Garçonnes. Modes et fantasmes des Années folles*)，巴黎，Flammarion 出版社，1998 年。

3　路易丝·米歇尔，法国无政府主义者、教育家、女作家，同时也是巴黎公社的重要人物之一。她是第一个举起黑色的旗帜的人，并使这种做法在无政府主义运动当中传播开来。——译者注随后她自己也剪去长发，并参加巴黎公社，将头发一直保持在中长状态。美好时代"新女性"的特征是：要求政治解放、道德解放，具有雌雄同体的中性特征或极端女性化气质，例如诗人勒内·薇薇安（Renée Vivien）及其贵族少女般的装扮。1900 年左右，欧洲的女权主义运动开始变得活跃并得到发展，女性要求身体的解放。于是紧身胸衣消失了，裙子变短了，头发也剪短了。科莱特（Colette）在 1902 年让她笔下的人物克劳丁（Claudine）剪掉了长辫子，并推崇"性别不确定的变装的乐趣"。

战争加速了女性运动。为了工作的便利，女护士、救护车和电车女司机以及战争工厂的女工，都纷纷将其发型现代化，如同许多老明信片所展示的那样。

战后，新发型开始普及，有着不少变化[1]：有时是卷发，由电卷棒制造出"无法变直"的卷发，让女性

---

[1]　史蒂文·兹达特尼（Steven Zdatny），《假小子式时尚，1900—1925：发型的社会历史》（*La mode à la garçonne, 1900—1925: une histoire sociale des coupes de cheveux*），《社会运动》，第 174 期，1996 年 1 月至 3 月，第 23—56 页。

看起来像绵羊；有时是直发，让女性看起来像"假小子"，尤其是当她们穿着西装、打着领带、抽起烟的时候。在德里安（Dréan）的歌曲中，可以看到这一新潮流："她剪短了头发／像个乖巧的女孩／她剪短了头发／心想这样会好很多／因为女性想要和男性一样／追随时尚／和方便／于是她们都剪短了头发。"

一方面，人们起初只能勉强接受这种时尚，连科莱特也不例外，尽管她曾树立了女性独立的榜样，但如今却批评这些发型缺乏女性气质。高级定制领域——沃斯（Worth）、马德琳·薇欧奈（Madeleine Vionnet）、波烈（Poiret）——她们抵制服装的"男性化"。另一方面，一些人，尤其是女性，有一种解放的感觉。例如意大利女作家西比拉·阿莱拉莫（Sibilla Aleramo, 1876—1960），她赞美短发："这如同是一种启蒙。简而言之，我们所感觉到的是，从一个时代过渡到了另一个时代。"

一些趋势开始显现：年轻化、现代化、对摆脱过去的渴望、战前世界的消亡使女性有了变得轻盈的愿望、便于运动的需求。性解放的呼声出现，女同性恋者支持适合她们的潮流。于是各种时尚实践开始得以普及。一些杂志如《米内尔瓦》(*Minerva*)、《时尚》(*Vogue*) 在转型，一些设计大师们也在转型，其中为首的要数可可·香奈儿 (Coco Chanel)。

她的设计呈现出两性同体的状态。她带来了新式服装［钟形帽、(香奈儿) 套装、半裙裤、裤子］和新的态度 (吸烟、开车、在公共区域阅读报纸、去咖啡馆)。欧洲经历了一股波及整个大陆的同性恋浪潮。[1] 新型女性出现，她们通常成对出入：科莱特和祖伊伦 (Zuylen) 男爵夫人，西尔维娅·比奇 (Sylvia Beach) 和阿德里安·莫尼耶 (Adrienne Monnier)，著名的奥德昂街书商，詹姆斯·乔伊斯 (James Joyce) [2] 和苏珊娜·马尔赫布 (Suzanne Malherbe)［又名马塞尔·摩尔 (Marcel Moore)］，格特鲁德·斯坦 (Gertrude

---

1　弗洛伦斯·塔马涅 (Florence Tamagne)，《欧洲同性恋史》(*Histoire de l'homosexualité en Europe*)。柏林，伦敦，巴黎，1919—1939，巴黎，Seuil，2000 年。

2　劳尔·穆拉 (Laure Murat)，《奥德翁剧院之路：西尔维娅·比奇与阿德里安·莫尼耶，记两次大战之间的巴黎文学生活》(*Passage de l'Odéon. Sylvia Beach, Adrienne Monnier et la vie littéraire à Paris dans l'entre-deux-guerres*)，巴黎，Fayard 出版社，2003 年。

Stein）和罗曼·布鲁克斯（Romaine Brooks），著名摄影师克劳德·卡安（Claude Cahun），等等。女性渴望新的角色，她们进入大学，涉足新学科［如心理分析、人类学，像杰尔曼·蒂永（Germaine Tillion）和丹尼斯·格里奥勒（Denise Griaule）那样在非洲进行探索］，从事先前对女性不开放的职业，甚至要求从事文学艺术创作（尤其绘画），进入先锋艺术中。女性在诸多方面的参与均有着重大发展，不过这些发展因突如其来的危机（如战争——译者注）和极权主义（坚决反对女权主义）而有所受阻和减缓。

在这个充满活力的"疯狂年代"，剪短头发代表着"新女性"和新的女性特质。

剃光女性的头发

自古以来，剃发作为一种耻辱的象征，被强加给战败者、囚犯或奴隶。远古时期，人们会将女巫的头发剃去，仿佛她们的长发是邪恶的；直至中世纪也是如此，比如圣女贞德[1]。

1　女演员法尔科内蒂（La Falconetti）在德莱耶（Dreyer）的电影塑造了被剃发的贞德形象。——译者注

　　二战时期，法国被德军的占领结束之后，法国社会出现大量对涉嫌与德国人"横向合作"[1]的法国女性剃光头发的行为。正如最早研究该领域[2]的阿兰·布罗萨（Alain Brossat）所叙述的那样，这堪称法国解放后最阴暗的一幕之一——"一场丑陋的狂欢"。法布里斯·维吉利（Fabrice Virgili）在他的博士论文中也研究了该主题。他揭露，在当时整个法国，无论城市还是农村，"剃光头"的做法相当普遍，影响了近两万名女性。该运动始于1944年春，第二波发生于1945年的5—6月。伴随着战俘、强制劳动服务人员（STO）[3]的回归，集中营的发现。在各个地区，"剃光头"运动中的仪式均有些类似：地点一般设在一个大台上，对

1　法语中亦称为 collaboration féminine 或 collaboration sentimentale，意为"女性合作"或"情感合作"，是指法国沦陷后，法国女性在与德国占领军成员发生浪漫关系或性关系。——译者注

2　阿兰·布罗萨，《剃头女——一个丑陋的狂欢节》，巴黎，Manya 出版社，1992年。

3　STO 是 Service du Travail Obligatoire 的缩写，意思是"强制劳动服务"。这是在第二次世界大战期间，法国维希政府应纳粹德国的要求，强迫法国年轻人前往德国工作的一项政策。——译者注

女性进行公开剃头，并有游街活动。这是对女性进行嘲讽、取笑与发泄的机会，女性成为公众懦弱心理的出口。

再次引人注目的是头发的象征意义。在《奥尼和桑东解放报》（*La Libération de l'Aunis et de la Saintonge*）的一篇社论中有人这么写道："当剃发剥夺了女性的诱惑手段时会造成什么后果？"人的身体因剃发蒙受了破坏，被置于几乎裸露的状态，甚至还有人在剃光的头皮上画上纳粹的十字。法布里斯·维吉利评论道："剃光头发的目的不仅是将妇女排斥在民族共同体之外，而且是一种破坏女性形象的方式。为此剃发也剔除了性感，成为一种去性别化的过程。"[1] 通过惩罚女性的可耻行为，来净化法国人民的妥协行径，女性的身体最后成了替罪羊。"一切都像是让剃头女子承担起所有通敌合作的罪恶与罪行，将她们流放于社会的荒漠中。"剃光头被视为是一项赎罪的净化仪式、一项卫生措施，用于清洁、消毒、根除罪恶。由此可以看到，

1　法布里斯·维尔吉利，《法国"男性化"：解放时期对妇女进行剃发运动》，巴黎，Payot 出版社，2000 年。

女性身体，尤其是女性头发，具有了重要的政治价值，成为关乎荣誉与权力斗争的砝码。

这有助于我们以另一种方式理解在法国和全世界对围绕头巾所表现出的极大关注。用头巾遮蔽女性，即要求她们有依赖性，以恢复性别的等级制度。对于某些人来说，这是社会秩序的基础。

关于女性头发的争议从未结束，就如同整个世界的进程建立在女性的头颅上一样。

女性的性别

女性的性别，这是我们关注的重点。

现今在巴黎奥赛博物馆中展出的库尔贝（Courbet）画作《世界的起源》，我们可以留意一下该绘画的背景。这幅画是为前土耳其大使、情色画作收藏家卡利尔·贝（Kalil Bey）所绘制的。这幅画对他来说，好似一个见不得人的宝藏，其秘密藏在一张挂毯后面——因为当时从未有人敢如此描绘女性那半敞的阴户。这幅画后来被精神分析学家雅克·拉康（Jacques Lacan）所拥有。

　　性别，是解剖学中将新生儿归入男性或女性的"微小差异"特征，它将人类分类为男性、女性。性别的无差异终将是一场悲剧。米歇尔·福柯于1978年出版了《双性人巴尔班》(*Herculine Barbin, dite Alexina B.*)。这是他推出的系列丛书中的一本，丛书名为《平行生活》。这本书讲述了一个生理性别被认定为女性，但感觉自己是男性的双性人所经历的悲剧。他由于难以应对这种身份，走上了自杀之路。如今跨性别身份在社会中逐渐得到认可，但并非意味着这种生活就容易了。

　　用厄文·高夫曼 (Erving Goffman) 的话来说，通常情况下，人们以"二元性别"方式来组织、区分社会。[1]人类学家玛格丽特·米德 (Margaret Mead) 于1935年进行了开创性工作，她的工作启发了波伏瓦撰写的《第二性》(1949年)。波伏瓦的这句著名表述——"女人不是天生的，而是后天所形成的"——不仅打破了自然主义观念，而且呼吁人们对传统定义

1　厄文·高夫曼，《性别的安排》(*L'Arrangement des sexes*) (1977)，巴黎，La Dispute 出版社，2002年（英译法版本），克劳德·泽德曼 (Claude Zaidman) 作序。

进行解构。生物学的性别与社会、文化中的性别的关系，是当代女性主义思考的核心。然而性别是否为差异的首要决定因素？在历史特性优先的身体中，生物性别是否从属于社会性别的范畴？

在此，我仅就性别差异的历史，说说我的几点看法。

首先是有关女性性别的表现问题。从亚里士多德到弗洛伊德，女性的性别被视为一种缺陷、一种自然的不足。对于亚里士多德来说，女人是一个失败的男人，是一个不完整的存在、不成熟的形态。弗洛伊德将"阴茎嫉妒"视为女性性欲的核心。从解剖结构来说，或从女性生物学特性来说，女人是一个空洞、有缺隙的存在，呈现为被占有、被动的形态。女性的体液，由水、（污秽的）血液还有乳汁构成，远没有精子那样具有创造力，只能提供滋养。在生育中，女性也仅提供了一个容器，一个仅被期望能够平静、温暖的容器。直至18世纪，人们才发现排卵机制，而排卵的重要性要到19世纪中叶才被意识到。因此，女性首先在性别的生理表现、生殖器官方面就被视为次等的。

不同时代对性别的重视程度不尽相同。有些人将性别问题进行弱化。中世纪，男女被视为是同一性别的不同变体。文艺复兴时期，人们常常将身体区分为"上半身"与"下半身"，赞美高贵的上半身，而将下半身视为动物般低贱。

18 世纪是自然科学和医学的时代，人们发现了"下半身"的乐趣与生活。"发明"了性，对性有着无穷无尽的求知欲，这或许奠定了个体身份与历史的基础。将个体进行性化，尤其针对女性，正如福柯和托马斯·拉科尔（Thomas Laqueur）[1] 的研究所指出的那样。女人成了她的性别本身，这种性别吸收并完全渗透了女人的方方面面。卢梭在《爱弥尔》中这样写道："至于性方面，男性和女性是彻底不平等的。男性在一些特定的时候才扮演男性应有的角色，而女性角色从始至终都在发挥作用，至少她们在青年时期是这样的。无论任何事情都会让她们想起她的女性角色，同时，为了更好地发挥这个角色的作用，她们需要一个与之相适合的体质。"为此，她们需要谨慎、休息，即一种

1　托马斯·拉科尔，《性别的制造：论西方身体和性别》(*La Fabriaue du sexe. Essai sur le corps et le genre en Occident*)，巴黎，Gallimard 出版社，1992 年（英译法）。

"柔弱且静养的生活方式"。女性需要家庭的保护和房屋的庇佑。女性与她的性别融为一体，并将自己缩小到性别之中，而这种性别角色在家庭以及在社会中定义着她的行为和地位。

女性的性别应该受到保护、封闭与占有。由此处女膜与贞洁的重要性显现出来了。尤其在基督教中，贞洁与独身被视为一种更高尚的状态。对于教父们来说，肉体是软弱的。肉欲之恶乃是最严重的罪过，如今依旧。对于约翰·保罗二世和本笃十六世的教会来说，性是构成抵抗现代世界的堡垒，是基督教道德与神圣的马奇诺防线。

对于女性，尤其女孩来说，贞洁拥有至高无上的价值。圣母玛利亚是抹大拉的马利亚的对立面，却又是她的榜样与保护者。圣母玛利亚既是无罪受孕的（1854 年由庇护九世确立了圣母无原罪始胎教义），又是在没有男性参与的情况下"通过圣灵的感孕"而怀孕的。然而，圣母玛利亚是一个完完全全的母亲。她怀孕并生下了儿子，哺育他，跟随他传道，在受难时支持他，帮助他面对死亡。这是一个完美的母亲，但仅仅是一个母亲。圣母是中世纪教会的女王与母亲，也是调解者和保护者。"在 13 世纪，上帝改变了性别。"米歇尔写道。大小教堂里的圣母像呈现了玛利亚那祥和且令人难以忘怀的形象，她不仅是修道院的"女王"，也是年轻女孩的守护神。

作为玛利亚的孩子，她们必须保持纯洁。羞怯是女性的装饰。婚前贞操也成为女性最宝贵的资本。她们必须保护自己，抵御诱惑与强暴，而年轻男性团体为了寻求性启蒙却肆意妄为。独处的女孩夜间要小心、谨慎。现代城市夜晚里的女性并没有受到更多的保护。女性的身体依旧处于危险之中。

女性的贞操属于觊觎它的男人。初夜权与其说是现实，更多是一种传说，但这仍富有深意。新婚之夜，丈夫占有妻子的权利是不争的事实，婚夜是一种真正的占有仪式。长期以来，婚夜仪式是公开的，如北非地区有检查床单上污渍的习俗，随后才慢慢变得隐秘。直到 18 世纪和 19 世纪，婚夜才成为如蜜月旅行那样的私人行为。

女性的性是一个谜，而且也被如此对待。

她神秘，令人恐惧；她是未知的，被误解的，在贪婪与冷漠两个极端间摇摆不定；她在极限处，呈现出一种歇斯底里。

贪婪——女人的性欲是一个无底洞，男人在其间耗尽自己，失去力量与生命，直至无能为力。因此，对于士兵和运动员等需要全力以赴取得胜利的人来说，远离女人是必要的。根据克尔凯郭尔[1]的观点，"女人会一直激发男人的欲望，直到他占有她为止"。而这种占有又具有毁灭男性的性质。司汤达（Stendhal）也无奈地表示，对女性性欲无法满足的恐惧往往是男性失败的根源。

性冷淡——人们曾普遍认为女性无法感受快感、不渴望性行为，因此性爱对于她们来说是一种负担。巴尔扎克在《婚姻生理学》中用充满暗示性但又相当精准的文字来描述女性：她们借口头痛，试图逃避与丈夫同房的责任，而倾听她们忏悔的神甫却要求她们必须履行这一职责。

于是对于男人来说，到其他地方寻欢作乐，便有

---

1 克尔凯郭尔是丹麦的神学家、哲学家、诗人、社会批评家与宗教作家，被视为存在主义的创立者。他创作了诸多有关宗教、道德、伦理、心理学等的文章。他的哲学作品主要关注人如何成为"单一的个体"，注重人类现实而非抽象思考，并强调个人选择和实践的重要性。——译者注

了理由与必要。情妇、妓女、妍居的风流女子，这一切在 19 世纪得以蓬勃发展，用以弥补这种"性贫困"。[1]

男人的梦想、渴望与想象似乎皆与女性的性有关，也皆成为情色、色情与虐恋的源头。与此同时，将小女孩阴蒂割除的女性割礼却依然是一种广为流传的做法，即使在今日的非洲一些地区，甚至欧洲，也有这样的习俗，不少移民保留了先前的做法。女性的快感是可以被允许的吗？

性欲无限的女性被认为是危险、恶毒的，好似女巫通常有着"贪得无厌的阴道"。即使她们年老了，超过了情爱的合法年龄，女巫也背负着骑在男人身上的坏名声。在基督教中，与所谓的自然姿势相反，这种女性在男性身后的姿势，意味着采用了一种不应该的方式做爱。狄阿娜女神[2]象征着性的解放，而女巫滋养

1　阿兰·科尔班，《妓女：19 世纪卖淫与性痛苦史》(*Les Filles de noce. Misère sexuelle et prostitution au XIXᵉ siècle*)，同前引。

2　狄阿娜在罗马神话中是月亮女神，也是狩猎女神。她拒绝婚姻，保持独立和贞洁，不允许任何男性侵犯。此外，她不是家庭的守护者，也不是母亲，而是一个独立的个体。为此她的形象在现代被解读为对女性拥有自己身体和性选择权利的支持，摆脱传统束缚，追求个人自由和自主权。——译者注

了萨满[1]夜的黑暗。

歇斯底里又被称为癔症，被认为是一种因女性性器官病变造成的疾病。子宫的干扰使得女性变得错乱、易怒，甚至疯狂，为此癔症患者成为精神科医生临床观测的对象。在巴黎萨尔佩特里耶（Salpêtrière）医院[2]每周一的检查中，沙克（Charcot）教授[3]会仔细观察女性的痉挛动作。因为他注意到，在19世纪的学校或工厂集体示威中也会爆发相关症状。痉挛者被看作是

1　萨满（Sabbat）是一个源自西方巫术和魔法传统中的概念，它通常指的是巫师或女巫们聚集在一起举行仪式或节庆的场合。——译者注

2　巴黎萨尔佩特里耶医院现为皮提耶-萨尔佩特里耶（Pitié-Salpêtrière）医院，其自1964年与在旁边的皮提耶医院合并，位于十三区医院大道，隶属于巴黎公共援助医院集团（AP-HP）。——译者注

3　让-马丁·沙克（Jean-Martin Charcot, 1825—1893）是法国神经学家、神经疾病临床教授，亦为法兰西学院院士。他是肌萎缩性侧索硬化症（SLA）的发现者。他在催眠和癔症方面的研究作出了重要贡献，不仅启发了皮埃尔·雅内在精神病理学方面的研究，也对西格蒙德·弗洛伊德产生了影响。弗洛伊德曾是他的短期学生之一，并且是沙可早期的德文译者之一。此外他与纪尧姆·杜歇纳（Guillaume Duchenne）共同创立了现代神经学，也是临床医学的重要倡导者。——译者注

新女巫，被魔鬼卢丹（Loudun）附了身，而神父乌尔班·格兰迪耶（Urbain Grandier）曾努力尝试祛除妖魔。[1] 然而他们指责的不是魔鬼，是女性的子宫。癔症为"女性疾病"打开了新的一条道路，同时也为精神病学、精神分析开辟了新的解决道路。

19 世纪，学者尼古拉·埃德尔曼（Nicole Edelman）[2]

1　魔鬼卢丹指的是发生在法国 17 世纪的一系列事件，这些事件围绕着法国卢丹（Loudun）小镇的一群乌尔苏拉修女发生，她们声称自己被恶魔附身。这起事件与乌尔班·格兰迪耶（Urbain Grandier）息息相关，他在事件中被指控为施行巫术的神父。事实上，格兰迪耶是法国历史上一位颇具争议的天主教神父，据说长相俊美、举止优雅，深受女性欢迎。他也是一名优秀的讲道者，能够用雄辩的语言吸引听众，不过由此招致了一些敌意。他被指控行为不端，包括与多名女性发生不正当关系。1632 年，格兰迪耶被指控与恶魔缔结契约，导致修女们被附身。尽管他坚决否认指控，但最终还是被认定有罪，并于 1634 年被公开处以火刑。魔鬼卢丹事件成为文学和文化作品中的重要题材，用来探讨宗教狂热、社会偏见、权力腐败等主题。最著名的作品包括阿尔多斯·赫胥黎（Aldous Huxley）的《卢丹的魔鬼》(*The Devils of Loudun*, 1952)和由肯·拉塞尔（Ken Russell）改编的电影《魔鬼》(The Devils, 1971)。——译者注
2　尼古拉·埃德尔曼（Nicole Edelman），《19 世纪癔症者的突变》(*Les Métamorphoses de l'hystérique au XIXe siècle*)，巴黎，La Découverte 出版社，2003 年。

指出，癔症患者会发生突变，产生双重转移：第一重转移是癔症是从子宫"上升"至大脑，影响神经，使其患病，女性因此变得"神经质"；第二重转移是这种情况会扩展至另一性别，即歇斯底里的症状会影响男性。例如福楼拜曾写信给乔治·桑诉说："我深受歇斯底里之苦。"而夏尔科也证实，战争会加重男女的癔症症状。

性行为在婚姻内是允许的，甚至是被要求的，但对性行为，我们却知之甚少。作为性行为的圣坛——床，总是远离公众的视线。即使教会谴责俄南（Onan）[1] 之罪[2]，但也建议这些有避孕行为的忏悔者保持

1　俄南（Onan）是《圣经》中《创世记》里犹大的第二个儿子，他哥哥以珥死后，按照习俗他与嫂子他玛结婚以延续家族血脉。然而俄南不愿意为他兄长生子，于是在与他玛同房时，"遗精在地"，以避免使她怀孕。这一行为后来在神学和伦理讨论中被称为"俄南罪"。在一些宗教语境下，这个故事被解读为对故意避孕或浪费精子行为的谴责，也常用来讨论生育控制。——译者注

2　克洛德·朗格洛瓦（Claude Langlois），《俄南的罪行：天主教对生育控制的言论（约 1820—1968 年）》[*Le Crime d'Onan: le discours catholique sur la limitation des naissances* (*vers 1820—1968*)]，巴黎，Les Belles Lettres 出版社，《金驴子》(*L'âne d'or*) 丛书，2005 年。

一定的谨慎态度。但实际上，在当时几乎没有其他避孕方法。自17世纪以来，在主张限制生育的法国，中断性交是一种广泛实行的方式。但莫奥（Moheau）在他的《法国人口的研究和思考》（1778年）中这样写道："人们欺骗了大自然，即便在乡村也是如此。"越来越多的女性担忧家庭人数的扩张，并避免意外怀孕，为此她们赞赏那些行房时"小心谨慎"的丈夫，自己也懂得如何规避风险。女性并不总是厌恶夫妻间的爱抚，相反，她们会抱怨伴侣对她们的疏忽、冷漠，甚至无能。

事实上，很早之前人们就发现了女性的快感。根据乔治·杜比的说法，中世纪的骑士害怕床以及他们无法满足的女人。文艺复兴尤其促进了对欲望的认识。医生们发现了女性的爱液，那可能是快感的标志，且有助于生育。瓦卢瓦王朝的宫廷[1]是一个进行各类新鲜尝试的地方，比如援用各类言辞来表达快感。

女性的欲望在中世纪，尤其是文艺复兴时期

---

1 瓦卢瓦王朝是卡佩王朝的旁支，于1328年至1589年间统治法国。它继承了卡佩王朝的直系，并在波旁王朝之前进行统治。——译者注

的一些文本中得到了较多的表现，如佩尔内特·杜吉耶（Pernette du Guillet）的艳情诗。正如布朗托姆（Brantôme）所描绘的那样，懂得风情的女士，也是懂得享受性爱的。根据皮埃尔·坎波雷西（Pierre Camporesi）的说法，凯瑟琳·斯福尔扎（Catherine Sforza）因采用有助于达到性高潮[1]的姿势而自鸣得意。尽管"性高潮"一词在当时还未被使用，但我们不能否定其存在，它所指称的在委婉语与诗意语言表达中还是可以找到的。

反宗教改革运动和杨森主义盛行的 17 世纪要保守得多。18 世纪的风流放荡主要是男性化的，就像 19 世纪的色情主义一样。阿兰·科尔班准备编纂一本 19 世纪的情色文集时表示，他很难找到女性撰写的文本。对于性，大家皆缄默不言，这是遭到压抑的主题。即使是乔治·桑，她在性行为上如此自由，也保持着沉默。即便在自传中，她也拒绝透露任何有关性的私密。当她的情人米歇尔·德·布尔日（Michel de Bourges）

---

1 布朗托姆（Brantôme），《风流女士们的生活》(*Vie des dames 1666*)；皮埃尔·坎波雷西（Pierre Camporesi），《爱的香膏》(*Les Baumes de l'amour*)，巴黎，Hachette 出版社，1990 年。

离她而去时，她曾给对方写了一封炙热的、充满情欲的信，这算是其作品的一个例外。有些激情犯罪案件揭示出平民妇女对肉欲的渴望，希望伴侣让她们在性爱中得到满足[1]，当这种需求不能被满足时，就产生了背叛。

女同性恋则更少被谈及，因为这是个禁忌话题。玛丽–乔·博内（Marie-Jo Bonnet）是对这方面最早进行研究的历史学家，但能找到的文学作品寥寥无几。[2]乔治·桑的《莱利亚》（*Lélia*）在当时引起了颇大的争议，这说明了女同性恋文学作品在当时的处境。为此博内差点儿要放弃这项研究，好在她最终借助女性图像对女同性恋进行了解读（才得以完成博士论文）[3]。卡热尔·史密斯–勒森拜（Caroll Smith-Rosenberg）的研究指出，寄宿学校中那些年轻女孩子们，不仅了解彼

1　约艾乐·吉乐（Joëlle Guillais），《他人的肉体：19 世纪的激情犯罪》（*La Chair de l'autre. Le crime passionnel au XIXe siècle*），巴黎，Olivier Orban 出版社，1986 年；安妮–玛丽·索恩，《蚕蛹：论 19—20 世纪私人生活中的女性》，同上注。

2　玛丽–乔·博内，《闺蜜之间》（*Les Relations entre les femmes*），巴黎，Odile Jacob 出版社，1995 年（第一版，1981 年）；《艺术中的女性》，巴黎，La Martinière 出版社，2004 年。

3　玛丽–乔·博内是佩罗所指导的博士生。——译者注

此的心灵，还体验了身体的激情，尤其在英国学校中，那里无疑更为自由。

在 1900 年前后，一切都有了变化。"在那个时期，萨福[1]在巴黎复活了。"阿尔森·乌赛耶（Arsène Houssaye）这么写道。"巴黎亚马逊"女性俱乐部——娜塔莉·克利福德·巴尼（Natalie Clifford Barney）、勒内·薇薇安、科莱特，以及其他许多人——重新找到了通往莱斯博斯岛[2]（Lesbos）的道路，她们活跃在左岸，穿梭于自由而精致的文学圈中[3]。这是年轻女孩盛开的季节，她们让似水年华的"叙述者"普鲁斯特愁肠百结。

战争迫使夫妻分离，不过有时也为性的探索带去了戏剧性的结果。拉德克利夫·霍尔（Radclyffe Hall）在《寂寞之井》（*The Well of Loneliness*, 1928 年）中描述了身份所带来的痛苦。当"疯狂年代"席卷欧洲

---

1 萨福是古希腊最著名的女性抒情诗人之一，在女同性恋文学和女性文学传统中有重要地位。——译者注

2 莱斯博斯岛是希腊女诗人萨福的故乡，也是女同性恋文化的重要象征。

3 尼科尔·G. 阿尔伯特（Nicole G. Albert），《巴黎世纪末女同性恋即堕落》（*Saphisme et décadence dans Paris fin-de-siècle*），巴黎，La Martinière 出版社，2005 年。

大城市时，这也标志着一种追求更多快感、更为自由的同性恋取得了蓬勃发展，其中的女同性恋也变得颇为普遍。弗吉尼亚·伍尔夫、维奥莱特·特雷弗西斯（Violette Trefusis），以及她们在布卢姆斯伯里的小团体，如格特鲁德·斯坦（Gertrude Stein）、罗曼·布鲁克斯（Romaine Brooks）、阿德里安·莫尼耶（Adrienne Monnier）和西尔维娅·比奇（Sylvia Beach）[1]均是知名人物。我们知道她们彼此相爱，喜欢在一起，喜欢将享受与创造结合在一起，这就足够了。

女性情色甚至是色情的表达，总的来说，是一个近代才有的现象。这影响了小说和电影，前者如维吉尼亚·德斯朋特（Virginie Despentes）、凯瑟琳·米莱（Catherine Millet），后者有凯瑟琳·布雷亚（Catherine Breillat）。

---

1 除了弗洛伦斯·塔马涅（Florence Tamagne）之外，《欧洲同性恋史》（*Histoire de l'homosexualité en Europe*）。柏林，伦敦，巴黎，1919—1939，引自罗勒·幕哈（Laure Murat）的《奥德翁的追忆——西尔维娅·比奇与阿德里安·莫尼耶，两次大战间的巴黎文学生活》（*Passage de l'Odéon: Sylvie Beach, Adrienne Monnier et la vie littérature à Paris dans l'entre-deux-guerres*），巴黎，Fayard 出版社，2003 年。

桃色还是黑色，抑或桃色与黑色并存[1]，女性的性欲仍然是一个未知的大陆、一个有待于探索的宇宙。

生育

生育是女性的首要大事。左拉曾说："母亲应是我们的信仰。"

多项著作对女性生育进行了研究，尤其是伊冯·克尼比勒（Yvonne Knibiehler）[2]以及雅克·热利斯（Jacques Gélis）[3]所撰写的著作。伊冯·克尼比勒目前

1　法语原文作者非常巧妙地采用了一个双关"Rose ou noir, rose et noir"。法语 rose 原意为玫瑰，但也有桃色、色情之意；noir 原意为黑色、黑夜，但也意味着非法、地下。——译者注

2　伊冯·克尼比勒和凯特丽拉·马兰−傅盖（Catherine Marand-Fouquet），《从中世纪至今母亲的历史》（*Histoire des mères du Moyen Age à nos jours*），巴黎，Montalba 出版社，1980 年，再版。Hachette 出版社，《复数》（*Pluriel*）丛书，1982 年；伊冯·克尼比勒，《1945 年以来的生育革命：女性、生育与公民身份》（*La Révolution maternelle depuis 1945. Femmes, maternité, citoyenneté*），巴黎，Perrin 出版社，1997 年。

3　雅克·热利斯，《树和果：现代西方的诞生（十六世纪至十九世纪）》（*L'Arbre et le Fruit. La naissance dans l'Occident moderne, XVIᵉ-XIXᵉ siècles*），巴黎，Fayard 出版社，1984 年。

担任历史与出生协会的会长。

生育是一种多样化的现实，我们需要概括其一些重要的历史特征。

对于女性来说，生育是身份的来源，承认差异的基础，即使这种差异并没有被真正的体验。"女性孕育了女性"，用露西·伊利格瑞（Luce Irigaray）[1] 的话来说，女性不仅生产出"他者"，也生产出"自身"。她的意大利学生路易莎·慕拉若（Luisa Muraro）[2] 在谈及与母亲身体亲密接触时，说她感受到"与母亲同性出生的非凡幸福"。

生育是一种时刻，也是一个状态。生育止于分娩，还是母亲贯穿一生的职责。对于那些被母亲给予了生命、食物以及在母亲引导下初涉人世的孩子们来说，母亲的生育是终生难忘的，尽管程度有所不同。

1　露西·伊利格瑞，比利时出生的法国女性主义者、哲学家、语言学家、精神病理学家、社会学家。以《他者女人的窥镜》（1974）和《此性非一》（1977）等著作闻名。与克莉斯蒂娃、埃莱娜·西苏并肩为法国女性主义代表。——译者注

2　路易莎·慕拉若，《母亲的象征秩序》（*L'Ordre symbolique de la mère*），巴黎，L'Harmattan 出版社，2003 年（意译法）。

正因如此，遗弃的悲剧才令人心痛，领养孩子才如此困难[1]。

西方社会对生育的认同正在不断增加。生育被赋予了一种爱。[2]根据伊丽莎白·巴当特（Élisabeth Badinter）的说法，这是一种"额外的爱"。她注意到自17世纪以来母爱形象无论在实践中（健康、婴儿护理、早期教育）还是在象征意义上，均有很大的上升。[3]当代最引人注目的特点之一，是无论是在极权主义国家还是在共和国中，母亲角色的政治化。这一概念充分体现在玛丽安娜身上。她是公民之母，并在左拉的小说《生育》中获得极大赞美。美国在20世纪20年代创建了母亲节，维希政权在法国对其加以合法化。

因为生育是功能，是社会与国家力量的支柱，人

1　艾佛丽娜·皮思耶（Évelyne Pisier）在她的小说《年龄问题》（*Une question d'âge*）中讲述了她的经历，巴黎，Stock 出版社，2005 年。

2　原文是用爱来装饰、照明，此处采用意译法翻译。——译者注

3　伊丽莎白·巴当特，《额外的爱：17 世纪至 20 世纪母爱历史》（*L'Amour en plus. Histoire du sentiment maternel*），巴黎，Flammarion 出版社，1980 年。

们对生育进行了社会化。于是政治介入到女性身体之中，生育控制成了一件大事。

第一个关乎生育的问题是：要不要孩子？天使加百列的信适用于所有女性，她们（几乎）都会在某一天内收到她们期待或担心的资讯。生育曾经可能是命中注定的，现在变成了一个选项。从此，生育成为女性的一个选择，甚至是最重要的选择。这构成了一场革命。

但生育控制是如何实施的？在过去的时间里又如何发展的？历史人口学曾试图通过再现家庭信息来回答这些问题。在法国，信息来源通常是宗教记录（教区登记簿）所提供的信息，或民事的登记信息。在西方社会，自愿控制生育的做法在文艺复兴时期便已出现，而法国在17世纪末便提前做到了这一点。

控制生育会采用多种方式，例如晚婚，减少夫妻生育期，禁欲（虽不妨碍采取其他形式的性行为），中断性交〔虽然这会受到教会的谴责（俄南罪，见上文，但这被广泛使用）〕。男性"小心翼翼"地抽身，女性也会进行躲避。

然而，意外怀孕还是非常普遍，甚至是屡见不鲜。尽管家庭人口众多，但婴儿的高死亡率也限制了家庭的规模。孩子的夭折被视为一种宿命。婴儿虽不是成人，但母亲不会对孩子的死亡无动于衷，不可能不为此悲痛。伴随着人们对婴儿相关意识的觉醒，这种丧子之痛表达得更为强烈。这种觉醒在 18 世纪和 19 世纪变得更加明确与普遍，也使得杀婴行为越来越难以被人接受。同样，如今人们可以通过超声波来观察胚胎，这种技术在先前并不存在，使得现在的人们做出堕胎的决定时变得更为痛苦。[1]

杀婴与堕胎相当普遍，甚至成了调控生育的方法。在农村里，弃婴是一种古老的做法，在城市里也同样存在，且更为复杂。19 世纪，这种现象仍然存在，但受到了越来越多的谴责与打击。根据安妮克·蒂利尔[2] 所研究的布列塔尼地区的审判案件，杀婴总是涉及年轻的、独身的农场女佣。她们被老板或仆人勾引，

1　卢克·博尔唐斯基（Luc Boltanski），《胎儿状态》(*La Condition fœtale*)，巴黎，Gallimard 出版社，2004 年。

2　安妮克·蒂利尔，《村落中的罪犯——19 世纪布列塔尼地区的杀婴女性》[*Des criminelles au village. Femmes infanticides en Bretagne (XIXe siècle)*]，同前引。

被逼到无路可走。愧于羞耻，她们隐藏起身孕，然后像小猫那样，将新生儿偷偷处理掉——埋掉或淹死。宽大的裙子与围裙能神奇地隐藏身孕，加上分娩与杀婴行为又如此之短暂，年轻女工消失几个小时后便又回到了工作岗位，仿佛什么都没发生过。遭到揭发后，这些女工被带上法庭，深陷极度孤立之中：孩子的父亲会逃避责任，更何况没有人会追究他们的责任。《拿破仑法典》禁止这种行为。杀婴行为常常是女性共同实施的，因为女性往往也仅能依靠她的母亲。在 19 世纪初，尤其在更为严苛的复辟时期，经常有女性因为杀婴而被判处死刑，当然通常刑罚会有所减轻。之后，这一行为受到越来越多的宽容。鉴于认为刑法第 300 条和第 302 条对死刑规定过于严苛，法官们更倾向于以接受婴儿在分娩时就已死亡的辩护论点，宣判犯人无罪。他们还会声称母亲在分娩时会经历暂时的疯癫，并引用康德的观点，"非婚生子应被视为非法出生，因此不应享受法律的监护权"。我们可以感受到法官一方面对于诱奸者逍遥法外感到尴尬，另一方面则基于对新生儿关爱的意识，对杀婴行为越来越不能容忍。

堕胎的做法似乎更为容易被接受，毕竟胚胎还并算不上一个"人"。"地下的"助产士、按摩师、医生在暗中提供帮助，但相关的卫生条件通常较为糟糕，因为这些行动是非法的。杀婴不仅是单身女性的行为，甚至还会被多子家庭的母亲所实践。在她们眼里，那是限制家庭规模的唯一方法——要知道她们的家已经足够大了。1900 年左右，杀婴的数量已相当高了。这种普遍现象被人口统计医生们所谴责：贝尔蒂永（Bertillon）医生将法国人口的减少归咎于此（1912年）；共和派也对此表示不满，如左拉在其《生育》（1899 年）一书中所提到的。法国人口出生率的下降引起了国家的担忧，为此增加了干预。世界大战的大屠杀之后，1920 年和 1923 年，法律加强了对堕胎的打击，不仅如此，官方还进行了之前鲜有实施的避孕宣传。

然而，新马尔萨斯主义者（如安妮·贝桑）在英国和法国特别活跃。在"觉醒的一代"（Génération consciente）运动中，有像保罗·罗宾（Paul Robin）、尤金（Eugène）和让娜·安贝尔（Jeanne Humbert）这样的活动家，他们通过小册子、传单和宣传折单等巧妙的宣传手段，向工人和妇女传播信息，并使用简单的口号，如"女性，学会自主选择成为母亲。"侧重直接行动的工会主义者广泛接受了他们的观点，甚至将观点作为工会章程的一部分："有觉悟且有组织的工人应自我节育，少生孩子。"

但新马尔萨斯主义者遭到了追捕、定罪与监禁。

两次战争之间，玛丽·斯托普斯（Marie Stopes）和玛格丽特·桑格（Margaret Sanger）掀起了计划生育运动，并在美国和英国开设了生育诊所和预防中心。新教国家更加支持生育控制政策，这是一个责任问题。在法国，卢西安·达尔萨斯（Lucien Dalsace）和贝蒂·阿尔布莱希特（Bertie Albrecht）试图采用同样的举措，但受到了非常强力的抵抗，包括来自女性主义者这一方的阻力，要知道她们内部颇为分裂。

计划生育是家庭规划的前身，战后的法国，1950年代中期，埃芙琳·苏勒罗（Évelyne Sullerot）与女医生拉格鲁阿-韦伊-阿莱（Lagroua-Weill-Hallé）一道，创建了"幸福的母亲"协会，并反对堕胎。这一立场之后与"堕胎和避孕自由运动"（MLAC）产生了分歧。避孕与堕胎问题是20世纪70年代"法国妇女解放运动"（MLF）斗争的核心。随着科学的进步，

1956 年，美国医生平卡斯（Pincus）发明了避孕药，在部分医学界、共济会的影响以及自由主义的进步下，一种放松的态势正在形成。1967 年的"诺伊维尔特法案"将口服避孕药合法化。1975 年"韦伊法案"通过，左派与部分右派议员进行了投票支持，将自愿终止妊娠进行了合法化。西蒙娜·韦伊的勇气非凡。

婴儿死亡率的降低和父母、尤其是母亲对孩子教育的日益重视有关，但为何会不可避免地阻碍生育控制呢？

这些阻力来自教会与政府。

天主教会坚决反对除了"自然"避孕方法的其他一切避孕手段。马丁·塞夫格朗（Martine Sèvegrand）展示了二战期间，年轻基督徒夫妇对罗马通谕进行不妥协时所面临的种种困难。[1]《婚姻纲要》这一教皇通谕对他们在身体上相互爱护的愿望没有做出任何让步。奥吉诺自然避孕方法是基于对女性生育周期的观察，为此导致了诸多"避孕失败"。

1　马丁·塞夫格朗，《上帝的孩子们——法国天主教徒与生育（1919—1969）》[*Les Enfants du Bon Dieu. Les catholiques français et lq procréation*（*1919—1969*）]，巴黎，Albin Michel 出版社，1995 年。

　　无论是极权主义国家还是民主国家，国家都有一项人口政策，即支持多子女家庭与家庭主妇。这些国家的法律将堕胎视为犯罪，反对避孕，并发展了首批家庭津贴。[1]

　　西方共产主义国家和政党对于堕胎持有宽容态度，不过传统马克思主义对避孕嗤之以鼻。马克思曾经强烈反对马尔萨斯（Malthus）的悲观主义以及通过限制生育解决社会问题的观点。马克思认为，只有发展生产力才能让所有穷人享受"生活的盛宴"，不必阻止无产阶级的增长，因为他们是未来革命的主角。共产主义者也不喜欢新马尔萨斯主义者，认为他们代表的是小资产阶级的个人主义。如让内特·韦尔默什（Jeannette Vermeersch）所说，平民女性应尽可能地生育孩子，不应效仿"中产阶级妇女的恶习"，她是莫里斯·多列士（Maurice Thorez，法国共产党总书记）的伴侣，她强烈批评雅克·德罗吉（Jacques Derogy），质疑后者在 1956 年《违背我们意愿的孩子》（*Des*

1　珍妮·莫苏兹-拉沃（Janine Mossuz-Lavau），《爱的法则：1950 年至今法国的性政策》（*Les Lois de l'amour: les politiques de la sexualité en France de 1950 à nos jours*），巴黎，Payot 出版社，1991 年。

enfants malgré nous)一文中的观点，他认为诸多普通阶层的女性在悲惨条件下进行堕胎是一种伪善，还主张自由避孕。但结果，雅克·德罗吉被开除了党籍。

女权主义者在讨论性问题时犹豫不决。只有少数人支持新马尔萨斯主义，如内力·鲁塞尔（Nelly Roussel）、加布里埃尔·珀蒂（Gabrielle Petit）和女医生玛德琳·佩尔蒂埃（Madeleine Pelletier）。佩尔蒂埃于 1912 年出版了一本支持堕胎权利的书。但大多数人对此持有明确的敌对态度，甚至对避孕有保留意见，而且对性行为也相当保守，因为那是有关女性羞耻的禁忌话题。但这就是法国妇女解放运动（Mouvement de Libération des Femmes, MLF）所倡导"堕胎和避孕自由运动"的新要求。

"由我来决定是否要孩子，由我决定什么时候要，由我确定怎么要。"争取避孕自由以及更进一步的堕胎权利，并非易事。它们是女性人身保护令的基础（伊冯·克尼比勒）。争取堕胎权利是一场对性别关系产生重大影响的革命，也许是当代性别关系史上最为重要的事件。因为它可能会"消除"男性和女性的等级制度，尽管它看似是一种不动的、普遍的符号结构。

分娩方式如今已经发生了很大的变化[1]。但在当时，在分娩中，悲剧时常发生。这是女性死亡的主要原因，也是影响其寿命的主要因素。婴儿的死亡率同样很高。这是当今衡量某地区欠发达的一项指数。

剖腹产是现代意大利的发明，凸显出围绕母亲与孩子之间的冲突：选择母亲还是孩子？大多数时候，医生会选择孩子。

18世纪的医学进步对此具有决定性意义。得益于启蒙时代的医生和助产士，如路易丝·布尔乔亚（Louise Bourgeois），她创立了最佳分娩法的模型，继而挽救了许多生命。分娩过程的医学化越来越明显，一个新现象是，医生与助产士之间有关知识与权力的冲突。由于助产士被排除在规范化知识发展之外，医学有了新的分支——产科与妇科，儿科与儿童保健科成立。女性须通过学习和获得学位在这个领域中找到自己的位置。但妇科在努力争取成为一门被认可的、真正的医学学科时，仍存在众多困难，在这些困难中，我们可以看到性别竞争的痕迹。

1　人类博物馆展览，2005—2006年。

首先，生育行为在家中由接生婆或助产士（都为女性）之间进行，男性几乎与生育事件和场景无关。如今，分娩是一个被医学化、男性化、住院化的过程，而在最初，在医院分娩的主要是一些贫困或单身的女性，她们没有足够的财力聘请一名接生婆或助产士。现在，医院成了医疗与安全的重要场所，相关的关系完全颠倒了过来。二战之前，富裕的女性会选择诊所或产科医院。二战后，这种做法变得相当普遍，而家庭分娩却成了例外。

另一个敏感问题是疼痛，这是圣经里的诅咒——上帝对被逐出伊甸园的夏娃说："你必须忍受分娩的痛苦。"这被认为是不可避免的，甚至是必不可少的，尤其是在一些受到创世纪精神影响的天主教医生眼中。直到今天，仍然有人进行无麻醉的堕胎，仿佛是为了惩罚女性。这就是为什么在 20 世纪 50 年代至 60 年代，围绕"无痛分娩"形成了一场意识形态斗争的原因，"蓝莓妇产医院"（Clinique des Bleuets）[1] 成为这场

1　这是一家非常著名的妇产医院，位于巴黎。这家医院以其人性化的产科护理和对自然分娩方式的支持，特别是无痛分娩（分娩镇痛）方面的服务而闻名。——译者注

斗争的中心。"无痛"是为了让女性在面对分娩时，能够有担当去战胜这种疼痛。这种疼痛被视为被动接受命运的古老标志，甚至会在持续疼痛中产生一种内疚感。然而也有一种想法是，痛苦并非出生所必然伴随的，应当采用一种积极的做法，为此在分娩场景中，男性伴侣被重新纳入，这使分娩过程更安全与愉快。从此，分娩发生了很大的变化。

在 18 世纪的英国和法国，人们开始重视婴儿。卢梭为婴儿赋予了赞美之词并强调其社会效用。尤其是他将母乳视为新生儿的灵丹。在《新赫洛伊斯》中，他赞美母乳喂养，并给予母乳喂养的母亲很高的赞誉。女性乳房的显露是为了展示自己，这甚至成了共和国的象征。在巴尔扎克的《两个新婚妻子回忆录》中，雷妮·德·莱斯托里尔（Renée de l'Estoril）代表着一个有责任感且乐于照顾新生儿的年轻母亲，而与之相对的是她的朋友，一个世故的、有着不幸恋爱的女子。

然而在 19 世纪，社交名媛与母亲的角色让女人陷入两难困境。丈夫们觉得婴儿占据了妻子太多的精力。更何况对于正在哺乳的母亲来说，性行为是不被建议的。城市中的中产阶级和商人开始雇佣由医生现场挑选的"奶妈"。这些奶妈从农村来，成为候选人，在招聘办公室里接受医生的检查。她们吃得很好，也受到严格的监控，尤其在性方面。

更常见的做法是，孩子们被送到农村，"寄养"在奶妈家中。法国莫尔旺（Morvan）[1]曾是主要的婴儿养育区域。有成千上万的巴黎婴儿曾吮吸过莫尔旺地区奶妈的奶水。但去往那的交通异常危险，甚至会导致死亡。在有些年份，有一半的婴儿在途中死去，因此这种寄养方式越来越受到各界，尤其是来自医生的批评。这种寄养方式在1876年所生效的罗塞尔法案的严格监管下逐渐消失了。

随着巴氏杀菌法的出现，奶妈不再被需要，奶瓶成为卫生的喂奶工具，不再会因为卫生问题导致婴儿死亡。费康博物馆展示了奶瓶的成功，这同时标志着奶妈这一"职业"的结束。

第三共和国宣布开展降低婴儿死亡的斗争，通过建立越来越密集的诊所网络和协会组织，例如"一滴

---

1 莫尔旺地处法国中东部勃艮第-弗朗什-孔泰大区。——译者注

奶"，来密切地监测婴儿与母亲的健康状况。如今，孕产和婴幼医疗已成为国家的重要议题[1]，对母亲身体甚至到了过度"关注"的地步。

婴儿是母亲呵护、抚爱的对象，但他从父亲那里获得的关爱可能少一些。印象派绘画很少展示婴儿，却非常关注摇篮［比如贝尔特·莫里索（Berthe Morisot）的作品］。医生助手或婴儿护理员会鼓励母亲如宝宝的成长情况，如体重、身高与哺乳次数。一些母亲热衷做这样的记录，它好比一本心理日记。例如劳尔·阿德勒（Laure Adler）找到了汉娜·阿伦特（Hannah Arendt）母亲记录的笔记本[2]。她不是唯一这样做的母亲。与"管控"平行的是，我们看到有关生育的个体化以及对孩子渴望的发展。

纵然历史在变迁，但生育依旧作为重要的本质存在。

---

1 凯瑟琳·罗莱特（Catherine Rollet），《第三共和国的幼儿政策》（*La Politique à l'égard de la petite enfance sous la IIIᵉ République*），巴黎，PUF/INED，第 127 期，1990 年。

2 劳尔·阿德勒，《沿着汉娜·阿伦特的脚步》（*Dans les pas de Hannah Arendt*），巴黎，Gallimard 出版社，2005 年；《有关我们的孩子——玛莎·阿伦特的笔记本》（*les carnets de Martha Arendt, Unser Kind*）收藏于华盛顿国会图书馆的阿伦特基金中。

正如汉娜·阿伦特[1]说的那样，每一次诞生都是一次降临。

"因有一婴孩为我们而生，有一子赐给我们。"圣经如是说。

但为什么不是一个女孩呢？

被束缚的身体

在历史上，女性身体不仅是一个被渴望着的身体，而且是一个受制于统治、被束缚、常常被占有的身体。在性方面更是如此。我想展开讨论一下嫖娼，这种用金钱买卖身体的方式。

对女性所施加的暴力形式多样且十恶不赦。但我们可以改变的是人们对女性的看法、社会对女性的容

1　汉娜·阿伦特（Hannah Arendt, 1906—1975）是 20 世纪著名的政治理论家和哲学家。出身德国犹太家庭，后因纳粹政权的迫害前往美国。她的研究涉及政治理论、权力、行动自由等多个领域，代表作有《极权主义的起源》(*The Origins of Totalitarianism*)、《人的境况》(*The Human Condition*)、《艾希曼在耶路撒冷》(*Eichmann in Jerusalem*)，对现代政治哲学产生了深远影响。——译者注

忍度，还有女性申诉的历史。她们是何时开始正视自己的身体的？是如何认识到自己是受害者的？

中世纪的"初夜权"代表了一个微妙的边界。领主享有农仆新婚夜的初夜权，这一点存在着巨大争议，它主要在实际行为上，而非在法律层面。就这一点，阿兰·布罗（Alain Boureau）对玛丽-维多利亚·路易（Marie-Victoire Louis）[1] 的观点提出了质疑。据他说，"初夜权"仅仅是一个虚构，是在贬低中世纪之黑暗这一大背景下建立起来的。

对于集体强奸，相反地，在不少中世纪史研究者（如雅克·罗西奥、乔治·杜比）眼中，这是青年帮派常见的恶习，是为了展示男子气概的仪式。今日贫民区的轮奸行为，即使被媒体夸大了，也是出于类似的动机。这在现在已经受到了谴责。

所谓的"性骚扰"在工作场所尤为普遍，威胁到各类型的女孩与女性。在农场工作的女仆容易在夏季

1　玛丽-维多利亚·路易，《法国的初夜权，1860—1930》（*Le Droit de cuissage, 1860—1930, Paris*）巴黎，L'Atelier 出版社，1994 年；阿兰·布罗，《初夜权——制造一个神话》（*La fabrication d'un mythe*），巴黎，Albin Michel 出版社，1995 年。

谷仓的昏昏欲睡中怀孕；城市中居住在六楼的女佣，如左拉在《厨房秘史》中所描述的那样，容易受到雇主的纠缠，有时甚至还有女主人的默许——她们宁愿自己的儿子在健康的女仆和女佣身上发泄青春的冲动，也不愿让他们去妓院，因为那里有感染梅毒的风险。

女工更容易受到工头的骚扰，远比工厂经理的骚扰还要多，因为工厂经理相对来说与她们更为疏远。19世纪末，法国北部的工人报纸，如《囚徒》（*Le Forçat*）、《囚徒的呐喊》（*Le Cri du forçat*），会开设一个有关"滥用职权"的专栏。在那里，人们谴责"资本走狗"的不轨行为。1905年，利摩日的主要瓷器厂之一哈维兰（Haviland）工厂发生了性骚扰事件，结果引发了当时最激烈的罢工。乔治-埃曼纽尔·克朗西埃（Georges-Emmanuel Clancier）在《黑面包》（1975年）中讲述了这个故事，这个故事后来还改编成了电视连续剧。在这些情况下，年轻女性受到了特别的关注。这加剧了道德主义者和工人对在工厂工作的女性的敌意，认为工厂是一个粗暴的地方，与女性特质相违背。

在家庭暴力中受到虐待的女性比比皆是。殴打妻子和孩子被视为一家之主掌控家庭的手段，一个近乎正常的手段。只要他适度，周围的人都能容忍，尤其是对被认为"不会做家务"的妻子来说。事实上，也有一些女性进行了反抗，正如玛格丽特·奥杜在其作品《玛丽-克莱尔的工作坊》(*L'Atelier de Merie-Claire*，1920 年）中所述，一位女工自豪地说起自己与丈夫打架的事，丈夫并不总是占上风。许多家庭（不仅仅是平民家庭）每天都会上演家庭暴力，这种情况在 19 世纪下半叶随着酗酒问题的发展更为加剧。好在对这些做法的谴责越来越强烈。首先可以看到的是对儿童的关注，如发生家庭暴力行为，那么根据 1889 年法律，可以"剥夺父权"；而后在最近，我们可以看到对女性的关注，这得益于 30 年前成立的一些协会以及相关"受暴力女性之家"的协助。

如果性交易仅仅限于支付"性服务"的报酬，那么它几乎可以视为是一项进步。基于此原因，在自由市场上的自由女性和一些女权主义者捍卫卖淫的权利。但大多数情况下，卖淫建立在贫困与孤独之上，它伴随的是对女性身体和性的剥削，甚至过度剥削。这也引发了女性身体商品化的问题。

卖淫是一个古老的、普遍存在的系统，拥有不同的组织方式，其内部的层次结构也不尽相同，外界的看法也五花八门。对此的谴责颇为不一致，这主要是取决于就贞操的价值观以及对性的重视程度。古代或东方文明与基督教文明对待性的态度不同。基督教认为肉体是不幸的根源，淫乱是最大的罪恶。抹大拉的马利亚便是一个复杂的形象，具有诱惑力，兼有女罪人的悔过及温柔。她给严肃的圣洁世界带去了一种奇特的温柔。相反，左拉笔下的女性显得更为黑暗。娜娜代表了巴黎资产阶级的腐朽，那是一朵疲惫却充满淫欲的芬芳花朵，注定要走向衰落与灾难。

这似乎与杰奎琳·皮杰（Jacqueline Pigeot）根据准民族志学资料所描述的中世纪日本风流女性毫无关联。[1]这些日本女子以唱歌、跳舞，有时还包括性服务来娱乐男人。但她们既不被囚禁也没有被污名化。她们通常来自普通家庭，并由母亲传给女儿，以相对自由和自治的方式生活在自我管理中，且拥有一定的社会地位。这些女性有些是真正的艺术家，在生活艺术、

1　杰奎琳·皮杰（Jacqueline Pigeot），《古日本（11—13 世纪）的风流女子和女艺术家》[*Femmes galantes, femmes artistes dans le Japon ancien*（ *XIe-XIIIe siècle*）]，巴黎，Gallimard 出版社，2003 年。

音乐创作甚至舞台表演方面都留下了芳名（比如舞蹈家石塚清姬，她是日本大臣的宠儿）。皮杰认为，"对性的禁忌减少了，对卖淫的贬低也会减少"，但她也指出，在 13 世纪，尤其是在禁欲的密宗佛教的影响下，女性的境况恶化了。

在西方基督教世界里，卖淫更容易受到怀疑。伴随着城市的发展，卖淫取得了发展，尤其是在 18 世纪。伦敦、巴黎曾经是妓女之都，妓女的数量多得离奇。在革命前夕，巴黎有五万名妓女参与了革命，而巴伦-杜夏特莱医生（Parent-Duchatelet）将这个数字降低到了一万二千人。1789 年，妓女们在巴黎游行，要求承认她们的权利与自由流动。

但相反的情况发生了——对梅毒"瘟疫"的恐惧促使卖淫系统在巴伦-杜夏特莱所倡导的规章制度下进行了一场彻底的重组。巴伦-杜夏特莱同时是一名地下活动的探险家，他的专著《巴黎城市中的卖淫纪实》（*De la prostitution dans la ville de Paris*，1836 年）堪称一项卓越的医学与社会调查，涉及妓女招募、活动、日常生活和健康等种种方面。

巴伦-杜夏特莱试图将妓女关在易于识别的"妓

院"里，这些妓院以大的门号和红灯为特征，就像今天在斯图加特仍然可以见到的那样。这些妓院是经过许可的，直到1946年根据《马特·理查法案》才被关闭。这些妓院通常是由也曾为妓女的"女主人"来管理，并与警方一道合作，维护秩序。妓女分为两类：一类是"合法"的，需接受医学检查；另一类是"非法"的，一直受到警察的追捕。不过人们有时会搞错这两类妓女，常导致遵纪守法的"正派"妓女被误抓。被捕的妓女会被送去接受检查，有时还可能会被监禁。在巴黎，圣拉扎尔就是一所女子监狱医院，艾德蒙·德·龚古尔创作的《女郎爱里沙》(1877)便取材于此。

随着需求的扩大，卖淫业也提供多样化的服务。高雅的会所与那些肮脏的如屠宰场般的妓院有所不同。在那些层次较低的妓院里，女孩们一刻不停地接客，每次不过几分钟。她们大多来自农村，常在农村和妓院之间流动，有些也往返于巴黎和外省之间。她们从事这项职业直至退休，有的甚至还可能结婚。大众对于卖淫的最初反应是普遍温和的。19世纪后期"贩卖白人女性"扩大了市场，从中欧贫困地区，到波兰的犹太妇女，直至南美城市的闹市区。

卖淫制度已传播至整个欧洲，甚至其殖民地，正如克里斯戴尔·塔罗（Christelle Taraud）在北非国家所展示的那样。[1] 殖民化并没有直接引进卖淫制度，但通过规定和监禁，当地的情况大大改变了。卡萨布兰卡的郊区布斯比尔是一个完全封闭的区域，那里的卖淫活动受到欧洲和本地的双重制约，新旧制度并存。暴力和剥削在那里盛行，掩盖在风景如画和电影式异国情调的外表之下。相关妓女的证词非常少，仅仅最近才被发现一些。杰曼娜·阿齐兹（Germaine Aziz）有关妓女的证词情况令人痛心，南希·休斯顿（Nancy Huston）出版的《玛丽-特蕾丝回忆录：卖淫》[2] 倾诉了她的受压迫与痛苦。

女权主义者开始团结起来反对卖淫，因为这是

1　克里斯戴尔·塔罗，《殖民地的妓女：阿尔及利亚、突尼斯、摩洛哥，1830—1962 年》(*La Prostitution coloniale. Algérie, Tunisie, Maroc, 1830—1962*)，巴黎，Payot 出版社，2003 年。

2　南希·休斯顿，《色情拼图：玛丽·特蕾丝与其他人》(*Mosaïque de la pornographie: Marie-Thérèse et les autres*)，巴黎，Denoël 出版社，1982 年；杰尔曼尼·阿齐兹，《封闭的房间》(*Les Chambres Closes*)，巴黎，Stock 出版社，1980 年。

对妇女剥削的象征。以约瑟芬·巴特勒（Josephine Butler）为代表的英美女性主张激进地废除卖淫。卫生以及道德责任凝聚着新教的能量。在法国，瑞士人艾米丽·德·莫西耶（Émilie de Morsier）创立了"圣拉扎尔解放者"协会，成为反卖淫团结的重要场所。她们的主要工作地是火车站，目的是对年轻女孩开展预防工作，防止她们进入拉客场所。不少带着袖标的女权主义者会接近年轻的外省移民女孩，并与她们沟通。

一个世纪之后的 1975 年，女权主义者开始支持妓女运动，运动主要发生在里昂的圣尼齐耶教堂周围。但这一次，就像 1789 年一样，妓女们掌握了自己的命运。她们要求社会对她们的职业予以认可，并要求社会保障。该活动对主张废除卖淫者来说是一个很大的冲击，好像这是不可接受之事。

而今女权主义者间仍然存在着分歧：将卖淫视为女性身体的最高异化，还是将其视为一项职业？有些人坚持认为女性有权支配自己的身体，包括出卖自己的身体。这场辩论持续了相当长的时间，在 2002 年尤为激烈。对性的商品化的视角赋予了米歇尔·乌埃勒贝克（Michel Houellebecq）作品一些强有力的笔触。

在此背景中还涉及网络的全球化问题。这使得性交易更容易从贫困地区攫取资源，如东欧、撒哈拉以南的非洲、东南亚等。性产业利用互联网在不断扩大的性市场中，获得了更多的流通和可观的利润。这是一个以女性身体为交易对象进行谋利的市场。

第三章 灵魂

讨论完身体，接下来是关于灵魂的话题：宗教、文化、教育、求知和创造。这一章出场的人物将有圣女和女巫、女性读者和女作家、女艺术家和女演员。

但首要的问题是：女性拥有灵魂吗？这个问题据说是 585 年在马孔会议[1]上被提出的。然而这在很大程度上只是一个谣传而已，由皮埃尔·贝勒（Pierre

---

1 据说当时法兰克王国的主教们在法国东部城市马孔（Mâcon）举行，主要议题有关教会纪律与法规、异教风俗的清除以及"女人是否有灵魂"的讨论。不过有人认为有关"女人是否有灵魂"这个议题主要是对圣经中关于男人和女人角色的讨论，而不是严肃的神学辩论。——译者注

Bayle）编造，在 16 世纪到 17 世纪流传甚广，以此证明铁器时代教会的野蛮落后。然而，基督教的新颖之处恰恰在于肯定了男女在精神上的平等，因为他们将会赤身裸体，平等面临审判日的到来。[1]

女性与宗教

宗教与女性之间的关系，无论何时何地，总是充满矛盾和悖论。因为宗教既依赖基于女性的力量，同时也是凌驾于女性之上的权力。

一神论宗教都纷纷将性别差异及其不平等作为基本教义之一。在他们看来，男尊女卑的等级秩序乃是上帝所创造的"自然"的一部分。《圣经》《古兰经》等伟大的创世典籍都如是说，围绕这些著作众说纷纭的诠释更是如此。例如，女性主义神学家目前正在争

---

1 埃米琳・奥贝尔（Émeline Aubert），"女人有灵魂吗？一个神话的历史：从马孔会议到今天"（*Histoire d'un mythe, du concile de Mâcon à nos jours*），载《宗教与女性》（*La Religion et les femmes*）论文集，由热拉尔・乔尔维（Gérard Cholvy）主编，蒙彼利埃，2002 年，第 18—34 页。

论《创世记》中亚当和夏娃的诞生。根据最初的版本，[1] 男人和女人是一同被创造的；根据后来的版本，[2] 他们却是先后被创造的，女人处于第二位，是男性的衍生。正如博须埃所说"（女性）来自一根多余的骨头"，并以此来警醒女性要保持谦卑。可见天主教会采用了第二个版本的说法。

宗教对女性有支配权吗？对于这些宗教的创始人来说，这是不争的事实，对于这些宗教组织人员来说更是如此。他们通过确立神职人员的统治地位，使女性处于从属地位，她们往往被排除在宗教仪式（天主教堂或犹太教堂）之外，甚至被宗教场所拒之门外，例如伊斯兰的清真寺。

天主教从一开始，就坚定不移地以教士和男性为主导，这也反映了当时的社会风貌。只有男性才能担任神职人员，才有资格学习拉丁语。他们掌握着权力、知识和神权。他们为有罪的女性指明了一些出路：进行祈求和祷告、前往贞女修道院、保持贞操圣

---

1 《创世记》第 1 章第 27 节。

2 《创世记》第 2 章第 21—22 节。

洁。圣母玛利亚的声望与日俱增，她仿佛是救赎夏娃原罪的一剂灵丹妙药，俨然成为中世纪基督教的女王。

以此为基础，女性在教会中起到了一定的权力制衡，并促进了人际沟通。虔诚和奉献是她们的责任，也是一种补偿与乐趣。她们可以在教区教堂里相聚，在祈祷室祥和的吟唱声中品味"祭坛的芳香、烛台的清新与蜡烛的光芒"（这是福楼拜在《包法利夫人》中关于艾玛在教会寄宿学校的描写）。女性把神父当做倾听者和知己，向他们寻求帮助乃至倾诉心声。教会为苦难的女性提供庇护，同时也借机鼓吹、宣扬她们的顺从。

修道院通常是流放和封闭之地，但也是对抗男权和家族势力的庇护所。这里既是求知的场所，也是创作的温床。女性早期的言论是充满神秘主义色彩的。雅克·马特尔[1]（Jacques Maître）指出，自 13 世纪

1　雅克·马特尔（1925—2013）是法国宗教学者、社会学家、心理学家，毕业于索邦大学，后在法国国家科学研究中心（CNRS）及多家大学任教，以其在宗教社会学、象征人类学以及心理分析领域的贡献而闻名。——译者注

以来，女性在神秘主义领域就具有压倒性的优势。从玛格丽特·波蕾特（Marguerite Porete）[1]到阿维拉的圣女大德兰（Thérèse d'Avila）[2]或利雪宫的圣女小德兰（Thérèse de Lisieux）[3]，神秘主义式生活本来就是与女性息息相关的。祈祷、沉思、学习、斋戒、狂喜、疯狂

1　玛格丽特·波蕾特（约1250—1310）是中世纪一位法国女性神秘主义者和作家。她最著名的作品是《纯爱之镜》（*Le Miroir des âmes simples*），探讨了神秘的宗教体验，认为灵魂可通过爱达到与神结合。该观点在当时被视为异端，为此波蕾特于1310年被巴黎宗教法庭判以火刑，成为中世纪因异端罪被处决的著名人物之一。——译者注

2　即阿维拉的泰雷兹（1515—1582），也称圣特雷莎，是16世纪西班牙著名的天主教修女、神秘主义者和教会改革家。她是加尔默罗会一员，主张严格的禁欲生活，恢复原始教会的简朴与祈祷传统，积极推动了加尔默罗会的改革。她少年时患有癫痫，病发时常常出现幻觉，看到奇迹，她便把相关幻觉记录下来。她的经典著作包括《内在的城堡》《生命》《完美之道》等，她在天主教神秘主义和灵修传统中拥有很高地位。——译者注

3　即利雪的泰雷兹（1873—1897）是法国加尔默罗修会的一名修女，认为不必通过伟大的事迹来服务神，而是通过谦卑、爱心和日常生活中的简单行为与牺牲便可以向神表达信仰和爱意。这种践行被称为"小德之路"。自传《一颗灵魂的自述》详细记录了她的信仰旅程和内在精神演变。——译者注

的爱，编织着这些女性难以言喻的喜乐哀愁。她们探索着意识的极限，但教会却不信任她们，认为她们是丧心病狂的怪物。吉·贝希特尔（Guy Bechtel）一语道破：教会喜欢圣女远甚于神秘主义者。

贝希特尔还指出，"圣女的数量远远少于男性圣徒"，"特别是从反宗教改革[1]时期开始，女性封圣条件更为苛刻：她们必须兼顾贞洁形象与公共角色"。一些非凡的女性产生了巨大影响，比如圣加大利纳（1347—1380），她出生于翁布里亚，父亲是染坊匠，家中兄弟姐妹有25人之多。她终身守贞不嫁，具有神秘主义色彩，但同时也积极入世。作为多明我会第三会的成员，她扮演的不仅是公共角色，而且起到了政治作用。她为教皇从维纳辛宫（法国阿维尼翁）返回意大利而努力。她希望改革教会，促进半岛和平，扩张欧洲版图，必要时不惜进行十字军东征。她的影响力如此巨大，以至于约翰·保罗二世将她封为欧洲的第二位守护神。

1　又称为天主教改革或公教改革，是16—17世纪天主教会为回应宗教改革和新教的冲击而实行的革新运动。——译者注

　　还有一些出类拔萃的女性成为教团的创始人、传教士和教育家。娜塔莉·泽蒙·戴维斯（Natalie Z.-Davis）在《三位身处边缘的女性》(*Trois femmes en marge*)[1]一书中讲述了一名犹太女教徒、一名新教女教徒和一名天主教女教徒根据各自宗教信仰行事的故事。犹太女教徒主要关心家庭，新教女教徒关注科学，而天主教女教徒则关注宗教。玛丽·德·林卡纳松（Marie de l'Incarnation, 1599—1672）是一名来自图尔的乌尔苏林修女会成员，她在加拿大建立了一个传教会，并向休伦人传教。19 世纪，教区、寄宿之家和救济院以及传教事业的蓬勃发展为修女开辟了广阔的天地。

　　在世界范围内，基督教女性主要通过沙龙开展活动。在圣日耳曼堡，托克维尔和蒙塔朗贝尔的朋友斯韦钦夫人的沙龙是自由主义的中心。这些女资助人通

1　娜塔莉·泽蒙·戴维斯，《女犹太人、女天主教徒、女新教徒：三位身处边缘的女性》(*Juive, catholique, protestante. Trois femmes en marge au XVIIe siècle*)，巴黎，Seuil 出版社，《二十至二十一世纪书店》丛书（*La Librairie du XXe et du XXIe siècle*）（译自美国英语），1997 年。

过慈善和工作，发挥了真正的社会作用，新教徒称之为"慈善事业"。她们还从事写作，尤其是在教育和基督教杂志，如《小屋夜谈》(*La Veillée des chaumières*)上发表小说。玛蒂尔德·布尔东(Mathilde Bourdon)是一名来自法国北部的女小说家，创作了约一百部"玫瑰水"[1]风格的小说，泽纳伊德·弗勒里奥(Zénaïde Fleuriot)是擅长描写青春的女小说家，贝尔特·贝尔纳奇(Berthe Bernage)创作了《布里吉特》(*Brigitte*)系列小说，颇为多产。

当工会主义受到男性价值观影响，并表现出某种反女性主义倾向时，女性创建了基督教协会和工会。她们发展了纯女性的工会主义，更容易吸引到从事工业和第三产业的女性，尤其是在里昂地区。在 20 世纪，这种非宗教化的工会形式造就了如珍妮特·劳特(Jeannette Laot)和妮可·诺塔特(Nicole Notat)等女性领袖。通过这种方式，天主教文化能够鼓励女性在街头巷尾表达自己的观点，无论这些观点是否在教会

---

1 法语 l'eau de rose 通常用于形容某些事物过于浪漫或矫揉造作。——译者注

的范畴内。

在家庭中，女性将信仰传承下去。让·德卢莫（Jean Delumeau）¹说，"这是我母亲的宗教"。在乡村，女人们维护教堂，捍卫钟声，以至于她们成了共和党人与教会之间权力斗争的关键，以及世俗主义斗争的部分根源，至少在法国社会是如此。法国历史学家米什莱谴责神父通过忏悔干涉夫妻生活。左拉在小说《真理》²（*Vérité*）中通过描写朝圣（如卢尔德³）和反犹太主义，揭示了迷信对女性的控制。这场宗教与世俗的斗争焦点是学校，最终以 1905 年颁布的政教分离法而告终。在清查教会财产的斗争⁴中，虔诚的女性站在维护教会的

1　让·德卢莫，《母亲的宗教：妇女在信仰传承中的作用》（*La Religion de ma mère. Le rôle des femmes dans la*），巴黎，Cerf 出版社，1992 年。

2　这部小说是《四福音书》（*Quatre Evengiles*）中的最后一部，也是左拉的最后一部作品，描写了一对夫妇，世俗教师马克·弗罗门特和他的妻子热纳维耶夫，在德雷福斯事件中，被献身精神与反犹太主义所征服的心碎故事。

3　据说卢尔德（Lourdes）圣水有包治百病的奇效。——译者注

4　指法兰西第三共和国时期发生的教会财产清查运动。这场运动旨在将天主教教会拥有的财产收归国有，引发了教会和政府之间的激烈冲突。——译者注

最前线，尤其是在布列塔尼地区。

在新教盛行的国家，性别关系则有所不同。这就引发了有关16世纪宗教改革的疑问：宗教改革是应女性需求而发生的吗？

单从教育方面看，答案也许是肯定的。自由阅读《圣经》的前提意味着，女孩必须懂得如何阅读。欧洲新教国家（英国、德国及北欧）都让女童上学识字，这令南欧和地中海国家在这方面望尘莫及。

但如果基于家庭秩序角度的话，答案可能是否定的。路德和加尔文有着非常强的父权家庭观念，在某种程度上，他们通过牧师加强了丈夫−父亲对女性的权力。牧师的妻子是宗教改革女性的典范，被树立为辅佐丈夫的贤妻样板。尽管如此，新教女性还是比天主教女性更加解放，也更多出现在公共领域。由于"复兴运动"的影响，越来越多的新教女性拥有了一定的话语权，尤其在英国和新英格兰。在新教国家，女性以女子学院和大学为基础，发展了独特的社交生活，为活跃的文学表达和早期的女性主义奠定了基础。

在法国，新教女性显然赞成世俗主义，并在1848年（欧仁妮·尼博耶）和第三共和国时期积极投身于女性主义。伊萨贝尔·博日洛（Isabelle Bogelot）、莎拉·莫诺（Sarah Monod）、朱莉娅·西格弗里德（Julia Siegfried）、盖尼亚·阿夫尔·德-圣克鲁瓦（Ghénia Avril de Sainte-Croix）等女性领导了各种协会（如1901年在美国女性运动之后成立的"法国全国女性工会"），争取选举权并支持现代化。犹太人和新教徒在早期女子中学的学生中占了很大比例，这遭到了天主教家庭的反感和排斥。这些女生通过考试进入大学，她们中的许多人支持诸如大学文凭女性协会（AFDU）之类的协会。她们要求职业平等，倡导避孕，支持节育，战后还支持埃夫琳·苏勒罗所倡导的"家庭生育计划"。1949年，波伏瓦出版了《第二性》一书。

在欧洲，因大屠杀而被迫流亡的犹太女性，在从医、进入大学、接触文化和参与政治方面发挥了主导作用。宗教信仰在知识和文化方面给予她们许多支持。[1]

---

1 南希·格林（Nancy Green），"犹太妇女"（*La femme juive*），载于《西方妇女史》（*Histoire des femmes en Occident*），同前引，第4卷，第215—229页；耐莉·拉斯（Nelly Las），《1899至今犹太妇女国际工会历史》（*Histoire du Conseil international des femmes juives de 1899 à nos jours*），巴黎，L'Harmattan 出版社，1996年。

就宗教少数群体而言，其对女性的态度与其说是教条问题，不如说是身份和社群问题。

异教徒和巫师

"女人，你们都是异教徒"，乔治·桑在《康素爱萝》(*Consuelo*)及其续作《伯爵夫人》(*La Comtesse de Rudolstadt*)中对"忠实女读者们"如是说。这是一部关于现代德国教派和秘密社团的伟大小说。虽然这只是一句戏言，却道出了事实。女性通常会安分守己，但有时也会禁不住去颠覆那些历来支配和否定她的宗教势力。教士和王公的权力是基于男权和厌女的，因为他们坚信女人是不洁、低劣，甚至是"邪恶"的。因此，这些女性会被米歇尔·福柯所说的"反引导"所吸引，现在我就来谈谈这个问题。

事实上，早在12世纪，各教派就有许多女性表达了对中世纪晚期宗教的担忧。大多数教派都质疑神职人员的权威：胡斯派主张所有人都享有圣餐和圣杯，并实行性别等级制度改革；如洛拉德派、乞丐派和波希米亚胡斯派，他们主张更大程度的宗教平等和性别平等。

最有趣的运动之一是贝居安（béguines）运动。这是一种女性社区，她们共同生活在一个有围栏的大院中。虽然有些布施来源，但她们主要依靠的是她们在医护工作或纺织工作中所赚取的收入。在德国和比利时的荷兰语区弗兰德尔[1]，这种现象尤为普遍，因为那里单身女性过剩，产生了"女性问题"（德文：Frauenfrage）。不过布鲁日和阿姆斯特丹的贝居安修道会社区的生活井然有序、充满魅力，让今天的人们都羡慕不已。由于生活在教会势力范围之外，贝居安修道会社区中的女性不受控制，于是被视为危险人物。例如，玛格丽特·波雷特，一个有修养的神秘主义者，著有《简单与湮灭之灵的镜子》（*Miroir des âmes simples et anéanties*）。这是一部有关自由精神的著作，在书中她大胆表达了其宗教观点，认为对上帝的爱并不一定需要通过神父来实现。（由于

1　位于比利时北部，主要城市包括安特卫普、根特和布鲁日。——译者注

此说被视为与教会正统相违背。——译者注），因此
玛格丽特·波雷特在巴黎宗教法庭受审，于 1310 年
以异端罪被处以火刑。但即使是在中世纪晚期，在
翻天覆地的政治局势下，女性也没有停止过大声
疾呼。[1]

尤其是在 1486 年，多明我会的克雷默和斯普伦
格出版了《女巫之锤》(*Malleus maleficarum*) 一书，
这成为引发欧洲女巫大恐慌的导火索。因为该书是一
项受宗教裁判委托进行的研究调查，描述女巫及其种
种行为事迹，并阐述应该如何看待她们。该书取得了
巨大的成功，30 年内出版了近 20 多个版本。毫无疑
问，女巫因此被人们认为作恶多端，将她们送入炼
狱是她们罪有应得。于是大规模的逮捕与火刑席卷
了德国、瑞士和现在的法国东部（洛林、弗朗什-孔
泰）地区，甚至意大利和西班牙。在这场"猎巫"运
动中，估计有 10 万人被杀害，其中 90% 是女性。镇
压女巫浪潮始于 15 世纪末，在 16 世纪和 17 世纪达

---

1 克劳迪娅·奥皮茨（Claudia Opitz），《中世纪的妇女运动》
(*Un mouvement de femmes au Moyen Âge?*)，在《西方女性史》，
同前引，第 2 卷，第 328—335 页。

到高潮，从某种角度上说，圣女贞德也是这场运动的受害者。令人不安的是，它与文艺复兴、人文主义运动和宗教改革同时发生。支持宗教改革的人与天主教徒一致认为女巫罪大恶极。这就解释了为什么德国在"火刑架的地理学"[1]中的至关重要，以及德国画家如卢卡斯·克拉纳赫（Lucas Cranach）、汉斯·巴尔东·格里恩（Hans Baldung Grien）等在描绘女巫绘画方面举足轻重。除了因与魔鬼的女儿同谋而受到迫害的科尼利厄斯·阿格里帕（Cornelius Agrippa）之外，人文主义者的观点也是一致的，包括菲奇诺（Ficino）、皮科·德拉·米兰多拉（Pico della Mirandola），甚至思想比较现代的让·博丹（Jean Bodin）在内的学者都异口同声一致赞成讨伐女巫。让·博丹出版了《女巫的证据》（De la démonomanie）一书，堪称这一流派的经典之作。当代学者埃丝特·科恩（Esther Cohen）在《恶魔之躯》

---

[1] 《火刑架的地理学》（La géographie des bûchers）是法国历史学家让·德卢莫于 1978 年出版的一部历史著作。该书探讨了 15 世纪至 18 世纪欧洲火刑史，并分析了火刑在社会和文化层面的影响。——译者注

（*Le Corps du diable*）[1] 中特别指出，哲学家和女巫莫名其妙成了一对冤家。西方理性假借科学之名铲除异己，于是犹太人、外国人与女巫均成为受害者。这段历史印证了阿多诺（Adorno）和沃尔特·本雅明后来的思想，他们认为文明进步与野蛮暴力之间存在某种内在关联，女巫成了现代性的替罪羊。

女巫们究竟被指控犯了什么罪呢？太多的欲加之罪被生拼硬凑在一起。

首先，她们的魔法行为冒犯了理性和现代医学。她们声称通过用草本植物配制出的灵丹妙药可以治愈病患。

她们在性欲上表现得肆无忌惮。根据《女巫之锤》的说法，女巫们有"贪得无厌的阴道"。她们的性行为伤风败俗。在世人普遍不再做爱的年龄，年长的巫婆依然有性行为，且她们的性爱姿态也惊世骇俗：从后面抱住男人，或者跨坐在男人身上。这颠覆了教会唯一认可的行房体位——女性仰卧，男

1　埃丝特·科恩，《恶魔之躯：文艺复兴时期的哲学家与女巫》（*Le Corps du diable. Philosophes et sorcière à la Renaissance*），巴黎，Léo Scheer 出版社，2004 年（译自西班牙语）。

性在其之上。女巫们在这方面拥护亚当的第一任妻子莉莉丝[1]，当初她离开亚当，因为亚当拒绝她在上位。在对女巫的谴责中，情色维度是必不可少的。乔治·巴塔耶指出，女巫呈现的是感官的混乱，这成为一个对身体进行秩序化社会中那个"被诅咒的部分"。

最关键的是，她们与魔鬼同流合污。意大利拉特兰基督教大公会议[2]确定了魔鬼的存在，并发展了相关神学理论。于是女巫被视为是魔鬼的女儿或姐妹，她们本身便是魔，拥有"邪恶之眼"，目光可杀人；她们自称拥有知识，嘲笑并蔑视所有包括牧师、君主、人

1　莉莉丝（Lilith，也拼写为 Lilit, Lilis）是美索不达米亚神话和犹太神话中上帝所创造的人，同时也是亚当的第一任妻子。莉莉丝因为不满亚当的命令而主动离开了伊甸园，此举被上帝判定为"自我放逐"，被视为"恶魔、被神倾听者、夜袭魔女、原初之女巫"。——译者注

2　Le Concile du Latran 指的是在意大利罗马的拉特朗大教堂（Basilique Saint-Jean-de-Latran）所举行的基督教大公会议。历史上共有五次拉特朗会议，时间分别是：1123 年、1139 年、1179年、1215 年以及 1512—1517 年。这些会议主要涉及教皇权威、教会的结构改革以及与世俗权力的关系，在中世纪教会历史中占据重要地位。——译者注

类与理性的力量在内的权力。

唯一的解决办法便是根除邪恶——摧毁她们、烧死她们。

一场现代黎明前的大火由此熊熊燃烧起来。

后来，人们才对女巫进行了平反。1862 年，让-米什莱·萨尔曼（Jean-Michelet Sallmann）撰写了精彩的《女巫》（*La Sorcière*）一书。该书如同一首对女性的赞歌，讴歌善良却又沦为受害者的女性。在他的笔下，女巫既不丑陋，也不苍老，更不邪恶，仅仅是女人的化身之一，是"温柔的母亲、监护人和忠实的护士"。他将女巫设立为作品的中心人物，但她是受害者，而非犯罪者。当然萨尔曼还没有跳出自己所批判的逻辑，依旧认为女性与神秘力量之间存在某种特殊联系[1]，比方说，女性时常会梦游，会预言未知之事。夏维尔·戈蒂埃（Xavière Gauthier）创办了《女巫》（*Sorcières*）杂志，以非常自由的视角审视历史与时事。罗伯特·曼德鲁（Robert Mandrou）研究了

---

[1] 让-米什莱·萨尔曼，"Sorcière"（女巫），载于《西方女性史》，同前引，第 3 卷，第 455—462 页。

地方法官与女巫之间的关系。[1] 卡洛·金兹堡（Carlo Ginzburg）[2] 研究了 14 世纪弗留利地区的贝南丹蒂人（benandanti）。他们为了保护庄稼而与女巫作战，并深入探讨女巫的魔法之夜。作为一名人种学家，让娜·法夫雷-萨达（Jeanne Favret-Saada）在《词语、死亡、魔法》(Les Mots, la Mort, les Sorts) 一书中对博卡地区的巫术习俗进行了研究，该书已成为一部经典之作。1989 年，萨尔曼还出版了《女巫，撒旦的未婚妻》(Les Sorcières, fiancées de Satan)，并在《女性史》第三卷中就女巫话题进行了清晰的阐述。还有不久前被翻译成法文的埃丝特·科恩《魔鬼的身体》一书等。如此多的历史学家们都认为，"猎巫"运动是西方文化史和性史中不可或缺的一章。

1　罗伯特·曼德鲁，《十七世纪法国的法官与巫师：一项历史心理学分析》(*Magistrats et sorciers en France au XVIIᵉ siècle, une analyse de psychlogie historique*)，巴黎，Seuil 出版社，《历史世界》(*L'Univers historique*) 系列，1989 年。

2　卡洛·金兹堡，《夜战》(*Les Batailles nocturnes*)，拉格拉斯，Verdier 出版社，1980 年；《女巫的休息日》(*Le Sabbat des sorcières*)，巴黎，Gallimard 出版社，1992 年（译自意大利语）。

毕竟，连电影里都说："我的妻子是个女巫。"[1]

求知之路

禁止求知

正如米歇尔·勒·杜夫（Michèle Le Doeuff）所言，自古以来，女性就被禁止获得知识。[2] 因为女性气质与知识背道而驰。知识是神圣的，是上帝的特权，也是其人间代言人——男性的特权。正因如此，夏娃偷食禁果被认为犯下弥天大罪。她，作为一个女人，竟然想拥有智识；况且她没能抵御魔鬼的诱惑，因此需要受到惩罚。亚伯拉罕诸教（基督教、犹太教、伊斯兰教）将经文及其解释权交给了男性：基督教的《圣经》、犹太教的《妥拉》和伊斯兰教的《古兰经》为男人们所独揽。他们在神学院和研究所学习经文，这些地方是男性传

---

1 这句话是 1942 年美国电影《我娶了一个女巫》（*I Married a Witch*）当中的台词，片中男主角发现妻子是女巫后时发出了这句惊呼。——译者注

2 米歇尔·勒·杜夫，《知识的性别》（*Le Sexe du savoir*），巴黎，Aubier 出版社，1998 年。

教、手授与社交的高端场所。天主教会将神学交由通晓拉丁语的神职人员垄断。拉丁语是知识和交流的语言，也是用于保密的语言：有关学问与性的内容均用拉丁语交流，以避免被贫弱愚昧者所知晓。[1]弗朗索瓦·维庸的母亲曾说："我是个目不识丁的女人。"但她还可以从所在教区教堂的彩绘玻璃和壁画中学习。

在没有机会识字读书的情况下，基督教的下层教徒和女教徒至少可以受到图像的指引。从这个角度看，新教改革无疑是划时代的。新教要求，无论男女，每个人都应把阅读《圣经》当做德行和义务，这无疑极大促进了女童教育的发展。北欧和东欧的新教国家纷纷开办男女混合教育的学校。而在法国南部的波尔多至北部比利时日内瓦一线，南北两侧的识字率在性别上存在巨大的不平衡。新教对女孩的教育，深远地影响了女性的地位、工作职业机会、性别关系，甚至当代女性主义的形式。盎格鲁-撒克逊女性主义

1　弗朗索瓦丝·瓦凯（Françoise Wacquet），《16—20世纪拉丁语或符号帝国》（*Le Latin ou l'Empire d'un signe, XVIe-XXe siècle*），巴黎，Albin Michel 出版，《人道之演变》（*L'évaluation de l'humanité*）丛书，1998年。

是一种知识女性主义，与南欧的母性女性主义截然不同。这种区别在护理领域尤为鲜明：弗洛伦斯·南丁格尔（Florence Nightingale）倡导的护士职业，是具有熟练技术辅助医疗的工作，能为她在克里米亚战争期间培训的中产阶级女孩提供体面的工资；与这些护士不同的是第三共和国时期的法国医生伯恩维尔（Bourneville, 1840—1905）[1]从布列塔尼家庭女性中招募来的病房护工，比起自主独立的护士，她们充其量只能算是看护或助手。

当然，时过境迁，情况也有所改观。一方面，这得益于女性的自身行动。17世纪，朗布依埃（Rambouillet）侯爵夫人将其著名的"蓝色沙龙"[2]打造为一个风雅之所，成为那些谈吐不凡的才女的云集之地，不过莫里哀在小说《贵人迷》[3]中讽刺了这种矫揉造作。另

1　伯恩维尔，他对法国的护理行业产生了深远的影响。——译者注

2　由朗布依埃侯爵夫人创办，因房间的装饰色调采用蓝色而得名。——译者注

3　克劳德·杜龙（Claude Dulong），《从对话到创作》（*De la conversation à la création*），《西方女性史》，同前引，第3页，第403—427页。

一方面，反宗教改革运动意识到女性的影响力，加强了对女性教育的投资，建立了更多的小型学校与救济院，不过还有所保留。在 1687 年为曼特侬夫人（Maintenon）撰写的文章《女孩的教育》（*De l'éducation des filles*）中，芬乃伦（Fénelon）对女孩的无知表示痛惜，主张对她们进行教育，但又请求她们对知识存有戒心，要保持"谦卑、克制，就像提防堕落一样"[1]。

启蒙运动中哲学家们的想法也并无二致。他们认为给女孩的启蒙之光是需要过滤的，并通过灌输女性的责任感使其成为"柔和之光"。正如卢梭所说："对女孩子的教育要以男人为中心。要让她们懂得如何去取悦男人，如何去帮助男人，如何得到男人的爱情和尊重；在男性小的时候，女人要抚养他们，等他们长大成人后，女人要照顾他们，给他们建议和安慰，让他们过上幸福快乐的日子。这些都是一个女人的分内之事，也是对女孩子进行教育的

---

1 弗朗索瓦丝·柯林、埃芙琳·皮西耶和埃莱妮·瓦里卡，《从柏拉图到德里达的女性》（*Les Femmes de Platon à Derrida*），同前引，第 267 页。

主要内容。"于是在《爱弥尔》一书第五卷中，卢梭花了长篇大幅如此描写苏菲——一个为男主人公所假想的女伴。在这方面，革命派对卢梭观点亦步亦趋。孔多塞和议员勒·佩利埃·德·圣法乔是例外，他们对女孩没有设定任何成规，由其母亲在家中进行教导。

1801 年，极左派人士西尔万·马雷沙尔（Sylvain Maréchal）发表了一份《禁止女性学习阅读的法律草案》（*Projet d'une loi portant défense d'apprendre à lire aux femmes*），这可能是一个恶作剧式的玩笑，其中 113 条理由和 80 项条款可谓蠢话连篇，集中反映了所有反对女孩接受教育的观点。法案中关于理由这样写道："鉴于善良而睿智的自然意图是让妇女专注于家庭事务，她们应以手持纺锤、纱锭为荣，而不是拿着书本或笔。……那些以会读书和写作而自诩的女性，并不是那些最会爱的人。……当一个女人知道的和其丈夫一样多甚至更多时，家庭里一定会出现丑闻与不和。"相关法律条文如下："理性决定了女性永远不要埋头读书，也不要舞文弄墨。……男人使用剑和笔，女人使用针和纺锤。男人追求的是赫拉克勒斯的大木棒[1]，女人追求的是奥姆法勒的纺锤[2]。男人创造天才的作品，女人只有用心去感受。……从理想的角度看，应只允许妓女成为女作家、才女和艺术家。……一个女诗人是道德和文学上的小怪物，正如一个女性君主是政治上的怪物。"整个世纪以来，人们不断重复这样的断言：教育既违背妇女的角色，又违背她们的本性；女性气质和知识是互相排斥的；阅读打开了危险的想象之门；一个博学的女人就不再是女人。保守派的约瑟夫·德·迈斯特（Joseph de Maistre）和无政府主义者蒲鲁东在这一点上意见一致，前者写道："一个女人的最大缺陷就是成为一个男人，而想成为博学之人就是想成为男人。"共和派的左拉也几乎持相同的看法。不过要注意，教会的守望者杜潘卢普主教

---

1 法文 la massure d'Hercule，涉及的是希腊神话中的赫拉克勒斯的大木棒，通常用来表现他的力量和勇猛。——译者注

2 法文 la quenouille d'Omphale 源自古希腊的神话，涉及赫拉克勒斯和吕底亚女王欧姆法勒之间的故事。在这个神话中，赫拉克勒斯因犯下罪行而被迫成为女王欧姆法勒的奴仆。作为惩罚，赫拉克勒斯被迫穿上女性的衣服，并从事传统上被认为是属于女性的劳动，包括纺织。这个短语象征着力量和权威的暂时屈服，甚至是性别角色的反转。——译者注

（Bishop Dupanloup）曾于 1868 年发表了《博学的女性和勤学的女性》(*Femmes savantes et femmes studies*)。他对约瑟夫·德·迈斯特的观点持反对态度，但同时又坚决反对对女孩进行中等教育，他这样写道："这个年轻女孩，您的女儿，在她 18 岁时，还处于尚且不自知的优雅状态中，您是否希望她去参加一个公开考试，接受一个文凭，在农业集会上获得奖项，并在副区长面前鞠躬，后者将在她的额头上放一顶彩纸花环？"事实上，奥尔良主教最害怕的是自由思想的诱惑。

因此女孩子需要被教导，而不是被传授知识[1]。或者说，给她们教一点儿知识，简而言之，就是社会知识，使她们变得讨人喜欢、有用便足够了。这点知识足以将她们培养成为未来的贤妻良母：勤俭节约、洁

1　吉永娜·勒杜克（Guyonne Leduc）(主编)，《欧洲和北美的妇女教育：从文艺复兴到 1848 年》(*L'Éducation des femmes en Europe et en Amérique du Nord. De la Renaissqnce à 1848*)，巴黎，L'Harmattan 出版社，1997 年；米歇尔·赫凯（Michèle Hecquet）(导演)，《乔治·桑时代女孩的教育》(*L'Éducation des fils au temps de George Sand*)，阿拉斯，Presses universitaires d'Artois 出版社，1998 年。

身自好、谦逊温顺、善良隐忍……这些道德价值观共同编织了女性美德的花环。事实上，相关内容世人皆知，只不过在不同时代和区域所使用的教导方法有所不同而已。

贵族或富裕家庭，会聘请男教师或者女教师在家中授课，授课质量往往较高。女孩们通常会学习马术和外语，尤其是法语和英语。19世纪的政治形势使流亡者遍布欧洲。例如1850年的伦敦就有15000名德国人。来自汉堡的玛尔维达·冯·梅森堡收留了俄国革命家亚历山大·赫尔岑（Alexander Herzen）的女儿，这位富有的鳏夫非常关注女儿们的教育。在资产阶级家庭中，女孩在15到18岁之间都要到寄宿学校上课并完成学业。在那里，她们学会了绘画、钢琴等被称为"女性鸦片"的供人消遣娱乐的艺术，这使她们能够在家庭和社交聚会上显得更为迷人。19世纪，宗教寄宿学校大量涌现，促进了女性会众繁荣，同时还出现了众多小型世俗寄宿教育机构，这为受过教育的贫困女性带来了收入。普通女孩帮助家中的母亲，经常光顾"修女济贫院"。在那里，她们学会了阅读、计算、祈祷和缝纫。在这个亚麻织物所主导的时代里，人们对缝纫有种乐此不疲的狂热。

家庭和宗教是构成这种几乎完全算是私立教育的支柱。在法国，公立教育的对象是男孩，他们是国家未来的官员和劳动者。女孩则不然，她们只能由母亲和教会来教育。1833 年，法国公共教育部长吉佐（Guizot）公布了一项法律，要求市镇居民人数一旦超过 5000 人，该市镇就必须开办一所小学，但当时只开办了男生学校。吉佐是个新教徒，他的第一任妻子为女童教育奔走呼号。他的亲生女儿亨丽埃特（Henriette）受过高等教育，也曾在私人课堂上学习过希腊语和拉丁语，后来女儿成为了他最喜爱的通讯助理与重要合作者。[1]

当代的变化

然而，整个欧洲在大致同一时间发生了变化。19世纪 80 年代，一批女孩子们开始上小学，1900 年左

---

[1] 弗朗索瓦·吉佐（François Guizot），《写给女儿亨丽埃特的信，1836—1874 年》（*Lettres à sa fille Henriette, 1836—1874*），巴黎，Perrin 出版社，2002 年。遗憾的是，这本出版物几乎没有收录亨丽埃特的书信，我们只能猜测她的身份。

右开始上中学，在两次大战期间她们开始进入大学。1950 年之后，更多女性入学。如今，上大学的女生要比男生多。

毫无疑问，这是现代性的影响，因为男人希望拥有"聪明的伴侣"。各地政府希望由受过教育的母亲对子女进行早期教育。劳动力市场也需要合格的女性，尤其是第三产业的服务部门，需要女性邮政工、打字员和秘书。

在法国，政治因素起了作用——取得胜利的第三共和国希望女孩子们不再受杜潘洛普主教教堂的影响。因此，1881 年的费里法案创立了免费的世俗义务小学。男女同校，课程相同，不过出于道德声誉的考虑，男生女生被安置在不同的位置。男女同校的问题由来已久，但在 20 世纪六七十年代，人们却毫不犹豫甚至不假思索地完成了男女同校。这可谓性别平等的标志与要素，但真正实现其目标仍需努力。

女性们呢？她们扮演了什么角色？

许多女性如渴望情人般那样渴望知识。夏娃的形象在某种程度上具有象征意义。她出于好奇心，咬了一口苹果。为替代她的形象，中世纪教会塑造了一个睿智、沉思的圣母形象。通过修道院、城堡、图书馆等各类渠道，女性在自我教育方面做出了巨大努力。她们从誊抄的手稿、报纸的空白处、阅览室借来的小说，甚至偷来的书籍中汲取知识。她们在灯下、在寂静的卧室里津津有味地阅读。这种"卧室学校"，正如加布里埃尔·苏松所说，是"自己的房间"，也是在弗吉尼亚·伍尔夫眼中写作的条件之一。所有社会阶层都是如此。20世纪初，玛格丽特·奥杜还在法国中部索洛涅（Sologne）地区当牧羊女，在小说《玛丽-克莱尔》中，她讲述了自己如何在工作的农场阁楼上遇见芬乃伦（Fénelon）创作的《忒勒马科斯历险记》（Télémaque）一书 [1]，这本书成了她的忠实伴侣。

精英女性很早便开始争取受教育的权利。从克里斯蒂娜·德·皮桑到玛丽·沃斯通克拉夫特（Mary

1　弗朗索瓦·芬乃伦（François Fénelon, 1651—1715）是法国天主教康布雷总主教、诗人和作家。他是寂静主义的主要倡导者之一，并于1699年出版了《忒勒马克的冒险》（*Les Aventures de Télémaque*）。忒勒马克（Télémaque）代表了青年、学徒和探索者的形象。

Wollstonecraft），以及日尔曼·德·斯太尔和乔治·桑。
她们克服一个又一个的障碍，发声越来越响亮，直到
18 至 19 世纪渐为人所听见。1861 年，朱莉·多比埃
（Julie Daubié）通过不懈努力，成为法国历史上第一位
获得中学会考文凭的女性。得益于圣西蒙主义者阿莱
斯-杜富尔（Arlès-Dufour）的支持，以及欧仁妮皇后
与维克多·杜鲁伊（Victor Duruy）大臣的干预（杜鲁
伊对此事态度坚定），原本犹豫不决的里昂学区官员最
终录取了她。每当女性的知识水平有新的提高，或女
性进入新的研究领域时，都会引发一些争议和论战。
比如 1900 年的法国第一位女律师让娜·肖万（Jeanne
Chauvin）。这时政府和司法的介入往往是有必要的，
因为相关法律亟待改变。

　　女性对她们所受的教育心存怀疑。担心相关教育
并非与男性所受的教育具有同等价值。这就是为什么
美好时代的女权主义者主张"男女共教"，即要求男女
在同一空间中学习同样的课程，以确保相关的平等，
尽管混合教育是性别平等的必要条件而非充分条件。
但女生在学业上的平等或成功是不是"虚假的"呢？
而今在法国，男女混合教育和学术平等已经基本实现，

但在职业和社会平等方面还有很长的路要走。这将是我们进一步探讨的另一话题。

女性与创作：写作

毋庸置疑，女人是有灵魂的。但她们拥有心智吗？普兰·德·拉·巴雷（Poulain de la Barre）对此表示肯定[1]。他一直追随老师笛卡尔的脚步，也是17世纪最早主张男女平等的人之一。对他来说"心智无性别之分"。与此同时，英国的玛丽·阿斯特尔（Mary Astell）和法国的玛丽·德·古纳（Marie de Gournay）也同样参与了这场"女性讨论"，并坚信女性拥有心智。这为新兴的前女性主义奠定了基础[2]。

但女性能进行创造吗？人们对此普遍持否定态度。古希腊人认为只有男性才拥有创造之气（pneuma）。约瑟夫·德·迈斯特（Joseph de Maistre）声称："女人

1　普兰·德·拉·巴雷，《两性平等》（*De l'égalité des deux sexes*），1671 年。

2　根据吉永娜·勒杜克的表述。

从未创造过杰作。"奥古斯特·孔德（Auguste Comte）认为女性只能进行复制以及模仿性的工作。弗洛伊德对女性的看法亦是如此，尽管他把纺织技术的发明归功于女性："人们认为女人对于文明历史的发现和创造贡献甚微，但是无论如何，可能是她们发明了纺织与编织技术。"[1]他们为什么会这么认为呢？有些人指出，女性在解剖学上存在缺陷。19世纪末的生理学家在研究大脑位置时发现，女性的大脑更小、更轻、密度更低[2]。当今部分神经生物学家仍将大脑的组织结构视为性别差异假说的物质基础。凯瑟琳·维达尔（Catherine Vidal）和多罗德·贝诺瓦-布罗维（Dorothée Benoist-Browaeys）在最近出版的《神经、性别与权力》(*Cerveau, sexe et pouvoir*)[3]一书中阐述并讨论了这些假设。女性被"剥夺"了抽象性（数学对她

---

1 《从柏拉图到德里达的女性》(*Les Femmes de Platon à Derrida*)，同前引，第602页。

2 史蒂文·J.古尔德（Steven J. Gould），《人类的错误测量》(*La Mal-Mesure de l'homme*)，巴黎，Odile Jacob 出版社，1997年。

3 巴黎，贝林，2005年，莫里斯·戈德利尔（Maurice Godelier）的前言。

们来说尤为陌生）、发明性和综合性思维，但她们却拥有其他特质：直觉、敏感与耐心。她们是灵感的激发者，甚至是"中间人"；她们是媒介、缪斯、难得的助手、抄写员、秘书、翻译和口译员。但也仅此而已。

而写作、思考、绘画、雕塑、作曲……这些创作工作均不属于女性。就连通常由女性从事的缝纫和烹饪工作也需要被男性化，才能配得上"高级"（高级时装）或"大师"（烹饪大师）的称号。法国中部奥弗涅地区的女厨师们有过反抗，几年前还成立了奥弗涅女厨师协会。幸运的是，即使在美食这一领域，现在也出现了一些公认的女创作型大师，如巴黎女厨埃莱娜·达罗兹（Hélène Darroze）。在高级时装领域，仅就法国而言，玛德琳·维奥内（Madeleine Vionnet）、可可·香奈儿、让娜·朗万（Jeanne Lanvin）以及较近的桑丽卡·里基耶（Sonia Rykiel）和阿涅斯·B.（Agnès B.）等女设计师都早已崭露头角，为时尚和女性身体引入了新的概念。她们不仅参与了关乎外表的历史，而且涉及了性别的历史。

女性写作并非易事[1]。她们的写作通常仅限于私人领域、家庭内通信或小企业的账目。工棚的"老板娘"通常是受过教育的女性，她负责记录工人的账目，并成为众人的代笔。

出版则是另一回事。克里斯蒂娜·普朗特（Christine Planté）展示了 19 世纪女性作家所遭受的嘲讽[2]。不过还是有越来越多的女性借助纸笔来谋生。她们为报纸、女性杂志撰稿，出版教育著作、礼仪论文，编写"杰出女性的传记"（一种颇为时髦的历史体裁），创作小说。小说是女性接触文学的入门读物。在 19 世纪后半叶，女性专栏的写手数量相对较多（在英国约占有20%，而法国超过 10%），这主要归功于女性期刊，如《茅舍夜话》（*La Veillée des chaumières*）。她们为谋生而努力工作，不敢以"作家"自居。因为阻力重重，她

1　玛丽-克莱尔·霍克·德马勒（Marie-Claire Hoock-Demarle），《德国的读与写》（*Lire et écrire en Allemagne*），载于《西方女性史》，同前引，第 4 卷，第 147—167 页。

2　克里斯蒂娜·普朗特（Christine Planté），《巴尔扎克的妹妹：论女性作家》（*La Petite Soeur de Balzac. Essai sur la femme auteur*），巴黎，Seuil 出版社，1989 年。

们很难获得"作家"这样的尊称。"不喜欢写作女性"的阵营中有启蒙运动家内克（Necker[1]）[2]、保守派的约瑟夫·德·迈斯特、自由派的托克维尔（Tocqueville），还有共和派的米什莱和左拉。而像巴贝·德奥雷维利（Barbey d'Aurevilly）、波德莱尔和龚古尔兄弟这样的风流才子、诗人乃至大文豪，则更不着边际。龚古尔兄弟为了解释乔治·桑的与众不同的特殊性，说她无疑"拥有一个和我们的阴茎一样大的阴蒂"。正是他们，引发了粗俗的厌女症。

事实上，即使像乔治·桑这样的"女作家"也仍处于边缘地位。首先来看看她的决心。在修道院

1　让-丹尼斯·布莱丁（Jean-Denis Bredin），《一个独特的家庭：内克尔家族》(*Une singulière famille（les Necker）*)，巴黎，Fayard 出版社，1999 年。

2　雅克·内克尔（Jacques Necker）是法国启蒙运动时期的一名著名政治家和金融家，以作为法国国王路易十六的财政部长而闻名。他在 18 世纪末的法国政坛中扮演了重要角色。他的妻子苏珊娜·内克尔（Suzanne Necker）是启蒙思想的支持者，并主持了一个知名的文学沙龙。她们的女儿德·斯塔尔夫人（Madame de Staël）同样是著名的作家和思想家，是启蒙运动与浪漫主义的桥梁。见下文。——译者注

里，她便"有了写作的冲动"。她不顾家人，尤其是来自婆婆的劝阻，最终实现了自己的抱负。其次，她选择了一个男性化的笔名，学者马丁·里德（Martine Reid）[1]曾在专著中指出了这一笔名的复杂性。"乔治"（George）之中没有字母 s，是否意味着她想雌雄同体？有一点可以确定的是，她想摆脱"女作家"这一默默无闻的群体，加入伟大作家之光荣行列。无论如何，至少在她的职业生涯中，她接受了自己的男性气质，用男性语言谈论自己，在马尼晚宴（Magny dîners）[2]上，她作为唯一的女性，感到游刃有余。此外，她还破例将自己的笔名变成了姓氏，留给了后人。

对乔治·桑来说，写作就是工作，就像她对福楼拜所说的那样"笔耕不辍"，她兢兢业业地工作着，尤其在夜晚。工作意味着身份，意味着有价值，而无工作的一天则意味着荒废。在乔治·桑 1854 年至 1876 年的

---

1 马丁·里德（Martine Reid），《以桑为名：作品与名》（*Signer Sand. L'œuvre et le nom*），巴黎，Belin 出版社，《特别现代》（*L'extrême contemporain*），2003 年。

2 马尼晚宴是法国美食家、医生和作家路易·儒勒·古尔多（Louis Jules Gourdault）举办的一系列晚宴。晚宴因通常在巴黎的一家名为 Magny 的餐馆举行，故得其名。——译者注

日记中，"工作"一词多次出现。而工作也不仅是她自己谋生的手段，还养活了一大屋子人。这其中有不少并非她的家人。她还与她的出版商布洛兹（Buloz）、赫泽尔（Hetzel）和米歇尔·莱维（Michel Lévy）协商她的出版合同。写作当然是一种职业，"是一种狂暴的、几乎坚不可摧的激情"，但乔治·桑从未"埋头于文学"。1836年，她在写信给教育部长朋友福图尔（Fortoul）时坦言道："（比起文学来）世上还有千百种东西更美好：母爱、爱情、友谊、晴空好日还有猫咪等等"。她还可加上：骑马、园艺、制作果酱和旅行。许多女作家都说过类似的话：她们拒绝自己的生活被作品所吞噬。就像杰曼·德·斯塔尔（Germaine de Staël）那样，她在这方面受到了父亲内克尔的约束。因为她们担心"荣耀不过是对幸福的一种灿烂哀悼罢了"。然而，在身份的构建中，荣耀是属于男性的，幸福是属于女性的。女性的幸福是一种热切的义务，无论对个人、家庭，还是有时对集体而言，均是社会承诺的关键。

乔治·桑终究希望做一些有益的事，为她的社会正义理想服务。这使得她与朋友福楼拜有些不同看法。因为福楼拜主张为艺术而艺术，形式至上。她劝福楼拜放松一些，随性一些。在 1866 年给福楼拜的信中她写道："我觉得你做了太多的麻烦事儿，你应该更多地让其他人（内心中另一个你）来做。"

乔治·桑作品的接受度也充分展示了女性被认可的难度。尽管她在法国取得了非凡成功，在国外声名显赫，甚至扬名于俄罗斯，但她仍然遭到厌女者们凶恶的批评。他们嘲笑她的高产，讥讽她的文笔过于"流畅"，称她为法国文坛中的"奶牛"，还污蔑她最好的作品是受其他男人（穆塞特）的启发，甚至直接是男人写的［他们声称是皮埃尔·勒鲁写了《斯皮里迪翁》(Spiridion) 和甚至《康素爱萝》(Consuelo)］。随后，她 1848 年的声明以及她退出巴黎公社一事，引发了政治争议。后来她渐渐被淡忘了。在后人眼中，她不过是一位"诺昂的好夫人"[1]，一位为《粉红儿童书库》撰写乡村小说的作家而已。普鲁斯特的祖母曾推

1　Bonne Dame de Nohant 是乔治·桑的一个别名，意为"诺昂的好夫人"。乔治·桑原名阿芒丁·奥诺雷·吕西尔·杜德旺（Amantine Lucile Aurore Dupin），在诺昂（Nohant）拥有一个庄园。这个地方是她创作的重要基地，因此她被称为"诺昂的好夫人"。——译者注

荐普鲁斯特读乔治·桑的小说，希望他能欣赏其独特的风格。

乔治·桑这个充满悖论的例子说明，女性要在文字领域有所突破，可谓困难重重。尽管如此，在19世纪和20世纪，女性已跨越了这道屏障。她们征服了文学，尤其是在小说领域，小说成了女性的领地。

英国（如简·奥斯汀、勃朗特姐妹、乔治·艾略特、弗吉尼亚·伍尔夫等）和法国（如科莱特、玛格丽特·尤瑟纳尔、娜塔莉·萨洛特、玛格丽特·杜拉斯、弗朗索瓦丝·萨冈等）的伟大的女性小说家们，创作了各类型小说：旧式和新式小说、粉色和黑色小说、言情和侦探小说。7位女性摘取了诺贝尔文学奖桂冠，包括纳丁·戈迪默（Nadine Gordimer）、托妮·莫里森（Toni Morrison）、奥地利作家埃尔弗里德·耶利内克（Elfriede Jelinek）等。在耶利内克那灰暗风格的作品中，她试图剖析当代世界中私人与公共的悲剧。

女性在其他前沿领域的阻力更大，如科学，尤其是数学。数学领域以其抽象性，长期以来一直被视为女性难以克服的障碍。还有思想的结晶——哲学领域。在《从柏拉图到德里达的女性》(*Les Femmes de Platon à Derrida. Anthologie critique*)这本批判性的文集中，出现了55位男性，而女性仅有4位：玛丽·阿斯特尔和玛丽·沃斯通克拉夫特、汉娜·阿伦特和西蒙娜·德·波伏瓦。而我个人很乐意将《重负与神恩》(*La Pesanteur et la Grâce*)和《工厂日记》(*La Condition ouvrière*)的作者西蒙娜·薇依也加入其中。

汉娜·阿伦特可以说是当今唯一真正公认的女哲学家，甚至在哲学课上，学生们都要对她进行研究。她对民主、极权主义、犹太主义和"平庸之恶"（*banalité du mal*，记得她在以色列关注对艾希曼的[1]审判）的思考，以及著作《人的境况》的出版，使她成为重要的思想家。性别差异问题对她来说并不重要：这是一个显而易见的事实，虽然需要考虑，但并不值得进行理论化。然而，当她撰写"浪漫主义时代的德

---

1 阿道夫·艾希曼（Adolf Eichmann, 1906—1962），纳粹德国党卫军中校，二战针对犹太人大屠杀的主要责任人和组织者之一，他组织和执行了"犹太人问题最终解决方案"，二战后前往阿根廷定居，后来遭以色列国家安全机关逮捕，1961年4月11日公开审判后于1965年5月31日被绞死。——译者注

国女犹太人"拉海尔·瓦尔哈根（Rahel Varnhagen）的生平时，她遭遇了犹太人和女性的双重身份的困境，这无疑比世俗之见更让她感到困惑[1]。

就波伏瓦而言恰恰相反，对于"第二性"——女性的反思至关重要。她并不将女性视为自然的事实，而是将其作为文化和历史的产物进行分析，从而开创了一种影响深远的解构方法，但这在当时无疑是难以让人接受的。从某种程度上说，她是"性别理论之母"（尽管她没有使用过这个词）。

为什么女哲学家如此稀少？她们缺乏的是世间的磨砺、思考的经验，还是学术训练、理论胆识、雄心壮志？人们赋予女性特殊性，同时又束缚了她们。这是否因此阻碍了她们接触整个世界？或者说这一切根本无法想象？无疑这些原因多多少少都有一点。

除了娱乐性的艺术之外，绘画和作曲这些领域对

---

1 正如弗朗索瓦丝·柯林所展示的那样，见《人是如何成为多余的？汉娜·阿伦特》(*L'homme est-il devenu superflu? Hannah Arendt*)，巴黎，Odile Jacob 出版社，1999 年，朱莉娅·克里斯蒂娃（Julia Kristeva），《女性灵感》(*Le Génie féminin*)，第一卷汉娜·阿伦特（Hannah Arendt），巴黎，Fayard 出版社，1999 年。

于女性来说也实属不易。

作为艺术家的生活

写作很难，绘画、雕塑、作曲这些艺术创作更难。其根本原因在于：图像和音乐是创造世界的方式。尤其音乐，被视为是神的语言。女性被认为不适合从事这些创作，她们怎么能参与这种对世界的塑造和编排中呢？女性只能勉强从事一些复制、翻译和诠释的工作，如成为一名歌唱家。歌剧女伶是艺术中最伟大的女性形象之一，乔治·桑为自己最为成功小说《康素爱萝》女主人公选择这个身份，是有充分理由的。

女性可以为自己的亲友作画、为孩子们画肖像、描绘花束或风景，或在友人聚会或是社交晚会上，用钢琴弹奏舒伯特或莫扎特的曲子。

女性有机会在这种私人场合运用这些令人赏心悦目的艺术，这得益于她受到的良好教育所带来的启蒙，尽管乔治·桑称之为"令人不快的艺术"，但她自己也确实从这种艺术中获得了有关音乐和绘画的大量启蒙。正如李斯特所说，她有着"敏锐的鉴赏力"。

　　但这种启蒙教育的目的并不是让她们以此为职业或进行相关创作。如有必要，女性可以教授绘画或钢琴、制作物品（乔治·桑曾设计过盒子、绘制过树枝石）、临摹博物馆画廊中的杰作（如于贝尔·罗伯特的画作《卢浮宫大画廊改造计划》）。波德莱尔声称博物馆是唯一适合女性的地方。

　　女性想要真正地学习艺术，在过去是不可能的。巴黎美术学院以裸体画对年轻女孩不宜为借口，拒绝她们进入，直至 1900 年才向女孩们开放，男学生们还对此还表示过抗议。于是女孩们不得不转向私立学校和学院，其中最著名的是巴黎的朱利安学院（l'Académie Jullian）。罗伯特·弗勒里（Robert Fleury）和巴斯蒂安·勒帕吉（Bastien Lepage）等小有名气的画家在这里教授以古代艺术和裸体写生为基础的学术教育。年轻女孩们从欧洲各地蜂拥而至。丹尼斯·诺埃尔（Denise Noël）在关于艺术界女性的一篇博士论文中曾描述，那是一种相当生动活泼的氛围。遗憾的是，这篇以 19 世纪下半叶巴黎的女画家们为主题，以路易丝·布雷斯劳（Louise Breslau）、索菲·沙伊皮（Sophie Shaeppi）和玛丽·巴什基尔采夫（Marie Bashkirtseff）等艺术家的日记和通信为基础的博士论文尚未出版[1]。玛丽·巴什基尔采夫，这位年轻的俄罗斯贵族在 27 岁时（1858—1885）死于肺结核，她的母亲将这本长达一万九千页的日记交给了法国国家图书馆[2]。这本日记记录了一名渴望成为真正艺术家的年轻女性的日常生活和苦难。她的家人不理解她，只想让她早点嫁人，时代也对她充满偏见，而她在朱利安学院过得很开心，享受着平等友爱的氛围：

"在工作室里，一切都消失了，你没有名字，没有家庭。［……］你就是你自己，你是一个独立的个体，在你的面前只有艺术，别无其他。"当然她也对学院的教学存有不满，对教授们的大男子主义和居高临下的态度表示遗憾："这些先生们瞧不起我们，"她写

1　见她的《女性与图像》一文，载于《克利奥：妇女与社会史》（*Clio. Histoire, femmes et société*）杂志，第 19 期，2004 年。

2　目前由 L'Âge d'homme 出版社进行全文编辑出版。迄今已于1999 年出版了第一卷。见科莱特·科丝尼尔（Colette Cosnier）的传记《玛丽·巴什基尔采夫：一幅不加修饰的画像》（*Marie Bashkirtseff. Un portrait sans retouches*），巴黎，Horay 出版社，1985 年。

道，"只有当他们看到强势、粗暴的绘画风格时，他们才会高兴，说这才像个男孩子的作品，有胆量、很自然。"玛丽·巴什基尔采夫后来获得了奖项，很开心，却不自以为是。她知道，要想成为真正的伟大人物，还有很多要走的路。她写道："我真想成为一名巴黎公社成员，只为炸掉那些房子和内部装饰。"这位堪称叛逆的艺术家还为法国女性主义者于尤伯丁娜·奥克莱尔所编辑的《女公民》杂志撰写过稿件，并支持由雕塑家埃莱娜·贝尔托（Hélène Bertaux）于 1881 年成立女画家联盟。她甚至还成功地进入了沙龙，这是官方认可的主要论坛。可惜这位天才艺术家英年早逝。幸运的是，大家可以在多家博物馆中看到她的画作，尤其是在尼斯。

在巴黎沙龙[1]上，评审团清一色由男性组成，他们希望女性艺术家在题材（如静物、肖像、室内场景，尤其是花束，以至于形成了一个专门的绘画类别）和风格方面都能符合女性标准。她们既不能画裸

---

1 法文 Salon de Paris 是指 1667 年起在法国巴黎法兰西艺术院中所举办的艺术展，在 1748 年至 1890 年间是西方世界最大的艺术展。——译者注

体画，也不能画历史题材。正如玛丽-琼·博内所指出的那样，裸体画直到 20 世纪才被女性所征服[1]，在此之前一直是绝对的禁忌，为此导致了保守主义倾向。波德莱尔抗议女性的"入侵"玷污了绘画，认为她们使绘画变得平淡无奇。未来主义者马里内蒂（Marinetti）也曾大声疾呼反对"道德主义""女性主义"，呼吁通过战争来净化堕落的世界。先锋画派中很少有女性，除非她们与先锋派艺术家有家庭关系。例如，贝尔特·莫里索（Berthe Morisot）是爱德华·马奈（Édouard Manet）的嫂子，马奈将她视为自己最喜欢的模特之一，尽管他从未将她作为画家在画中呈现。贝尔特·莫里索甚至没有自己的画室。她只画室内画，并专注于画她的女儿朱莉娅——从摇篮一直画到她的青春期。她在自己的笔记本[2]中这样倾诉："在我看来，

1　玛丽-琼·博内，《艺术中的女性》，同前引，这本书从信息和方法上对这一主题进行了全新的审视。

2　安妮·伊戈内（Anne Higonnet），《贝尔特·莫里索传记，1841—1895》（*Berthe Morisot, une biographie, 1841—1895*），巴黎，Adam Biro 出版社，1989 年（法译英）；《贝尔特·莫里索的女性气质》（*The Femininity of Berthe Morisot*），Harvard University Press 出版社，1992 年。

追求死后的荣耀也是一种过分的野心。我的愿望仅限于记录一些发生的事情。"她仅有几幅罕见的自画像，且只是简单的素描，但对此她似乎已深感羞愧[1]。她为自己在艺术上的边缘地位感到痛苦："我不相信曾经有任何男人平等地对待过一个女人，而这正是我所要求的一切，因为我知道我值得被这样尊重。"在莫里索温柔的忧伤背后，我们可以感受到她创作受挫时的愤怒。

女画家的生活并不容易。画室是男人的世界，她们只能当模特。她们没有能力拥有画室，只能在公寓的一隅作画，也没有钱购买必要的绘画材料。而且，女性即使在室外安放画架绘画也很棘手。罗莎·博纳尔（Rosa Bonheur）必须征得警察局长的同意，才获得穿裤子的权利；她的巨幅动物油画是对女性艺术准则的挑战。为了克服这些问题，女画家们以伴侣、朋友的形式结成团体，以女同性恋情侣居多（如安

---

1 《贝尔特·莫里索，1841—1895 年，里尔美术博物馆展览目录》(*Berthe Morisot, 1841—1895, catalogue de l'exposition du musée des Beaux-Arts de Lille*)，2002 年。

娜·克伦普克和罗莎·邦荷[1]），如塔玛拉·德·伦皮卡（Tamara de Lempicka）或莱昂诺尔·菲尼（Leonor Fini）。她们开创了一种艺术实践和生活解决方案。

所有这一切均不利于女性艺术家的创作，她们也难以获得认可或销售她们的作品。在过去几年里，研究人员在美国和法国，借助各类艺术博览会和博物馆的目录，重新发现了数十位甚至数百位女性艺术家，但她们大多默默无闻。比如，谁还记得 16 世纪的意大利女画家阿尔特米西亚·真蒂莱斯基（Artemisia Gentileschi）？ 1997 年，阿涅斯·梅尔莱（Agnès Merlet）专门为她拍摄了一部电影。真蒂莱斯基的作品中充满着女性主义英雄，如埃丝特（Esther）、芭丝谢芭（Bethsabée）、朱迪思（Judith）。谁又还记得罗萨尔巴·卡列拉（Rosalba Carriera, 1675—1758）？威尼斯学院博物馆收藏着她的诸多精美画作。但以上两位女艺术家的命运似乎都很悲惨，也许这与她们对解放的渴望有关。对于女性艺术家来说，更为可取

1　博列塔·C. 得维叶（Britta C. Dwyer），《安娜·克伦普克，世纪之交的画家和她的世界》（*Anna Klumpke. A Turn-of-the-Century Painter and her Word*），美国东北大学出版社，1999 年。

的选择是为一位大人物工作，或将创作局限于肖像画，尤其是女性肖像画上。例如伊丽莎白·维杰-勒布伦（Élisabeth Vigée-Lebrun）这样的艺术家，特别倾向于给王后绘制肖像。此外投身次要的艺术领域也是一种更好的选择。19世纪和20世纪，涉足装饰艺术领域的女性越来越多。夏洛特·佩里安（Charlotte Perriand）与勒·柯布西耶（Le Corbusier）一起，将装饰艺术作为生活方式的一个维度。摄影领域正如皮埃尔·布迪厄（Pierre Bourdieu）所说，可以称得上是"一门小艺术"。从朱莉娅·卡梅隆（Julia Cameron）到黛安·阿勃丝（Diane Arbus）、克劳德·卡洪（Claude Cahun），再到雅尼娜·尼埃普斯（Janine Niepce）等诸多女摄影师在她们展出的作品中以镜头所描绘出的女性凝视光芒总能带给我们一些新发现。电影领域的创作更不必多说，从阿涅斯·瓦尔达（Agnès Varda）到简·坎皮恩（Jane Campion），女性在电影方面可谓人才辈出。

到了20世纪，女性艺术有所改观，但并非翻天覆地。一方面，越来越多的绘画情侣组合出现了，尤其是在如20世纪二三十年代的中欧工作室、德国表现主义、蓝骑士[1]和包豪斯中为多，包括让·阿尔普（Jean Arp）和索菲·塔伊贝尔·阿尔普（Sophie Taeuber-Arp），以及罗伯特和索尼娅·德劳内（Robert et Sonia Delaunay）。另一方面，维埃拉·达·席尔瓦（Vieira da Silva）、弗里达·卡罗（Frida Kalho）和尼基·德·圣法勒（Niki de Saint Phalle）等女性也开始独立创作。但她们仍然是少数，大艺术家依然是男性。在雕塑领域更是如此，卡米耶·克洛岱尔（Camille Claudel）戏剧性的故事和路易丝·布尔乔亚（Louise Bourgeois）相对平静的经历就说明了这一点。建筑是关于规划和建造的艺术，被认为是最具男性气概的艺术，但意大利的女建筑师盖·奥伦蒂（Gae Aulenti）是个例外，她在这个男性主导的行业中脱颖而出。

那么音乐呢？

女性的音乐之路面临诸多阻碍。首先是来自家庭

---

1 Blaue Reiter（蓝骑士）是 20 世纪初期德国表现主义艺术运动的重要团体之一。它成立于 1911 年，由瓦西里·康定斯基（Wassily Kandinsky）和弗朗茨·马克（Franz Marc）领导。这个团体的名称源自康定斯基的画作《蓝骑士》。——译者注

的阻碍。罗兰夫人[1]的母亲拒绝让女儿成为演奏家，因为"最重要的是，她希望我享受我的性别义务，做一个家庭主妇，像母亲一样"，她在回忆录中这样写道。门德尔松的两个女儿费利克斯（Félix）和芬妮（Fanny）同样才华横溢，但门德尔松在1820年写给芬妮的一封关于音乐的信中说："对他来说，音乐或许会成为一种职业，而对你来说，音乐永远只是一种装饰。"

更糟糕的是，对女性从事音乐的阻挠通常来自其丈夫或伴侣。为了罗伯特·舒曼，克拉拉·舒曼牺牲

1　罗兰夫人（Manon Roland，1754—1793），全名为玛丽-让娜·罗兰·德拉普拉蒂埃（Marie-Jeanne Roland de la Platière）。她是法国大革命时期重要的女性政治人物，出生于一个相对富裕的家庭，受到过良好的教育。她与政治家让-马里·罗兰（Jean-Marie Roland）结婚。婚后，她对丈夫的政治生涯产生了巨大影响。他们在法国大革命中支持吉伦特派，提倡温和的共和主义和改革。但随着革命的激化，吉伦特派与激进的雅各宾派（由罗伯斯庇尔等领导）之间的矛盾加剧。1793年11月8日，罗兰夫人在雅各宾派掌控的革命法庭受审后被送上断头台。在临刑前，她留下了著名的一句话："啊，自由，多少罪恶假汝之名以行！"（O Liberté, que de crimes on commet en ton nom!），表达了她对革命中暴力与专制的控诉。——译者注

了自己；为了古斯塔夫·马勒（Gustav Mahler），阿尔玛·马勒（Alma Mahler）牺牲了自己。在他们订婚期间，古斯塔夫·马勒曾明确要求她放弃音乐："你能想象两个作曲家组成的家庭？这种奇怪的竞争关系会变得多么荒谬！我需要的是你，我的妻子，而不是我的同事，这一点是肯定的。"他提出的建议是，以爱的名义把两个人的音乐融合在一起来进行合作[1]。

女作曲家可谓凤毛麟角，也容易被人遗忘。奥古斯塔·奥尔梅斯（Augusta Holmès）便是如此，她是卡图尔·门德斯（Catulle Mendès）的伴侣、理查德·瓦格纳（Richard Wagner）的朋友。她创作了一部歌剧、多部交响曲以及大量钢琴曲，在 19 世纪末声名鹊起。但是为什么很快她就被世人遗忘了呢？"可能是因为她不是一个模范母亲，她拒绝世俗的准则，还因为她锲而不舍地从事作曲这种只有男人才能从事的职

1　杰奎琳·卢梭-杜雅尔丹（Jacqueline Rousseau-Dujardin），《女性作曲家》（*Compositeur au féminin*），见吉纳维芙·弗赖斯（Geneviève Fraisse）等编，《知识的实践与性别差异》（*L'Exercice du savoir et la Différence des sexes*），巴黎，L'Harmattan 出版社，1991 年。

业，不像其他女音乐家那样改弦易张，如阿尔玛·马勒、芬妮·门德尔松或克拉拉·舒曼"，米歇尔·弗里昂（Michèle Friang）如此叙述。霍尔梅斯的传记作者正在努力让世人重新认识这位女作曲家[1]。

今天，女性在音乐领域的桎梏依然存在。尽管涌现出越来越多才华横溢的女演奏家，其中不仅有钢琴家［玛尔塔·阿格里奇（Marta Argerich）、埃莱娜·格里莫（Hélène Grimaud）］，还有小提琴家安妮-索菲·穆特（Anne-Sophie Mutter）。但是女作曲家和指挥家依然寥寥无几。女音乐家贝茜·尤拉斯（Betsy Jolas）是一位十二音阶技法大师，曾与皮埃尔·布列兹（Pierre Boulez）和亨利·杜蒂耶（Henri Dutilleux）关系密切，后来独立作曲。她的成就在今天得到了迟来的认可，这是难能可贵的。

今天，女性是艺术的主要消费者。她们活跃于合唱团，出现在音乐会和展览厅。她们也是艺术的赞

1　米歇尔·弗里昂，《奥古斯塔·奥尔梅斯或禁忌的荣耀：一位十九世纪女作曲家》（*Augusta Holmès ou la Gloire interdite. Une femme compositeur au XIXe siècle*），巴黎，Autrement 出版社，2003 年。

助人，尽管艺术收藏大多是属于男性的，因为金钱和权力是男性的事务。然而，女性一旦拥有这些财富，便知道如何使用它们：玛丽·德·美第奇（Marie de Médicis）委托鲁本斯（Rubens）创作了一系列绘画作品，这些作品被卢浮宫收藏[1]，凯瑟琳大帝（Catherine the Great）和蓬巴杜夫人（Pompadour）深知艺术品位的影响力，奈莉·雅克马尔（Nelly Jacquemart）是其丈夫银行家安德烈（André）的贤内助，安妮·潘容昂（Anne Pingeont）无疑是弗朗索瓦·密特朗卢浮宫改造计划的主要灵感来源。女性对当代法国音乐的支持至关重要。德彪西、加布里埃尔·福雷（Gabriel Fauré）、塞萨尔·弗兰克（César Franck）、樊尚·达因迪（Vincent d'Indy）、萨蒂（Satie）、圣-桑（Saint-Saëns）等人的成名都要归功于格雷菲勒伯爵夫人（Greffulhe）、玛格丽特·德·圣玛索（Marguerite de Saint-Marceaux）和桑热-波利尼亚克（Singer-Polignac）

1　范妮·科桑迪（Fanny Cosandey），《玛丽·德·美第奇和卢森堡宫的鲁本斯自行车》（*Marie de Medici et le cycle de Rubens au Palais du Luxembourg*），《克利奥：妇女与社会史》（*Clio. Histoire, femmes et société*）杂志，第 19 期，2004 年，第 63—83 页。

公主的支持。她们通过委托创作、举办沙龙、提供创作场所、举行试演甚至音乐会等形式进行赞助。在这些场所中，音乐不再是社交晚会的附庸点缀[1]，而是令人瞩目的艺术中心。

　　无论过去还是现在，女性在艺术创作中起到的作用都需要我们重新审视。

1　米里亚姆·奇梅纳（Myriam Chimènes），《赞助人和音乐家：第三共和国时期巴黎从沙龙到音乐会》（*Mécènes et musiciens. Du salon au concert à Paris sous la IIIe République*），巴黎，Fayard 出版社，2004 年。

第四章　女性的工作

女性一直在工作。她们的工作是家务、是生育，但这样的工作既没有受到重视，也没有收到酬劳。没有女性的家务劳动，社会将无法生存、繁衍与发展，但这些工作常常是隐形的。

要知道女性并非总是可以从事带来薪酬或被认可的职业。在手工艺行业、商店或市场中，她们仅仅是丈夫的助手。一旦涉及金钱时，这往往会引发问题，尤其对于已婚女性而言。然而，其实女性很会算账理财。昆丁·马西斯（Quentin Metsys）[1]有幅著名画作

1　2024年12月2日，译者本人与佩罗教授进行邮件咨询。本处佩罗教授建议对原文进行修改。——译者注

《银行家和他的妻子》(*Le prêteur et sa femme*)，其中描绘的是一对夫妇日常间的活动场景。

18 世纪至 19 世纪，工业化后的雇佣制度，在西方社会引发了有关"妇女劳动"的问题。女性是否可以、是否应该进入有偿工作领域？尤其当她们离开了作为其根基与价值所在的家庭。

农村女性

长期以来，女性与农田劳作息息相关。第二次世界大战前夕，法国有近一半的女性还处于务农的状态。世界各地中，农村女性也无疑占据绝大多数，尤其在非洲、亚洲和拉丁美洲。

然而她们是最为沉默的女性。在父权社会的等级制度中，她们很少抛头露面，常常埋没于群体、家庭、乡村生活日常与劳作之间，于是她们游离于历史之外，这种历史多由民族学家所撰写，也是我们对农村女性了解的来源。在法国，有民族学会及其期刊《法国民族学》(*Ethnologie française*)，也有民间艺术和传统博物馆，其中展示着农村女性的乐器、家具、服装和头饰，尽管这些宝贵的证据真实存在，女性却仍被定格在完美的姿势与服装中，远离她们艰苦的日常生活。研究农村女性的学者有玛蒂娜·谢嘉伦（Martine Segalen）、阿涅斯·法恩（Agnès Fine，西南地区）、安妮·吉尤（Anne Guillou，布列塔尼地区）、伊冯娜·韦尔迪埃（Yvonne Verdier）……维尔迪埃尤其关注两性在农村劳作与文化中各自角色的问题，可惜她过早离世，但其著作堪称领域中的一座里程碑。她在勃艮第地区进行了长期的调查，围绕米诺村（Minot）探讨当地女性的作品《说话和做事方式：从洗衣妇到女裁缝、厨娘到接生婆》[1]细致展示了这些女性在日常生活运作中所扮演的角色，以及她们如何通过身体和液体（如水、血液、牛奶）这些极具象征意义的媒介传递动作和知识。

有关农村女性的第一手材料屈指可数，举例来说，有1910年玛格丽特·奥杜的《玛丽-克莱尔》（*Marie-Claire*），1975年雅克·埃利亚（Jakez Elias）出版的《骄傲的马》（*Le Cheval d'orgueil*），1988年乔

1　巴黎，Gallimard 出版社，1979 年。

尔·吉莱（Joëlle Guillais）收集的《拉·贝尔特》(*La Berthe*)的回忆。贝尔特是法国西北部佩尔什（Perche）的一名农村女性。还有一些小说具有民族学价值，如乔治·桑最早刻画了一批乡村女性角色：瓦伦丁（Valentine）、珍妮（Jeanne）、娜农（Nanon），还有著名的小法德特（Petite Fadette）。在绘画领域，画家通常以传统方式描绘农村世界，从勃鲁盖尔（Brueghel）和勒奈（Le Nain）再到让-巴蒂斯特·米勒（Jean-Baptiste Millet），他们的素描价值可以比肩《晚祷》(*L'Angelus*)[1]，而梵高的著名画作《吃土豆的人》(*Mangeurs de pommes de terre*)也不乏粗犷。当（文学）涉及土地，表现主义手法占据主导地位，由地方主义和政治意识形态所产生的刻板印象层出不穷，而女性成为这些表现的主要载体。这在左拉的小说《大地》中一览无遗。

当冲突引发诉讼时，会出现一些非同寻常的声

---

1 《晚祷》(*L'Angélus*)是法国巴比松派画家让-弗朗索瓦·米勒（Jean-François Millet）最著名的作品之一。这幅作品描绘了一对农民夫妇在远处教堂钟声响起时，站在农田中央，放下手上的工作，虔诚祈祷的情景。让-巴蒂斯特·米勒是让-弗朗索瓦·米勒的弟弟，两人之间相差 17 岁。——译者注

音。将它们作为研究的撬杆，意义便凸显出来。例如伊丽莎白·克拉弗里（Élisabeth Claverie）和皮埃尔·拉梅松（Pierre Lamaison）[1]，他们对热沃丹（Gévaudan）地区进行了研究。该地区试图坚持长子继承权和联姻制度，以维护家庭的整体主义，但这种家庭主义又不可避免地被个人主义所撕裂，其中女性是积极的参与者。此外还有像安尼克·蒂利尔对19世纪布列塔尼地区杀婴女性的相关研究也极具意义。

不过这些记载依旧太少了。我们祖辈的女性，之前三到四代都生活在村庄里。但随着村庄的消失，她们也逐渐消失了。正如我们所看到的一些老照片，拍摄于结婚当天或丈夫赴军队前一天，尤其在1914年那一年。照片上的她们聚在一起，和丈夫一同穿戴得整整齐齐。而当夫妻分居、丈夫服兵役或参加战争期间，他们之间也鲜有通信往来。于是还未来得及收集她们的记忆，她们便离开了。我的曾祖母阿加特（Agathe）是波瓦提人，目不识丁，但她会纺麻布。她仅给我留

1　伊丽莎白·克拉弗里和皮埃尔·拉梅松，《不可能的婚姻：热沃丹地区的暴力与亲属关系》（ L'Impossible Mariage. Violence et pauvreté en Grévaudan ），巴黎，Hachette出版社，1982年。

下一台破旧的纺车，而可惜的是，我在一次搬家中把它给弄丢了。

日常生活

农村女性的生活，受到家庭需求和农业周期的支配，有非常明确的角色分工与空间划分。男性主要负责农耕与集市交易，而女性则负责照顾家庭、饲养牲畜、种菜浇园。就像佩雷特（Perrette）一样，她们会把产品拿到集市上出售。她们会根据年龄和家中地位在田地工作，参与各类庄稼收割，如收土豆、摘葡萄，经常弯腰劳作或背负重物。因此老农妇通常是驼背的女人，她们照顾牛群、喂养奶牛并挤奶，制作手工山羊奶酪也是她们的活儿。正如法国谚语语那样："没有女人，就没有奶牛，也就没有奶；没有母鸡，就没有小鸡，也就没有鸡肉和蛋。"农村女性总是忙忙碌碌，先要操心家人的温（织布纺衣）饱（为自己和家人做饭），有可能的话，还要在农村市集（食品和纺织市集）上给家里赚取一些外快。农村女性很早就开始为外部纺织，或在家制作蕾丝花边（比如在普伊、阿朗松或贝约地区），有人会到村庄上门收货。尤其在 17

世纪之后，随着宫廷和城市对奢侈品的直接需求大幅增长，女性开始（通过其劳动）进入贸易领域。

以夫妻关系（家庭）为基础的农村社会有着非常分明的等级，这种等级存在于两性之间（主人是男性），也存在于女性之间：女主人管理着整个家庭。她关心女儿，担心她们的交友与嫁妆，后者算是母女间首要的继承方式[1]。她负责全家的衣物，洗衣日宛如一场庄重的仪式。她照顾年迈的父母，对这种长期在同一屋檐下的生活不能说是完全不情愿，但也感到越来越难以忍受。她监督女用人，因为后者会经常受到主人、男用人的骚扰或侵犯，特别是当发现她们的腹部在围裙下开始逐渐隆起时。这些女佣来自农村最贫困、最脆弱的阶层，这些家庭难以养活她们，于是将其抛弃。

对于女性来说，这种艰苦的生活有自己的仪式与乐趣，她们所蕴藏的力量通过目光与言语来施展，颇为强大。在教堂里，她们最为热诚；在市集上，她们

1　阿涅斯·法恩，《嫁妆，一种女性文化？》（*À propos du trousseau, une culture féminine?*），收录于米歇尔·佩罗（主编）《女性史是否可能？》（*Une histoire des femmes est-elle possible?*），马赛，Rivages 出版社，1984 年，第 156—180 页。

经营着小买卖；在洗衣房内，女人们彼此交谈，借着洗衣说着悄悄话。男人们害怕洗衣房里的闲聊，因为那如同在进行着审查，关系着一个人的声誉。在夜晚，老妇人们讲述的故事传递着乡村间的传说与琐事。但很快，年轻的外来移民凭借他们带来的都市传说取代了老一辈的陈词滥调。根据马丁·纳多（Martin Nadaud）的《莱昂纳德回忆录》(*Mémoires de Léonard*)[1]，老富诺兹（Fouénouse）奶奶在利穆赞村庄的壁炉边变得沉默寡言，但要知道，先前的她可是通过讲故事为村庄带来了生机。这部回忆录堪称是 19 世纪移民对性别关系产生影响的鲜活见证。

伊冯·韦尔迪埃所做的调查研究超过三十多年。在米诺小镇上，女性如同"祭司"一般在身体文化中扮演着重要角色。洗衣女工们通过衣物就可以窥探秘密，仿佛那些衣服就是夫妻夜晚生活的记事本。女裁缝是城市与乡村间的中介，也是带来奢侈和欲望的诱惑的知心人。每年冬天她们会迎接那些即将满 15 岁的

---

1 马丁·纳多，《前砌砖工人莱昂纳德的回忆录（1895）》(*Mémoires de Léonard, ancien garçon marçon 1895*)，巴黎，Hachette 出版社，1976 年。

女孩，教她们制作"marquette"[1]为自己的嫁妆做准备，同时也向她们传授女性的生活秘密。厨娘们呢，传承着乡村的美味佳肴食谱，"热心大姐"似的出现在生命中的各种重要场合——洗礼、婚礼与葬礼，守护家庭的记忆，见证家庭中的冲突。譬如父母辈们无法就婚礼餐单达成一致时，她们便试图调解。女性还会还给助产士搭把手，或在需要时替她工作。她们还是殡葬师，为死者梳洗，守护他们最后的旅程。然而三十年前，这样的文化开始衰落。如今这样的女性已荡然无存。

乡村和女性生活的变化

乡村生活和女性生活表面上看似一成不变，但由于市场、通讯、工业化、教育、农村人口外流、战争等因素，实则发生了较大变化。尤其是第一次世界大战后，农村丧失了大量年轻男性，部分工作与权力转移到了女性身上。于是她们学会了耕种、管理农场等原来只有男性才能操作的事情。上述因素改变着家庭的平衡、性别的关系，也改变了女性的生活。

---

1 法语中指嫁妆中的床上用品。——译者注

农村人口外流不仅影响了那些留在乡村的女性，而且导致了一些人尤其是年轻女性离开了乡村而成为外流人口。她们的父母通过牧师、城堡主或表亲将她们安排在农场或城市中担当女佣，甚至将她们安排在工厂中。法国东南部、阿尔代什和里昂地区有不少的丝绸加工厂、纺纱厂和织造厂——这些老板效仿美国波士顿附近的洛厄尔市，通过招募工人形成了工厂宿舍城市。此类工厂宿舍引起了道德家的兴趣，因为他们认为那是维持女性平衡的理想状态，还引起了调查者，如阿尔芒·奥迪甘（Armand Audiganne）、路易·雷博（Louis Reybaud）[1] 的注意，他们对寄宿制的工厂进行了详细的描述。这些工厂雇佣最低年龄只有14 岁的年轻女性。为了消除这些女孩所在的农村家庭的顾虑，这些寄宿工厂还会委托修女来进行监管，甚至设立了专门的修会，其规章制度颇为详细，纪律严

---

1 阿尔芒·奥迪甘，《法国工人人口和工业》(*Les Populations ouvrières et les industries de la France*)，巴黎，Capelle 出版社，2 卷，1860 年；路易·雷博，《制造业中的制度研究：丝绸工人的状况》(*Étude sur le régime des manufactures*)。巴黎，Michel Lévy 出版社，1859 年。

格，宗教活动也是强制性的。年轻女孩们会在那待上几个月，其间不回家，而她们的工资被直接支付给她们的家人。这种贡献为人称赞，也提高了女孩在家庭经济中的地位和价值。

这种寄宿劳动体制在欧洲许多国家（如瑞士、德国），以及世界其他地区都有存在过。在东亚，尤其是在日本、韩国和中国，这种体制以更严格的形式存在，尽管现在已经变得略为宽松了。在中国，这种劳动体制非常普遍，相关报道也展现了女工们的勤劳和艰苦。

年轻女性一旦离开农村，便难以再回去。要知道城市与火车的召唤令人身不由己。玛格丽特·奥杜讲述过她如何一时兴起前往巴黎的经历。那时她刚刚失去在索洛涅牧羊[1]的工作，陪着妹妹去车站，"车站人员在站台上一声声地喊道：'前往巴黎的旅客，请往

---

[1] 索洛涅绵羊（solognote）是法国中部地区索洛涅地的一种小规模古老绵羊品种，体型中等、拥有褐色皮毛和淡棕色羊毛，肉质美味。该绵羊品种的数量在文艺复兴时期随着羊毛贸易的发展而增加，并在很少时期内成为当地农民的主要收入。后因其他生产方式以及狩猎活动的发展，该品种逐渐衰落，甚至濒临灭绝。——译者注

前走！'而就在那一瞬间，我看到了巴黎，高楼林立，宛如宫殿，屋顶高耸，直入云霄"。于是她也登上了火车。在修女孤儿院里她学会了缝纫，接着进入缝纫车间，好比她在另一本小说《玛丽-克莱尔的工作坊》（*L'Atelier de Marie-Claire*）中描述的那样。大多数的女工人来自乡村，把小城镇作为中转站，然后再来到大城市。同样，在让娜·布维耶（Jeanne Bouvier）那里，我们可以读到几乎如出一辙的故事，而且故事的发展情节也颇为一致。

这些（农村）年轻女性也是潜在的迁徙者，因为她们渴望过上更好、更自由的生活。受过教育的女性常常更渴望从事邮递员、教师等职业。为此，她们参加师范学校考试，这对她们中的大部分人来说都是一个珍贵的机会。此外她们还渴望整洁且有隐私的生活，而农村的住房无法给予她们这些。她们常常是连载小说的读者，虽然渴望其中梦幻的爱情，但也并非将其视为婚姻的终极目标。20 世纪，许多农村男性找不到妻子，单身人数剧增。这都说明，农场需要变得更为舒适，家庭中需要停止父权，才能让女性留在农村。

20 世纪下半叶，像罗丝-玛丽·拉格拉夫（Rose-

Marie Lagrave）所撰写的《地球上的她们》[1]那样，现代女性自己开车、使用支票簿、管理农场财务，甚至会开拖拉机[2]、积极参与社团组织或工会活动。妮可·诺塔特是洛林地区农民的女儿。她曾是一名教师，最初从事特殊教育工作，后来加入法国民主劳工联合会（CFDT），并在1968年的五月风暴中担任要职。甚至后来还有女性领导过青年农民联盟。如今法国的农业已仅剩无几，从事农业的人员仅占法国总人口的4%。时过境迁，农村也在慢慢消失。

家务劳动

家务劳动是社会生活最为基础的工作，保证着社会运转和人类繁衍，对于女性生活来说也至关重要。

---

[1]　罗丝-玛丽·拉格拉夫，《大地之歌：农业女性，一个职业的政治发明》（*Celles de la terre. Agricultrices, invention politique d'un métier*），巴黎，EHESS 出版社，1987 年。

[2]　原著在文中解析：比如在法国中部拉佩尔什（Perche）地区，尽管那里存在不少男权主义，但在乔尔·吉莱（Joëlle Guillais）不少小说中描写过相关的情节。尤其见《愤怒的田野》（*Les Champs de la colère*），巴黎，Robert Laffont 出版社，1998 年。

家务劳动重重地压在了女性肩上，令她们承担起巨大的职责；家务劳动也深刻地影响着女性的身份认同："贤妻良母"、能干的家庭主妇。这被塑造为女性的典范、良好教育的象征，是男人们梦寐以求的那种伴侣，也是女性学习、效仿的对象。"家务劳动"这个标签几乎贴在了所有女性的工作上：女性总被认为是家庭主妇。人们对于一名完美的秘书期待也是如此：要会插花，要照顾好老板。至少在乔西安·平托（Josiane Pinto）描述的老式办公室工作中，高等秘书就是这样的角色。

家务劳动，始终抑制、抵抗着性别平等的发展进步。男女之间很少分担家务。家务具有这些典型特征：隐形的、带有流动性和弹性。这是一项体力劳动，尽管现代技术有所发展，但仍是一项技术机械化程度较低的工作。家务的首选工具仍然是抹布、铲子、扫帚和拖把。自远古时代的洞穴到现代社会的廉租楼房，家务亘古不变，只不过在实践方式与执行者方面有了些变化。

从事家务的人一般有三类：家庭主妇、女主人、女佣（后被家政女工所替代）。

家庭主妇

18 至 19 世纪，人们开始意识到家务劳动在家庭与社会生活中的重要性。"贤惠的家庭主妇"成为家庭经济或教育方面所建议和指导的对象，后来还出现了培养家庭主妇的专门学校，尤其在那些重视培养工人妻子的大工厂中，例如巴黎理工学院毕业生埃米尔·谢松（Émile Cheysson）在勒克勒佐（Le Creusot）所领导的¹工厂。经济学家和伦理学家常常将普通家庭主妇视为经济与家庭平衡的关键，把她们作为研究对象。弗雷德里克·勒·普莱（Frédéric Le Play）及其学派对典型家庭进行了深入调查，研究他们的生活预算和家庭主妇的管理方式。这些"家庭专题报告"成为有关家务劳动和普通家庭内部的重要文献，例如第二帝国时期《巴黎木工的妻子》（*la femme du charpentier de Paris*）向我们展示了女性的日常生活与劳作。

普通家庭通常居住在一个两居室的小住所里，带

---

1 勒克勒佐（Le Creusot）是法国中东部城市，位于索恩-卢瓦尔省中部偏北。它是法国重要的工矿业城市之一，如施耐德电气最初建于此地，此外阿尔斯通、赛峰等跨国企业也在此设有工厂。——译者注

个小厨房。妻子负责家务、洗衣、购物，并以最节省的方式准备饭菜（如炖菜比烤肉更常见），给丈夫与两个孩子制作和修补衣服。要知道这两个孩子是她所生下的六个孩子中幸存的。此外，妻子不仅是家庭的"医生"，还兼任"财政部长"，掌管着家庭的所有预算。丈夫每周会把工资交给她保管：这在法国较为常见，不过在英国、德国则少得多。毫无疑问这是妻子施压的结果。发薪日也是诸多家庭发生争吵的日子。此外，妻子可能还通过跑腿或帮邻居洗衣赚一些零花钱。和大多数家庭主妇一样，她特别看重这份额外收入。攒二十年之后，她便可以租或买一台胜家牌（Singer）缝纫机，在家中从事制衣工作。这种家庭作坊的劳动体系被称为 sweating system（榨取式劳动制度），对女性来说极其耗费精力。19世纪末到20世纪初，女权主义者和改革者们对此进行了抗争。虽然家庭主妇总是任务繁重，但普通家庭还是更倾向女性在家而非去工厂工作。即使对法国总工会（CGT）来说，这也是值得捍卫的理想。假如家庭主妇不再恪尽职守，那么夫妻关系与家庭便会陷入困境。这便是左拉1878年《小酒店》中绮尔维丝（Gervaise）悲惨故事的源头。

小资产阶级家庭主妇

邦妮·史密斯和安妮·马丁-福吉尔（Anne Martin-Fugier）[1] 笔下描述的女性面临着不同的担忧，但相比普通家庭的女性，她们至少不必再为金钱发愁。她们依赖丈夫提供的生活费，但这也是引发争吵的根源。左拉在《家常事》中便揭示了这一点。小资产阶级家庭主妇负责照顾家庭的方方面面：打理房屋、公寓，洗涤衣物，安排餐食，照顾并教育孩子，此外还组织家庭聚会，打理社交活动。即使是最普通的小资产阶级女性，也拥有自己的沙龙和专属的"社交日"，仅仅根据财力大小丰俭有所不同而已。对于有女儿待嫁的家庭妇女来说，这种社交活动可能是件煞费苦心之事。

（原则上）主妇负责管理孩子尤其是女孩，以及用人们。如何管理好用人是她最大的烦恼。在贵族和

1　邦妮·史密斯，《法国北部的市民阶层》(*Les Bourgeoises du nord de la France*)，同前引；安妮·马丁-福吉尔，《市民阶层：保尔·布尔热时代的女人》(*La Bourgeoise. Femme au temps de Paul Bourget*)，巴黎，Grasset 出版社，1983 年重印版。1988 年。

富裕的中产阶级家中，用人的数量依然相当可观——我们在《追忆似水年华》中可以看到用人在社会生活以及叙事中的重要性；但在小资产阶级家庭中，用人往往简化到只剩一个"万能女佣"，女主人们像抓住救生圈一样依赖女佣。"有人伺候"可以说是身份地位的象征，一旦"无人伺候"了便意味着地位的下降。

这些女性常常被困于家务的窘境内，一边培养出与家务劳动、生育相关联的女性神秘主义，一边低声吟唱魏尔伦（Verlaine）的诗句："平凡简单的生活，是充满爱意精心挑选的结果。"[1]孩子让她们感到欣慰、满足。编织和刺绣之类的日常琐事让她们忙碌并深感有意义，因为这些"工作"已成为社会价值中不可或缺的一部分。还有些女性从事慈善事业，关心贫困人群，乐善好施。不过她们有时在家中会以专制的方式行使自己的权力。例如弗朗索瓦·莫里亚克（François Mauriac）的小说中描绘有不少专横母亲的形象。

还有些女性在温暖的家庭环境中成长，就像

1　原文为：La vie humble aux travaux ennuyeux et faciles. Est une oeuvre de choix qui veut beaucoup d'amour。

简·奥斯汀所描述的那样。但日常生活就像一本永无止境的小说，充满了曲折和意外。还有一些女性脾气暴躁，或带些忧郁，好比弗吉尼亚·伍尔夫笔下的女主角，永远等待着不会到来的事。家庭主妇也是一种充满风险和变数的女性身份状态。

家庭用人

家庭用人的大部分家务劳动是有报酬的。直到1914年战争爆发前夕，女佣仍是女性的主要就业领域。家庭用人跟其他雇佣工作者有所不同。她们有吃有住，会不定期领到"工钱"。如果打破了餐具或损坏了衣物，部分工钱可能会被克扣。她们的工时几乎是无穷无尽的，休息日也常常没有保障，尽管周末休息制度在当时也已有了发展。除开劳动时间与劳动力度，她们的个人身份甚至身体也常常被迫融入工作中，超越雇佣关系，形成私密个人关系。

家庭用人存在诸多种类：厨娘、女佣、洗衣女工、厨房帮工，还有全能女佣。她们各自的地位与工资均不等同。这些家庭用人大多来自农村（如在巴黎有很多布列塔尼女孩），年纪轻轻就被父母安排做用人，但常常被过度剥削。她们以残羹剩饭为食，栖身于肮脏、拥挤且供暖不足的房间，那里是肺结核的温床。由于缺乏社会经验，无论是在家中还是外面，她们很容易成为猎物，轻易被主人儿子或周六晚舞会上的男子所诱惑。几句花言巧语，便让这些女佣"怀上孩子"，成为"抽屉里的小丑"（这是当时的俗语，指未婚先孕）。一旦怀了孕，她们便会遭到解雇。当然，不可否认，有时她们也会遇到好的女雇主，留下美好的回忆。还有一些女仆，省吃俭用，成功积攒到一笔嫁妆，成为有债务的男工人们追求的对象，当然她们也不乏无债务男工的追求。女佣的工作导致她们的生活要么上升，要么堕落。无论如何，家庭女佣很容易就变得声名狼藉，尤其在巴黎梅毒的风险下，成为"毒瘤"。于是越来越多的外省人不再愿意把女儿送到像巴黎这样的城市里了。自1914年之后，家庭用人变得越来越少。"再也不想伺候别人了"成了一种普遍的抱怨。更何况，在公立医院或工厂中有着更多谋生的机会，而且女性被更加友好地对待、受到新兴劳动法的保护。

"女仆"消失了，取而代之的是家政女工。她们常常从移民中招募，包括西班牙人、葡萄牙人、非洲人和亚洲人。这些人在文学中留下印记：福楼拜《一颗简单的心》(*Un Coeur Simple*)中的费莉西泰（Félicie）是一个让人感动的人物；奥克塔夫·米尔博（Octave Mirbeau）笔下的女仆，算得上是最放荡不羁的；1906年开始在《苏泽特周刊》(*La Semaine de Suzette*)连载的漫画人物贝卡辛（Bécassine），则是惨遭嘲讽挖苦的女仆形象；在《女佣们》(*Les Bonnes*)一书中，热内（Genet）再现了一具悲剧性案件：帕潘姐妹谋杀了她们的女主人，还将后者的眼睛挖了出来，然而她们姐妹俩看起来如同天使一般。如此疯狂的杀戮行为背后的原因是什么？她们也许是无法容忍女主人的蔑视，也许是不堪家务的重负，但真相永远无从得知。

家务劳动是否发生了变化？

是的。在某种程度上来说，家务劳动消失了。家佣危机和家务艺术，被冷冻工业与机械工业彻底改变了。在两次世界大战期间，吸尘器被称为"电动女佣"，吸引了众多的家庭主妇。1950年代左右，由社会主义者儒勒·勒布雷顿（Jules Lebreton）构思，并获得法国国家科学研究中心（CNRS）支持，吸尘器在巴黎大皇宫举办的家政艺术展上受到大力推广。充分表明了社会希望推广一种职业化的家庭主妇的形象：优雅的女人，一边吸烟，一边用吸尘器打扫房间，同时还像工程师那样管理着厨房。

事实上家务工作本身也已经减少许多，但对孩子们的管教（包括他们的健康、学习以及娱乐方面）取代了家务工作。尽管家务劳动仍在女性的日程安排中，仍占据着同等重要的位置。然而，男人们参与家务的情况在近二十年时间里变化甚微，仅仅只有几个百分点的改变。作为家务社会学家、家务行动理论家，让-克洛德·考夫曼通过衣物、锅碗瓢盆来观察夫妻之间的关系。他敏锐地观察并分析，男性对熨烫衣物与其他家务的抵触，在日常生活中持续存在的性别角色问题[1]。

这种物质与精神的结构长期存在，并挑战着历史。

1　让-克洛德·考夫曼，《婚姻的结构：通过衣物来分析夫妻关系》(*La Trame conjugale. Analyse du couple par son linge*)，巴黎，Nathan 出版社，1992 年，Pocket 出版社，1997 年；《全心投入：家庭行动理论》(*Le Cœur à l'ouvrage. Théorie de l'action ménagère*)，巴黎，Nathan 出版社，1997 年，Pocket 出版社，2000 年；《锅碗瓢盆：爱与危机——烹饪透露的秘密》(*Casseroles, amour et crises. Ce que cuisiner veut dire*)，巴黎，Armand Colin 出版社，2005 年。

工厂女工

工业化使女性劳动的问题凸显出来。与男性工人相比，女性进入制造业、工厂，意味着更加天翻地覆的变化。家务工作与在工厂中长时间劳作这两者如何平衡？

男性工人害怕来自女性工人的竞争，马克思也说过，这些女性"后备军"将不可避免地将工人工资拉低。一个男人要想被人看得起，必须能够养活家人，还应有一名待在家中的主妇。同时，工厂污秽、男女混杂的环境似乎并不适合女性。为此米什莱写道："工厂女工：一个伤风败俗的词。"1867年的一次工人代表大会上，有代表宣称："木材和金属归男人，家庭和纺织品归女人。"这似乎是对世界进行物质与象征意义上的一个巨大划分：男人是坚硬的，女人是柔软的。

工厂

纺织业是女性在工厂和车间中主要的就业领域。第一次工业革命时期，在曼彻斯特、鲁贝、米卢斯，她们大批进入纺纱厂和织布厂。1838年，维勒梅

（Villermé）医生看到她们在工厂门口外忧心忡忡地排着队，时常还被孩子围绕。她们的工作有着不少相同的特征。

首先，这些工作都是临时的，女工们并不会一辈子待在工厂里。她们进厂时很年轻，甚至过于年轻，仅仅只有十二或十三岁，直到要结婚或初次生育之时才会离开；等孩子长大后，她们可能会再次回到工厂，必要时甚至带孩子一起过来。这可以说是一份反复循环、没有职业发展前景的工作。看看那些老明信片吧，照片中女工们的青春在厂区门口展现得一览无遗。这是20世纪初最早记录工人的摄影照片。

其次，这是些低技能、单调、被简化为几个重复动作的工作，其工作节奏却非常快。最开始，一名工人负责照看一台纺织机，进而增加到两台，到后面，一个人同时负责多台纺织机。机器通常没有安全防护，暴露在外，为此事故频发——手指或手部被切断。工人一天的工作时间非常长：在工业化初期长达14个小时，1900年左右降为10个小时。休息时间很少。此外，工作环境较为恶劣，通风不畅，供暖不足或异常酷热；没有休息空间；没有餐厅，女工们仅在油腻的机器之间捧着自带的饭盒就餐；没有更衣室，去洗手间更是一个问题。女工们总是被怀疑在工作区间吸烟、闲聊或浪费时间。工厂的纪律严苛，工作中稍有延迟、缺席或瑕疵便会被罚款处罚，使本来就微薄的工资变得更少。此外，纺织工是一项身不由己的工作。工头和监工认为自己可以对这些年轻女工为所欲为。性骚扰成为罢工的原因之一。

纺织业的罢工颇为频繁，女工们多为跟随者，而非罢工领导者。她们很少甚至几乎没有加入工会，也没有人会对她们进行过多的工会宣传和鼓励。不过法国东南部的丝绸工厂是个特例，因为那里的年轻女子越来越难以忍受修道院式的寄宿监管。20世纪初的系列大规模罢工中涌现一些杰出的女领导人，如露西·鲍（Lucie Baud）。她还留下过一篇颇为罕见的简短自传[1]。

在食品工业、化工工业中从业的女性较多。烟草制造厂因为有着国家保障（有着较高的社会保障、退休金）而备受追捧：女性在那拥有了真正的职业发展

---

1 米歇尔·佩罗，《露西·鲍的证词：丝绸女工》(Le témoignage de Lucie Baud, ouvrière en soie)，载于《社会运动》(Le Mouvement social)，第 105 期，1978 年 10—11 月，第 133—138 页。

机会，常常出现女承母业的情况，而且工会化程度高。然而，在冶金、机械制造或更加技术化的"男性职业"中，女性比例很少。在印刷业中，男性工人们甚至反对女性的介入，认为那会贬低他们的行业水平，因为印刷、书籍行业是高贵的职业，应该是男性的。

第一次世界大战改变了一切：在法国和英国，女性替代了男性在后方工作，因为男人们被征召到了前线。大量"弹药女工"的到来（在法国约有三十万人）迫使工厂加快了男女劳动分工的速度，并重新规划了工厂空间，包括建立哺乳室、引入女监工，工厂在此期间对女工的报告成为研究者了解"工厂女性"[1] 的宝贵资料。

两次世界大战之间，越来越多的女性进入工厂，这成为不可逆转的过程，尤其在那些泰勒制化[2] 的汽

1　安妮·福柯（Annie Fourcaut），《二战期间工人的女工》（*Femmes à l'usine dans l'entre-deux-guerres*），巴黎，Maspero 出版社，1982 年。贝蒂·阿尔布雷特（Bertie Albrecht）是一名监工。
2　法语"泰勒制化"（Taylorisé）一词源自"泰勒制"，即弗雷德里克·温斯洛·泰勒（Frederick Winslow Taylor）提出的科学管理理论（Scientific Management）。他是 20 世纪初美国的一位管理学者，他的管理思想的提出被认为是现代管理学的开端。其思想通过系统化、科学的方法提高工厂和工人的生产效率，并在工业管理方面带来了深远影响。——译者注

车工厂和生产线。西蒙娜·薇依没有遇到什么困难便被雪铁龙公司雇用了。雇佣女性工人成了非常普遍的现象。她们追求更长的职业生涯，仅在产假间略有中断，于是这些产假开始受到法律的保护。女工们在此期间经历了人民阵线（Front populaire）运动[1]。在示威活动中，越来越多的女性参与进来，她们留着短发，占领工厂、管理食堂，在晚会上翩翩起舞。有些女性相当勇敢，甚至开始发表讲话。有照片展示了她们向同伴发表慷慨激昂的演讲的场面。

第二次世界大战后，新兴的机电和电子行业吸纳了一批女性劳动力，但这些女性接受的职业教育过于狭隘，因此缺乏就业适应力。例如莫宁克斯（Moulinex）公司推出一款号称"解放女性"的土豆泥压榨机，在其下诺曼底地区扩建工厂，三十年后工厂关闭，这对于那里的女工来说是一场悲剧，因为除此以外她们没有其他技能。弗兰克·马格卢瓦（Franck

---

Magloire）在著作《女工》(*Ouvrières*)[1] 中讲述了他母亲的故事。这是一部横跨 1950 年代至 1980 年代有关女性工作生活的少有的见证，其中充满了希望与失望。女性工人的时代终结了吗？从全球范围看，这肯定尚未结束，只不过在法国，工厂已不再是普通女孩的未来了。

缝纫女工

20 世纪 50 年代，许多年轻女孩仍在接受职业教育，并获得裁缝"专业能力证书"(CAP)。但这个定位颇为模糊的文凭对她们已没有太大用处了，除了在装配工厂中，裁缝可能还算是个颇受欢迎的手工技能。女性的灵巧手工被吹捧，好像这是一种天赋。这种"天生优点"，实际上是通过耐心以及"非正式"的学习所获得的，然而这种"非正式"学习过程被归结为"女性技能低"，反而成为降低女性薪酬的借口。因为女性擅长钢琴，人们认为女性天生也会使用打字

1　弗兰克·马格卢瓦尔，《拉图尔代格，女工，黎明》(*La Tour-d'Aigues, L'Aube*)，2003 年；还可以看到莉斯·范·德·维伦 (Lise van der Wielen) 的自传小说《来自平原的丽丝》(*Lise du plat pays*)，由弗朗索瓦丝·克里比耶 (Françoise Cribier) 出版，里尔，Presses universitaires 出版社。

机——仅仅只不过把琴键换成键盘而已——所以最早一批打字员几乎都是女性。

纺织业在长达几个世纪里为女性提供了大量的就业机会。这与西方社会发展阶段，以及服装布料在我们文化中的重要性息息相关。无论在宫廷还是在城市中，蕾丝饰边、丝绸装饰与饰带都是奢侈的象征。第一次工业革命是纺织业的革命。19世纪更为奢华，那是织物、女性内衣和胸衣、时尚的黄金时代。在这些带动下，各种各样的职业得以发展：洗衣女工、衬衫制作工、饰带制作工、胸衣制作工、内裤制作工、花艺羽饰师、帽子设计师、刺绣工……有数十种不同的专门职业。这还没有算上衣物清洗维护行业，如洗衣女工和熨衣女工等等。大概有四分之三的女性，工作岗位在巴黎。每个城市都有自己的裁缝作坊，而每个小镇都有自己的女裁缝。女裁缝成为重要的人物、女性的知己，也是连接首都和外省间的桥梁，令"巴黎的时尚"成为当地人的标杆。在摩洛哥的瓦尔扎扎特，二十五年前我们仍能看到一家名为"女性乐园"（Au bonheur des dames）[1]的服装店。尽管这是在摩洛哥殖民

---

[1] Au bonheur des dames 是左拉的一部小说，有一定法国时尚背景，描绘的是19世纪巴黎百货公司的兴起。——译者注

地化之后，尽管该地处于沙漠的边缘地带。

人们常说女孩是"手握针线"出生的。实际上，她们每个人都是从她们的母亲、修女缝纫室或村镇的裁缝那里通过学习才掌握了缝纫。那些心灵手巧的女孩完成外省的学徒期后，技艺更加娴熟，于是来巴黎找工作，辗转多家裁缝作坊或服装店，不断提高自己的地位。博内夫（Bonneff）兄弟描述了巴黎缝纫女工的艰苦条件；罗杰·孔瓦尔（Roger Convard）是一名花艺羽饰师的儿子，他再现了母亲的生活；让娜·布维尔、玛格丽特·奥杜[1]讲述了她们作为纺织女工的经历。这些是颇为珍贵的对女性工作的点滴记录。尽管如此，人们对这缝纫女工的认知还存在很多矛盾之处，

---

1 雷翁和莫里斯·博内夫兄弟（Léon et Maurice Bonneff），《工人的悲惨生活：对工业工人经济和道德状况的调查》(*La Vie tragique des travailleurs. Enquêtes sur la condition économique et morale des ouvriers et ouvrières d'industrie*)，巴黎，Rouff 出版社，1908 年；让娜·布维耶，《内衣和女内衣工人》(*Lingeries et lingères*)，尼奥尔市，Saint-Denis 印刷厂，1928 年；玛格丽特·奥杜，《玛丽–克莱尔的工作坊（1920 年）》(*L'Atelier de Marie-Claire* (*1920*))，巴黎，Grasset 出版社，系列《红色笔记本》(*Les cahiers rouges*)，1987 年。罗杰·孔瓦尔的故事是首次公布于大众。

要么把她们想象成悲惨的"灰姑娘"、要么把她们形容为轻佻天真的"小姑娘"（midinettes）[1]。

　　玛格丽特·奥杜描述的玛丽-克莱尔的工作坊是一家家庭工作坊，位于蒙帕纳斯附近，由一对刺绣师夫妇经营。女工们都很年轻，来自法国的各个省份。住在巴黎顶楼的小房间里，她们时常从事两份职业，在物质和感情生活上都困难重重，不过也拥有相当的自由。其中有不少因"被诱惑而遭抛弃"的女孩，因为意外怀孕而滞留于此。在工作坊里，淡季（春夏）与旺季（秋冬）交替。为了满足各大时装品牌的订单与顾客的喜好，她们不得不彻夜加班，有时候甚至要依靠咖啡和鸦片来维持精神。然而刺绣工作坊的生活仍算是相当愉快的。女工们意识到自己在从事着一份"美好的工作"，她们相互分享着各自的冒险经历，欢乐地唱着歌。可女工们不得不面对的压力是，工作坊不断进行机械化以提高产量，对人力的需求下降。而老板去世后，老板娘没能再跟得上大型服装公司的竞

1　midinette 最早的含义是 19 世纪末到 20 世纪初的巴黎时装店的年轻女店员。——译者注

争和节奏了。

这些大公司直接雇佣独立在家工作的缝纫女工。这些女工用贷款购买了辛格牌缝纫机，每周将缝制好的衬衫小部件送到装配车间去。早晨，在公交车上，时常还有女工在抓紧时间缝制裤脚。这种不分昼夜的"劳动压榨"的工时被无限延长。女工们经常久坐不动，且饮食不良。人们戏称的"裁缝的排骨"其实不过一块布里奶酪，她们常常以此充饥[1]。一场结核病便能轻易地夺去她们的生命。医生们和女权主义者对此深感担忧。还有如亨丽埃特·布朗-德拉马尔（Henriette Brunhes-Delamarre）等人组织了一个社会消费者联盟，倡导富有的顾客要有预见性，保持耐心，以减少对女工们所施加的压力。其他人，如玛格丽特·杜朗和让娜·布维耶，她们于 1907 年创建了女性劳动局。在进行详细调查后，她们提出了一项关于制定集体合同协议的法案提议。该法案提议于 1915 年投票通过。这是第一项有关性别的法律，具有很强的创新性。

战争期间军工厂提供了新的女性就业机会。在家

1　为方便阅读，添加隐藏信息。——译者注

工作的方式不再受欢迎，无法恢复起来了，在纺织业中也不例外。无论是好是坏，女性都愿意有一份工作，成为女工或打字员等。

第三产业的新职业：女雇员、女教师以及女护士

而今，第三产业对于所有人来说都是一个就业增长的领域，尤其对于女性而言。大概有四分之三的女性在第三产业中工作。她们从事的大多数工作均带有家庭与女性特征，比如需注重外貌与形象，强调所谓女性特质的作用，包括奉献精神、乐于助人、友善等。至少直到20世纪八九十年代都是如此。在此之后，信息技术革命改变了格局，也改变了性别在就业中的分布：工作更为技术化、孤独化的同时也更为男性化。那么两性在工作中更为平等吗？这还有待观察。

让我们来探索一下广义的第三产业"职业"范围，如人们所说，这是"适合女性的职业"。

女雇员

女性长期以来一直在商业领域工作，无论是在家

庭内部还是外部，如在餐馆、旅馆中担任女招待，但也涉及如卖淫之类的活动，因为这些公共场所的声誉并不好。到了19世纪，新的变化是大型百货公司的兴起。

起初，商店员工都是男性。第二帝国时期，他们还曾进行罢工以反对雇佣女性员工，认为那是对这一职业的贬低。然而之后他们摇身一变成了部门主管，女性员工作为他们的下属被其监督。这堪称一种很典型的性别分离方式，目的是"限制或消除"性别间的竞争。商店的规定非常严格：女售货员必须是单身，服从纪律，而且工作时间内绝对不能坐着。直至20世纪初，"座位法"的通过才允许她们可以坐下。此外，她们的工资很低，一些主管甚至私下暗示年轻新员工需找个"保护人"。尽管如此，销售员这一职业因工作环境整洁且温暖，并拥有像左拉在《妇女乐园》中所描述的奢华氛围，具有很大的吸引力，吸引了大量的申请者，有时必须要有推荐才能录取。于是很快，这个行业变得女性化且组织化。1936年，女性已占大型商店工作人员的多数，有些人甚至在那儿过夜，当然这显然成了各种不雅玩笑的素材。如今，超市里的收银员可以说是典型的女性工作岗位之一。

办公室的女职员出现得更晚些。19 世纪，男性担任抄写员、会计、秘书等职务，他们依仗受过些教育，唯恐失去自己的特权。巴尔扎克、莫泊桑和乔治·费多翁（Georges Feydeau）描绘过这些无所事事的"文职官员"及他们的自负。在女性进入这些岗位时，尤其在公共部门和机构，他们均表现得很不友好。例如，在涅夫勒省直至 1930 年才引入打字机，在此之前行政部门的员工一直拒绝打字机，因为他们害怕为此不得不招录女打字员[1]。

实际上，机械化与女性化是相辅相成的。曾有广告牌这样写道："没钱嫁女怎么办？送她们去皮吉埃职业学校（École Pigier）[2]。"类似的广告在一些没落的小中产阶级家庭中颇受欢迎，尤其在第一次世界大战

---

[1] 吉·图伊耶（Guy Thuillier），《19 世纪法国讷韦尔省的日常生活史》（*Pour une histoire du quotidien au XIXe siècle en Nivernais*），巴黎，EHESS 出版社，1977 年，第 191 页。

[2] 皮吉埃职业学校是一家成立于 1850 年由 Gauthier Pigier 在巴黎创办的职业培训学校，专注于为年轻人和成年人提供商业和管理技能的教育，强调实用技能和职业导向，以其在商业、管理和文秘等领域的职业教育而闻名。——译者注

之后，因为他们正寻找适合自己女儿的体面而干净的工作。

邮政服务业也非常适合女性。在乡村，邮局往往交由军官或公务员的遗孀打理。这些"居家型邮政接待员"一边编着毛衣，一边盖着邮戳。而在城市里，"邮政小姐"则站在柜台后面服务，以避免与公众的直接接触。她们之中有的还被分配负责做电话接线服务，普鲁斯特曾赞美她们充满魅力的嗓音。男人们并没有阻止这些女性的就业，因为他们得到了更为有利的工作调动。根据这种常见的过程，可见女性不总是男性的竞争对手。

另一个女性就业的领域是护理病患，这项工作以前由医院和收容所的修女负责。19世纪50年代中期的克里米亚战争改变了这一情况。英国女子弗洛伦斯·南丁格尔（Florence Nightingale）为战斗中备受折磨的军队组织了一支护理队，其招聘条件和纪律要求非常严格。因为英式护理的招聘面向中产阶级，并且需要相关资格的认证，所以薪水较为可观。

可惜这不是法国所采取的方式。1880年左右，激进派的医生伯恩维尔（Bourneville）开始对巴黎医院进行世俗化改革。他选择了女性看护的模式，但这些女看护并没有多少资质，仅仅是医生的助手。她们通常很年轻、单身，工资收入微薄，往往被要求住在工作地点，并接受监督。这种修女般的模式让她们倍感压力。许多应聘的布列塔尼女性，更加倾向于在医院提供服务，而不是在资产阶级家庭内工作。

之后，受到南丁格尔的启发，在基督新教徒的推动下，私立护士学校得到发展，如波尔多护士学校。获得培训和文凭，这是获得认可资格与更高薪水的关键。这套护士职业教育系统也将护理服务从家务转向结合医学知识与身体护理知识的真正职业。[1]

至于女性是否能成为医生，那是另外一回事。男人们抵制女性进入该行业。最早的女医学生是俄罗斯、波兰女性，其中大多数是犹太人，她们在东欧的大学开始学业。19世纪末她们被驱逐，而后在伦敦、苏黎世或巴黎继续相关学业，常常选择妇科为学习对象。1914年之前，她们在法国仅只有几百人左右。白兰

---

1 我想在这里向玛丽-弗朗索瓦丝·科利耶尔（Marie-Françoise Collière）致敬，她是里昂国际高等护理教育学院（1965—1994）的创始人，她发展了这个观点。

雪·爱德华兹-皮利埃（Blanche Edwards-Pilliet）[或称为玛德琳·佩莱蒂埃医生（Madeleine Pelletier）]，她是首位通过精神医师考试的女性。她穿着男装、抽着雪茄，致力于让该职业更为女性化。此外她还积极支持女性应有避孕权和堕胎权。但 1938 年她被起诉，关进了精神病院，第二年在那里过世。

所幸并非所有女医生都遭遇了这样悲惨的命运。目前医生这个职业已经大幅度女性化。即使在那些享有盛誉的领域中，如外科或麻醉科，也出现了不少女性。

我们来聊一聊与此平行的女性法律职业历史。1899 年以前，女性从事需要公开发言的律师职业是不被接受的。直到此后通过了一项法律，才允许让娜·肖万（Jeanne Chauvin）作为女律师首次进行法庭辩护。1900 年 12 月 26 日，巴黎的《小报》(*Le Petit Journal*)在头版刊登了同样是女律师的索菲·巴拉霍夫斯基-佩蒂（Sophie Balachowsky-Petit）宣誓就职的报道，这是一件意义非凡的重要事件。1900 年至 1917 年间，一共只出现了十八位女律师，女性在法律界出头的进展相当缓慢。但女律师们，如玛丽亚·韦罗内（Maria Vérone）、苏珊娜·格兰贝格（Suzaune

Grinberg）、伊冯·内特（Yvonne Netter）等人，在当时的女权运动中发挥了积极的作用，以争取平等的权利，尤其是选举权。直到1946年4月11日的另一项法律，才迫使法官这一职位开放给法国的女性。今天，女性在律师行业中占据了近一半的人数，但她们的存在仍未完全改变这个行业。女性想要担任法庭主席（1997年女性比例为13%）或检察官（1997年女性比例为11.5%）仍然存在阻力[1]。

女教师和女教授们

勒贝卡·罗杰（Rebecca Rogers）[2]在她的研究中

1　安妮·波娃尧乐（Anne Boigeol），《女性进入司法界的困难与身体的女性化》（ *De la difficile entrée des femmes dans la magistrature à la féminisation du corps* ），收录于克里斯汀·巴贺、弗雷德里克·肖沃（Frédéric Chauvaud）、米歇尔·佩罗、雅克·G.佩蒂（Jacques G. Petit）（主编），《19—20世纪刑事司法中的女性与正义》（ *Femmes et justice pénale, XIXe-XXe siècles* ），雷恩，大学出版社，2002年。

2　勒贝卡·罗杰（Rebecca Rogers）（主编），《教育中的性别融合——过去和现在的挑战》（ *La Mixité dans l'éducation. Enjeux passés et présents* ），巴黎，ENS出版社，2004年，吉纳维芙·弗赖斯序言。

讲述了教育行业在过去两个世纪中的种种变迁。而今，女性人数在幼教、初中教师、高中教师和高校教师中的占比分别为98%、78%、56.7%和34%（但其中教授仅占16%）。因此，不同教育层次的女性比例也大不相同。教育中的女性化是一个复杂的过程，与孩子的年龄以及人们对学习的理解相关。在过去，男性似乎更适合教育工作，要知道共和国的"黑衣轻骑兵"[1]只能是男性。费里法案[2]的通过强制男女平等地接受义务教育，虽然此时还提倡男女分校，但已经大大开放了对女性的招募渠道，因为需要女性来教导孩子，尤其是女孩。女子师范学校的出现使得这个职业对于来自小资产阶级、工人阶级和农村的女孩来说，

1　Hussards noirs（意为黑色轻骑兵）是法国历史上的一个比喻性称呼，用来形容第三共和国时期的小学教师，尤其是男性教师。——译者注

2　费里法案（Loi Ferry）是指法国在1881年和1882年通过的几项重要教育立法，以当时法国内政部长兼教育部长儒勒·费里（Jules Ferry）为命名。该法案主要规定了免费教育、义务教育、世俗教育，对法国的公共教育系统产生了深远影响，标志着现代法国公共教育体系的诞生，被视为推动教育普及和现代化的重要里程碑。——译者注

成为一种身份的象征，也是一种值得追求的目标。然而，女教师的工作条件是艰苦的。1897 年雷翁·法毕叶（Léon Frappié）在《乡村女教师》(L'Institutrice de province)中描绘了一个较凄惨的女教师形象。她们常常单身，薪酬也比男性少，还经常被任命到偏远地区，受到不信任、怀疑，饱受孤独，尤其在政教分离的年代。在一些地区，比如布列塔尼，人们不会原谅那些反对神父的女性，认为她们本应是神职人员的"天然"盟友。

尽管如此，雅克和莫娜·奥祖夫[1]的研究表明，教师行业是一个相对平等的环境。1920 年，教师成为第一个被法国法律规定必须实行男女同工同酬的公共行业。此外，教师夫妇越来越普遍，这也是共和国理想家庭的典范，就像左拉在《真相》(Vérité)中所描绘的那样。不过这仍带有父权主义色彩：丈夫代表启蒙，面对妻子的迷信，他必须使她皈依共和国精神。长期以来，女教师一直是积极的社会活动者，致力于女性

1　雅克和莫娜·奥祖夫，《教师共和国》(La République des instituteurs)，巴黎，Gallimard 出版社，1992 年。

的教育（维多利亚·蒂纳伊尔 Victoire Tinayre[1]），投身社会主义活动甚至革命，如路易丝·米歇尔。在第三共和国时期，她们参与了工会运动（如玛丽·吉约 Marie Guillot），为女权主义运动提供了骨干，还有的支持避孕权和堕胎权，并直面法庭。女教师是女性中第一批知识分子。

即使是女教授，数量也比以前更多了。当然最初她们人数较少，更加个人主义，较为孤独。女教授往往被视为入侵者，遭受男人的蔑视，还被鄙称为"小脑袋瓜"（cerveline）[2]，正如天主教作家科莱特·伊维尔（Colette Yver）所写的那样：这些（没有婚约的）女人，无法实现她们作为女性的命运。尽管如塞夫尔（Sèvres）或丰特奈（Fontenay）等高等师范学校有着声望很高的女校长，但她们并没有拥有与巴黎大学乌

---

1 克洛德·施科尔尼克（Claude Schkolnyk），维多利亚·蒂纳伊尔（1831—1895）。《从乌托邦社会主义到无产阶级实证主义》（Du socialisme utopique au positivisme prolétaire），巴黎，L'Harmattan 出版社，2000 年。
2 cerveline 在法语带有明显的贬义色彩，用来形容那些被认为过于聪明、知识渊博，甚至有些"书呆子气"的女性。——译者注

尔姆街[1]上男性教授们比肩的声誉。女学生们大部分时间都花在级别较低的科目考试上，除了哲学是个例外（如波伏瓦在 1924 年考入巴黎高等师范学院哲学系）。她们的唯一出路是去高中教书。女子高中类似世俗的修道院，朴素而灰暗。年轻女教师的生活并不总是很愉快：玛格丽特·阿龙（Marguerite Aron）和让娜·加尔齐（Jeanne Galzy）有着较为忧郁的回忆。在大学里，尤其在巴黎，女性仍然被视为"不受欢迎的"。1930 年代左右，索邦大学拒绝推选德语学家珍妮维夫·比昂基（Geneviève Bianquis）为学院的负责人，尽管她比竞争对手更为优秀，理由是不应该让一个女人的声音响彻学生大礼堂。1914 年之前，第一位在索邦大学受聘的女教授是科学家玛丽·居里（Marie Curie），而在 1947 年，第一位在文学领域受聘的女性

---

1 巴黎大学乌尔姆街（La Rue d'Ulm）位于巴黎的第五区（5ème arrondissement），处在巴黎著名的拉丁区（Quartier Latin），这是巴黎历史上以知识分子聚集而闻名的区域。该地区集中了许多著名的教育机构和文化中心，包括巴黎高等师范学校（École Normale Supérieure, ENS）、巴黎索邦大学（Sorbonne）、法兰西学院（Collège de France）以及各种高等学府和图书馆。此外，乌尔姆街也象征着法国知识分子精英文化。——译者注

是玛丽-简·杜里（Marie-Jeanne Dury）。

第二次世界大战后，情况发生了根本性变化。如今教育行业是一个女性化程度很高的行业，人们常说这是"适合女人"的行业。但这并不一定是个好兆头，要知道性别的相对均匀分布才是平等的保证。

性别因素在第三产业中不断变化、施加影响，塑造了当今的女性就业版图。女性的参与表明她们在求知方面取得了进步。然而，在责任与权力的等级构架中，尤其在公共部门中，依旧存在着性别的不平等。

女演员

演员这个职业"适合女性"吗？

是的，乍一看确实如此。女人擅长表达情感，会模仿和表现，会用声音和身体诠释内容，会扮演他人的图像和声音。这是致力于表象的女性本质。

但另一方面，女性并不适合做演员。正如卢梭在给达朗贝尔的信中那样写道："一个展示自己的女人是在自取其辱。……大胆就是她羞耻的标志。"成为女演员，就意味着违背了贞操，进入了可疑的风流圈子，甚至涉嫌卖淫。塞吉尔伯爵夫人（La Comtesse de Ségur）[1]也曾警告那些喜欢表演戏剧的小女孩："伊奥兰德小姐，没教养，没智慧，没心肠，也没有信仰，长大后成为一名女演员，死在了医院里。"这意思是：女孩子们可要小心！

事实上，基督教对演员的确不友善，长期以来将他们逐于教会之外。直到1849年，迫于共和国和索瓦松公会的压力，法国教会才宣布停止这种驱逐行为："对于戏剧表演者和演员，我们不将他们列为无名誉者或逐出对象。"然而，如果他们所演的剧目有不虔诚或淫秽之嫌，那么教会将拒绝他们领取圣礼。演员们处于边缘，并受到监控。君主们利用这些演员，但对他们也持警惕态度。例如拿破仑，他热衷

---

[1] 塞吉尔伯爵夫人，原名索菲·费奥多罗夫娜·罗斯托普钦（Sophie Feodorovna Rostopchine），出生于1799年俄罗斯圣彼得堡，是19世纪法国著名的儿童文学作家。她以温暖、幽默和教育意义丰富的儿童故事而闻名。她的作品对法国文学，特别是儿童文学的发展起到了极大的作用，主要作品有《苏菲的烦恼》（Les Malheurs de Sophie）、《好孩子们的故事》（Les Bons Enfants）、《小女恶魔》（Les Petites Filles Modèles）等。——译者注

于戏剧，并加强了戏剧学院的地位。但直到1852年的宪法，戏剧演员才被视为普通公民。这点足可证明他们是被边缘化了，何况，这种边缘化对女性的影响更大。

事实上，词汇的选择本身拥有多重含义。女演员一词象征了虚伪，象征了一个有各种花边故事的女人，而女舞者代表着奢侈，只有富有的男人才可能买得起奢侈品。在英国，莎士比亚被视为国家的天才，因此英国的戏剧从业者的待遇与其他国家的大相径庭。那里的戏剧演员可以被封为贵族，女演员被尊称为女士。在法国以及拉美国家，妓女的阴影一直笼罩在女演员身上，挥之不去。在左拉笔下，金发、丰满的娜娜是一位多才多艺的演员，她在大街小巷的剧院中备受追捧，也是一位交际花，不过她代表了女性的堕落与道德的沦丧，尽管她是一位好母亲。她的结局与塞吉尔伯爵夫人所叙述的"伊奥兰德小姐"那样，狼狈不堪。

然而19世纪是女演员、女歌手以及女舞者逐渐融入社会的一个重要时期。安妮·马丁-富吉尔（Anne Martin-Fugier）在她的书中对这个过程进行过描述，这本书专门讨论了女演员的生存状况与职业化问题[1]。在大多数情况下，女演员来自普通或贫困家庭，不少都是为继承父母行业（所谓"戏班子"）的子女，比如歌手雷切尔（Rachel）是一名德国犹太小商贩的女儿。这名小商贩对音乐充满热爱，于是将女儿托付给了一名音乐学院教授。歌剧院的"小舞者"们被母亲安排在了"歌剧院母亲"的监护下，那是为孩子们所找的"保护者"。莎拉·伯恩哈特（Sarah Bernhardt）起初并不想成为一名戏剧演员，但被她的母亲逼着去了戏剧学院，因为那里提供了一种获得资质与认可的保证。从戏剧学院带着"奖章"毕业的人，有望进入法兰西喜剧院，那可是等级森严的剧院体制的巅峰。而对于那些没有名头的人，则被称为"给乡下的垃圾"。

但并不是每个人都有出人头地的机会。其实大多数人都是在实践中学习，并试图通过辗转于不同舞台来提高自己的地位。除了演技，外貌、关系和人际交往也起着重要作用，如一篇优质评论（报纸的作用举

---

1 安妮·马丁-富吉尔，女戏剧演员。《从玛尔斯小姐到萨拉·贝恩哈特》（*De Mlle Mars à Sarah Bernhardt*），巴黎，Seuil 出版社，2001 年。

足轻重），可以让女演员跻身名利圈。此外，女演员的"首次登台"更是重中之重。

女演员的生活条件艰苦，合同也相当严苛。看看一名年轻女戏剧演员于 1914 年在巴黎签署的文件。她承诺："一旦导演有要求，无论何时何地，甚至在省外或国外，早晚都要进行演奏、唱歌、跳舞或扮演任何角色，不分性别或职位，即使同一天在不同的剧院表演多次。"她每天必须练习五十行台词，必须在剧院待到开演前半小时，即使不参加演出也是如此。而所有这些仅仅是为了获得每月 200 法郎的薪酬，只有在同一场剧目中演出超过一幕剧时，她才能得到薪酬。如果她生病了，便没有了薪酬。这里，我不再详细赘述。不过我想强调的是：她们必须住在巴黎，且住处距离剧院不能超出十五分钟的路程。这意味着她们鲜有自主性，而且生活境况不如人意。当然演员职业也有其他的好处，如她们有很丰富的社交，甚至拥有一个充实的家庭生活。女演员们有诸多情人，也有长期稳定关系。她们有孩子，"几乎都是充满无限温柔和英雄勇气的母亲。……在任何地方，血缘关系都没有在戏剧演员家庭中那样紧密"，乔治·桑这样写道。她认为这些戏剧演员组建的家庭有一种令人羡慕的家庭生活模式。

在外省的巡回演出异常艰辛。玛丽·多瓦尔（Marie Dorval）曾这样描述："我一生都在旅馆中度过，总是在赶路，充满了劳累、混乱、箱子和服装。这些衣服乱七八糟地堆放在我的房间里，那是令人讨厌的排练日子，与愚蠢演员一起度过的日子。"要知道玛丽已经是明星了。而对于其他人来说，情况只会更糟糕。破旧的小旅馆，肮脏的剧院，没有卫生设施的后台，没有通风与供暖——即使对于最强壮的人来说，感冒也经常发生。雷切尔在美国巡演获得巨大成功后不久，于1857年在尼斯死于肺结核。根据巴尔扎克的说法，演员的生活就像是"旋转木马的生活"。当然女演员的情况在20世纪已有了巨大的改善。在《流浪女》中，科莱特谈到了她的巡演、同伴关系，以及在酒店房间中的孤独感，但即使如此，她也带着些愉悦，因为她认为自己的职业是获得独立的一种方式。

这个行业竞争激烈，且等级分明。歌剧演员比戏剧演员地位更高，悲剧女演员比喜剧女演员地位更高，芭蕾舞主角比伴舞演员地位更高。舞台上的明星们（如 Marie Dorval、Julia Bartet、Pauline Viardot、Rachel、Sarah 甚至 Yvette Guilbert）与咖啡厅驻唱歌手之间存在着天壤之别，当然这些明星对于行业声望做出了贡献。雷切尔对自己的表演有着很高的要求。她的角色给人们留下了长久而深刻的印象，并激发了艺术的灵感，正如 2004 年犹太艺术与历史博物馆举办的展览中所呈现的那样。

尤其是莎拉·伯恩哈特（Sarah Bernhardt），她改变了女演员的地位。她的成功使她不仅在经济上，更是在日常生活中都要求极高。她的包厢布置得优雅舒适，她在巴黎市中心夏特莱广场上营造的剧院在今天被称为"城市剧院"。她拒绝男性的殷勤，因为意识到男性过于主导的那一面。她要求受到充分考虑与尊重，自称是女权主义者，但并非妇女参政主义者，关心薪资的平等以及亲子关系方面的权利。此外，她还为德雷福斯和左拉而奔走呼吁。

伯恩哈特不算是那种"现代女演员"。她不喜欢"北方剧作家"，也没有演绎过易卜生、斯特林伯格和契诃夫的作品。她更喜欢雨果戏剧《吕布拉斯》（*Ruy Blas*），尤其是爱德蒙·罗斯坦（Edmond Rostand）的戏剧。她曾扮演"远方的公主";56岁时，她还穿着保罗·普瓦莱（Paul Poiret）的服装出演了戏剧《雏鹰》(L'Aiglon)。她演了上千遍这个角色，成为颇受欢迎的明星，成千上万张明信片上都印有她的形象。她的外貌令人印象深刻，是现代风格的新女性的化身。她的生活方式也令人着迷。在欧洲和美洲进行盛大巡演时，她会带有庞大的随行团队，例如1880—1881年出访美国时，她带了32人与42个行李箱。"我热衷于这种冒险的生活。"她这么说道。她的生活方式也令人向往：居住在豪华的公寓中，其中摆放着自己喜爱的饰品以及兽皮。她的勇气尤为令人钦佩。尽管她截肢后只剩下一条腿，但仍然继续出演《雏鹰》。她常说，"永不停止，否则死亡"，其座右铭是"无所不可"。她有着道德说教的一面，正如在1896年的庆典上她对自己的评价："我是道德说教艺术的资深倡导者，也是诗歌忠实的守护者。"一战期间，她的爱国情感达到了巅峰，成为国家的赞美者。

1923年伯恩哈特去世，3月23日，拉雪兹公墓中举行了盛大的葬礼，甚至有人还提议将她葬入先贤祠。数万人跟随她的灵柩穿越巴黎，共和国的官

员代表们走在前面。这与两个世纪前（1730 年 3 月
20 日）女演员阿德里安娜·勒库夫勒尔（Adrienne
Lecouvreur）那秘密的葬礼形成了鲜明的对比。这位
著名的女演员是伏尔泰朋友，但教会仍拒绝给她提供
基督教葬礼，于是仅在塞纳河岸的奥塞码头附近，人
们在夜间草草地将她埋葬了。安娜·马丁-福吉尔巧妙
地将上述两个葬礼进行了比较，以说明女演员状况发
生的变化。

　　女演员得到了更好的尊重，即使在上流社会中
也是如此，如玛蒂尔德公主接待起女演员来毫不犹
豫，20 世纪 20 年代，女演员塞西尔·索雷尔（Cécile
Sorel）会在家中接待共和国的上层社会人物。那时
的女演员已成为一种被大众所接受并受人尊敬的职
业。卡尔·马克思的女儿埃莉诺·马克思（Eleanor
Marx）也是一名女演员，扮演过《玩偶之家》中"诺
拉"一角。但因她是埃莉诺·马克思并且是在伦敦这
个更为先进的城市。诗人马塞琳·德博尔德-瓦尔莫
尔（Marceline Desbordes-Valmore）、记者和女权主义
者玛格丽特·杜朗、东方学家亚历山德拉·大卫-尼尔
（Alexandra David-Neel）、科莱特……她们在职业生涯

初期都是演员。她们都是反传统的女性，与传统的女性形象相差甚远。她们都为使女演员成为独立的职业作出了贡献，尽管其家庭仍然表现出一些抵触。凯瑟琳·德纳芙（Catherine Deneuve）、伊莎贝尔·于佩尔（Isabelle Huppert）、让娜·巴利巴尔（Jeanne Balibar），她们在进入高等师范学校后选择了演员这一职业，从某种意义上说，她们是前人的追随者。

同样的话也适用于舞蹈演员。对此，我想提醒大家一下，目前巴黎郊区庞丹市维克多·雨果街1号上成立了一家全新的国家舞蹈中心。这座建筑由两位女建筑师进行翻新设计，她们因该项作品于2003年获得了"银角尺奖"，这是法国建筑领域最高的奖项。中心主任克莱尔·鲁西耶（Claire Rousier）坚持要以"舞蹈中的女性建构（17世纪—18世纪）"为主题举办一次展览，作为中心的开幕式。这显然是女性在职业上的一次进步。

男女关系的演变在舞蹈领域也表现得颇值得玩味。舞蹈起初是男性专属的，而女性是边缘人物，与杂耍演员、杂技演员一起出现。莎乐美为了砍下施洗约翰的头颅而跳舞，象征着女性的黑暗面。"每次我们

跳舞时，施洗约翰的头就会被砍下"，意大利作家贝
尔纳迪诺·达·费尔特（Bernardino da Feltre）这么写
道。之后，在 18 世纪的舞蹈中，女性的地位得到了肯
定。不难想象这是浪漫主义的芭蕾起到了作用，它超
越了时代，对女性身体的理想化和女神崇拜的兴起起
到了推动作用。于是，性别角色发生了逆转。

现代舞蹈被赋予了女性化的含义，人们认为男人
跳舞已经不合时宜了。跳舞成为一种女性化的表现。
正如英国电影《跳出我天地》(*Billy Elliot*) 所展示的
那样，普通工人阶级家庭对性别的刻板印象尤为强烈，
于是家人们抵制儿子成为舞者的愿望。

在马尔塔·格雷厄姆（Marta Graham）、默斯·屈
南冈（Merce Cunningham）等编舞家的影响下，后现代
舞蹈消解了旧有的等级制度，模糊了性别认知的界限 [1]。

于是在剧院的舞台上，性别关系以两种方式演
绎着。

1　安妮·苏凯（Annie Suquet），《场景——跳懂的身体：感知的
实验室》(*Scènes. Le corps dansant: un laboratoire de la perception*)，
见让-雅克·库尔丁（Jean-Jacques Courtine 主编），《身体史》(*Histoire
du corps*)，卷 3，《目光的变迁：二十世纪》(*Les Mutations du
regard. Le XXe siècle*)，同前引，第 393—415 页。

第五章 城市中的女性

城市中的女性，这是本书有关女性史的最后一章主题。长期以来女性与空间和时间对抗，与历史事件、战争以及政治对抗，因为上述领域都将女性拒之门外。女性的集体行动，尤其在女性主义中，呈现各种各样的方式，这些方式是女性当代行动的重要形式。女性与他者、女性与世界，都是特别宽广与复杂的主题，而我仅在这里做个简单的概述。

移动中的女性：迁徙与旅行

首先，我要谈的是女性与空间的关系。

乍一看，女性似乎被禁锢在空间之中。深居简出是女性的美德，这是一项与土地、家族和家联系在一起的女性的责任。佩涅洛普（Pénélope）和维斯塔贞女（Les Vestales）[1]是古代女性忠诚的楷模，她们是等待与守护的人。对于康德来说，女人就意味着家庭。家庭法则确保了理性的胜利，它根植于女性心里并约束着女性，消除她们一切逃避的意愿[2]。因为女性是一个潜在的强有力的叛逆者，是一团跳跃的火焰，需要抓住它，防止它逃脱。

封闭、囚禁女性的形式层出不穷：闺房、后宫、封建城堡中的女眷房间［见让娜·布兰（Jeanne Bourin）的畅销小说］、修道院、维多利亚式住宅、妓院……此外，女性需要被保护，隐藏她们的诱惑力，遮盖她们的面容。古希腊哲学家毕达哥拉斯曾说："女性在公共场合总是那么不合时宜。"而卢梭在给物理数

1　佩涅洛普是古希腊神话中的人物，尤利西斯（奥德修斯）的妻子，始终保持对丈夫的忠贞。维斯塔贞女是古罗马负责守护圣火的女祭司，她们是女神维斯塔（Vesta）的侍奉者，职责是守护位于罗马城的维斯塔神庙中的圣火，保持它永不熄灭。这两类女性都象征着特定的美德：佩涅洛普代表忠诚与家庭责任，而维斯塔贞女则象征着宗教责任和国家的稳定。——译者注

2　贝纳尔·埃德尔曼（Bernard Edelman），《康德之家》（*La Maison de Kant*），巴黎，Payot 出版社，1984 年。

学家达朗贝尔（d'Alembert）的信中这样写道："任何抛头露面的女人都是在自取其辱。"出现在公共场合中的女性，行走、移动中的女性，都让人深感不安。

公众男性（homme public）意味着荣誉，公共女性（femme publique）则指向一种耻辱含义，如街头女孩、站街女、妓女。男冒险家是现代的英雄[1]，女冒险家则被视为一个令人不安的生物。这些词语的不对称折射出人们的忧虑。对于行动中的女性，尤其是独自一人的女性，人们总是心存怀疑。一些酒店为维护自己的声誉曾拒绝接待女性顾客。弗洛拉·特里斯坦（Flora Tristan）便在她的法国之旅中，在南法经历了颇为痛苦的遭遇。于是在 1835 年，她主张建立"为外国女性提供良好接待"的住所。

然而，女性不会停下脚步。她们走出家门、进行旅行、参与迁徙。得益于交通工具的研发，19、20世纪西方人口流动增加。其中女性人数可能不及男性，但也不容忽视。首先，女性是农村外流人口的

1　西尔万·维奈尔（Sylvain Venayre），《冒险的荣耀——现代神秘主义的起源》（*La Gloire de l'aventure. Genèse d'une mystique moderne*），1850—1940 年，巴黎，Aubier 出版社，2002 年。

一部分。在将妻子带到巴黎之前，利穆赞地区的泥瓦匠们其实已经带着村里的女性一起出来，让她们在巴黎拉佩路（Lappe）[1]的住所里给劳工们做饭。农村家庭安排女儿们当女仆、工人或城市家庭的用人。她们被安置在那里，受到管控，一旦企图逃跑或改变工作而被发现，比如离开主人的女管家或女仆，或换了工作坊的女裁缝，就会被剥夺自由。而在《玛丽-克莱尔的工作坊》中，女裁缝的流动率跟男性一样高。让娜·布维尔是一名女裁缝，1879 年她与母亲一起来到巴黎。与奥地利同行阿德莱德·波普（Adélaïde Popp）一样，她的手艺高超且敏捷。这两名女裁缝都非同寻常，各自成为工会活动家，并留下了非凡的自传[2]。

---

1 拉佩路是巴黎的一条街道，位于巴黎十一区，毗邻巴士底广场附近的罗盖特路（rue de la Roquette）。19 世纪，这条路上陆续开设了许多咖啡馆、酒吧、夜总会。而今该条路仍然以夜生活为闻名，是巴黎底区的核心。——译者注

2 让娜·布维尔，《我的回忆，一名女工 59 年的工业、社会和知识分子活动（1876—1935）》（*Mes Mémoires ou Cinquante-neuf années d'activité industrielle, sociale et intellectuelle d'une ouvrière（1876—1935）*），1936 年，丹尼尔·阿尔莫加特（Daniel Armogathe）和马伊特·阿尔比斯图尔（Maité Albistur）的新版，巴黎，Maspero 出版社，1983 年；阿德莱德·波普，《一个女工日记》（*Journal d'une ouvrière*），巴黎，Maspero 出版社，1979 年。

这给城市和社会运动带来了莫大的鼓励。城市往往被描绘为让女孩与女性堕落之地，但常常也是让她们有机会摆脱沉重的家庭束缚、摆脱那没有未来的乡村的地方。她们来到城市，逃离包办婚姻，获得自由恋爱的婚约，一点点提高社会地位。城市是冒险与机遇并存之地，是命运开放之地。这是一场美丽的逃离。

此外还有一种劳动移民是女家庭教师（英文表述有 Miss，德文称为 Fräulein，法文为 Mademoiselle）。她们出身贫困但受过良好教育，多出生于新教徒的资产阶级家庭，博学有礼，举止得体，但在小说里她们常常被描绘为阴谋家，游走在欧洲各地。尤其在 1830 年和 1848 年革命失败后，大量知识分子和政治人士因此流亡，其中涉及不少女性。玛尔维达·冯·梅森堡便是其中较为典型的例子。她从汉堡前往伦敦，在那照顾亚历山大·赫尔岑（Alexandre Herzen）的女儿们，随后她跟随她们一起去了巴黎，再是意大利的佛罗伦萨与罗马。她留下了《一名女理想主义者的回忆录（1869 年和 1876 年）》，这是 19 世纪欧洲大陆内部移民群体经历的重要见证。

另外一名流亡者亨丽埃特·勒南（Henriette Renan），她为了给她的弟弟埃内斯特（Ernest）攒够上学的费用，在波兰居住了多年。而俄罗斯流亡者通常前往巴黎，比如尼娜·贝尔贝罗娃（Nina Berberova, 1842—1845），在巴黎的经历为其后来的作品积累了丰富的素材。流动性最大的是那些为躲避大屠杀而被迫逃亡的犹太女性，她们在伦敦、苏黎世、巴黎或纽约继续学业并谋生。这些年轻女性目标明确，"我不仅仅想要工作或金钱，我还要自由。"一名犹太女性移民抵达纽约时这样说道。艾玛·戈德曼（Emma Goldman）[1]的回忆录堪称一个范例，那就是将旅行作为个人解放与政治实践的手段。

19世纪有着更大规模的移民活动，这在性别上存在着不对称性。男人们独自前行或作为先锋出发。女人们有时候会加入他们，或从不加入。女性的到来是

---

1 《一位无政府主义者的史诗，从1886年纽约至1920年的莫斯科》(*Épopée d'une anarchiste, New York 1886—Moscou 1920*)，巴黎，Hachette出版社，1979年（英文译为法语）。

永久移民的一个迹象。借助政府政策，20世纪家庭团聚政策得到发展。女性保持着传统的习惯。例如在洛林地区的矿山和钢铁工业区中，意大利妇女保留了皮埃蒙特地区的传统做法，就像西西里人在纽约的小意大利区所做的那样；犹太人散居在全球各个地区；今天的法国随处可见葡萄牙女性、非洲女性。在第二代移民中，女孩通常是融合的决定性因素。她们渴望平等与现代化；无论是内外里表，女性移民在剑拔弩张的矛盾中，都发挥着至关重要的作用。正如"国立移民历史城"博物馆[1]应该为女性移民给予应有的地位。这座博物馆位于巴黎镀金门宫（Porte Dorée）里面，那里原本是非洲和大洋洲国家艺术博物馆的所在地。

不同时代的女性出于各种原因旅行，相比男性少了些自由和冒险，因为她们的旅行需要更多理由，受到更多的框架约束，需要获得更多的支持。

来看看几名女性旅行家的例子。加拿大美国历

---

1 国立移民历史城（*Cité nationale de l'histoire de l'immigration*）是一座以移民史为主题的博物馆，位于巴黎十二区。——译者注

史学家娜塔莉·泽蒙·戴维斯[1]曾叙述玛丽亚·西碧拉·梅里安（Maria Sybilla Merian，1647—1717）的故事。她是一名德国新教徒，其父母为画家与雕刻家。在阿姆斯特丹时，她加入异端教派"拉巴迪斯特"；随后她前往位于圭亚那的荷属殖民地苏里南地区。在那里，身为昆虫学家的她受热情驱使，仔细观察昆虫并进行绘制。她总是生活在昆虫嗡嗡声之中。1679年和1705年，她分别出版了两本关于毛虫的书，《毛虫与特殊花朵的奇妙变化》和《苏里南昆虫的变态记录》。尤其是在写作后一本书的过程中，有关昆虫的变态过程让她如痴如醉。准确细致的插图使得梅里安声名鹊起，她不仅作为一名女艺术家而闻名，而且获得了作为女科学家的至高荣誉。然而，她本人并没有因此获得更多的支持。因为人们怀疑，一名单身女性能做出如此严肃的科研吗？此外，戴维斯还追溯了与梅里安类似但有着不同经历的另一名女性：玛丽·马丁（Marie Martin）。她出生于法国图尔，成为寡妇后，她

---

1 娜塔莉·泽蒙·戴维斯，《犹太人，天主教徒，新教徒》（*Juive, catholique, protestante*），同前引。

加入了乌尔苏林修女会。她不顾儿子的担忧，反而劝他接受她的这种自我牺牲。于是她被派遣至新法兰西给"野蛮人"进行传教，在那里她学习了阿尔冈昆语。

受到殖民扩张的影响，不少女性被天主教、新教吸引，投身于传教工作中。这使她们的奉献与旅行夙愿得以合理化。19世纪，许多人参与了圣西门派的传教活动，这些女性成为积极的社会主义者，具有使徒精神并倡导相对平等的理念[1]。她们前往法国各地传教。在她们的带动下，女社会活动家弗洛拉·特里斯坦（Flora Tristan，1803—1844）[2]于1844年进行了一次"环法之旅"，呼吁工人们团结起来，组建一个"工人联盟"。这次环法旅行条件极为艰难，即便对这位

1　苏珊娜·沃尔坎（Suzanne Voilquin），《圣西门主义者在俄罗斯的回忆录1839—1846年》（*Mémoires d'une saint-simonienne en Russie, 1839—1846*），巴黎，Des femmes 出版社，1977年。

2　弗洛拉·特里斯坦是19世纪法国的社会主义者、女性主义者和社会活动家。特里斯坦出生于巴黎，父亲是秘鲁贵族，母亲是法国人。1839年著有《工人之旅》一书，呼吁建立国际工人联合会，以争取工人阶级权利和妇女解放而闻名，被认为是早期的社会主义女性主义者之一。她还是著名作家保尔·高更的祖母。——译者注

曾游历过秘鲁并在伦敦调查过工人状况的女旅行者来说也是致命的[1]，导致她于这一年的 11 月 14 日在波尔多女性职业教育家创始人多儒勒和埃莉莎·勒蒙尼埃（Jules et Élisa Lemonnier）的家中去世。六十年后，路易丝·米歇尔[2]在她的巡回演讲途中于马赛过世。女性社会活动家的旅行堪称一场巨大考验。

　　探险之旅同样充满着危险，她们需要面对舆论的挑战并动用一切资源。19 世纪，旅行吸引了许多自由

1　弗洛拉·特里斯坦，《(1837 年）一个贱民的漫游》(*Pérégrinations d'une paria*（*1837*）)，巴黎，Maspero 出版社，1979 年；《(1840 年）在伦敦漫步》(*Promenades dans Londres*（*1840*）)，巴黎，Bédarida 出版社，弗朗索瓦·贝达里达（François Bédarida）版本，1978 年；《环法之旅》(*Le Tour de France*)，巴黎，Maspero 出版社，斯蒂芬·米肖（Stéphane Michaud）版本，1980 年。她的同时代人贝蒂娜·布伦塔诺·冯·阿尔尼姆（Bettina Brentano von Arnim），在调查柏林的贫民区，写下《本书归属于国王》（德文：*Dies Buch gehört dem König*；法文：*Ce livre appartient au Roi*），于 1843 年出版。

2　路易丝·米歇尔（1830—1905）是 19 世纪法国著名的无政府主义者、革命家、教育家以及女权运动先锋。她在法国历史上，尤其是巴黎公社时期的激进活动中，扮演了重要角色，并因其不屈不挠的精神和对社会公正的追求而成为革命象征。——译者注

女性。比如乔治·桑，她认为旅行是一种解放的方式。她曾多次宣称："只要我们面前还有空间，那便有希望。"她与缪塞（Musset）一起游历意大利，与李斯特和玛丽·达古（Marie d'Agoult）一起探索阿尔卑斯山，还与肖邦同游了西班牙。鸟与旅行者正是乔治·桑的图腾，可以说是她最好的写照，而她的著作《一名旅行者的信》(*Lettres d'un voyageur*)是她最动人的作品之一，堪称女性旅行者探索世界的典范。旅行为富有的女性提供了一种拓展自己视域更为稳妥的机会。英国和美国的女性们手持《贝德克尔指南》，游历于意大利和各大博物馆之间。一些富裕的家庭，尤其是新教家庭，进行着一种将教育与启蒙结合的"大旅行"，无论男孩还是女孩均可以参与。例如玛格丽特·尤瑟纳尔（Marguerite Yourcenar, 1903—1987）[1]，得益于其父亲从小就享受这种旅行，她对远方总是饶有兴趣[2]。

1　玛格丽特·尤瑟纳尔是法国著名作家、诗人和翻译家，以深刻的历史小说和广泛的人文主义视野闻名。她是法国文学界的标志性人物之一，也是首位当选法国科学院院士的女性。——译者注

2　玛格丽特·尤瑟纳尔，《何谓永恒？》(*Quoi? L'Éternité*)，巴黎，Gallimard 出版社，1988 年。

真正的冒险之旅，就像伊莎贝尔·伊巴特（Isabelle Eberhardt）或亚历山德拉·大卫-尼尔（Alexandra David-Neel）所实践的那样，则更为罕见。伊莎贝尔是俄罗斯人，是一名被流放到瑞士的贵族私生女。在瑞士，她最先攻读医学专业。当时，她的同胞，利迪娅·帕奇科夫（Lydia Pachkov）正在广受女性阅读的插图杂志《环球旅行》（*Le Tour du monde*）上负责专栏。该专栏深深激发了伊莎贝尔对"东方的渴望"，她希望能够探索那些名声渐长的叙利亚、巴勒斯坦或帕尔米拉废墟古迹。伊莎贝尔对伊斯兰教很感兴趣，后来皈依该教。她化名马哈茂德，与北非起义部落一起参加战斗，并引起了利奥泰将军的注意。她在二十七岁时去世，留下了一部未曾出版的作品，以此献给马格里布地区的贫困人群。埃德蒙德·夏尔-鲁（Edmonde Charles-Roux）于1988年出版了这部作品的节选[1]。

女性东方学家亚历山德拉·大卫-尼尔（1868—

---

[1] 埃德蒙德·夏尔-鲁，《对东方的渴望：伊莎贝尔·埃伯哈特的青春》（*Un désir d'Orient. Jeunesse d'Isabelle Eberhardt*），巴黎，Grasset 出版社，1988 年。

1969）最初是在图书馆中接触了佛教书籍。于是她决定前往西藏，而后在那里探索、考察了三十年。在随行搬运工的护送下，她徒步访问各个喇嘛寺，并皈依了佛教。她的丈夫则留在法国。她一直给他写信，直至他去世。他们的信件构成了后来出版的旅行日记[1]。在亚洲逗留了三十多年后，尼尔最终于1946年以七十八岁高龄回家，带回了丰富且珍贵的资料，尤其是其中的照片。现在我们可以在她的迪涅（Digne）家庭博物馆中欣赏到。

我还可以举出更多的例子，大家也可以通过迪·伯克特（Dea Birkett）和芭芭拉·霍奇森（Barbara Hogdson）[2]出版的书籍进行进一步了解。但从冒险家

1　亚历山德拉·大卫-尼尔，《与丈夫的通信，1904—1941年，完整版》(*Correspondance avec son mari, 1904—1941, édition intégrale*)，巴黎，Plon出版社，2000年。

2　迪·伯克特，《海外独身女性：维多利亚时代的女探险家》(*Spinsters Abroad: Victorian Ladies Explorers*)，牛津，Blackwell出版社，1989年；芭芭拉·霍奇森（Barbara Hogdson），《女冒险记：女性旅行家的故事》(*Les Aventurières. Récits de femmes voyageuses*)，巴黎，Seuil出版社，2002年（法文译自美国文本）。

亨利·德·蒙弗雷德（Henry de Monfreid）[1]的标准来看，她们是真正的冒险家吗？不，不完全是。事实上，她们需要的是一个目标、一个理由或是一项活动。像简·迪欧拉福瓦（Jane Dieulafoy）那样，她"女扮男装"进行考古挖掘，与丈夫一道，共同发掘了如今在卢浮宫中所展出的亚述弓箭手壁画。此外，女性还有各种冒险的缘由：皈依、帮助、教导、援助、照顾……还有探索。

两次世界大战期间，是一个标志女性空间真正扩大的时期，许多年轻女性被人种学所吸引。这是一个全新的研究方法，因此对女性来说也是开放的，就像同时期的首批女精神分析师发现了潜意识领域那样[2]。女性可以与土著妇女沟通交谈，例如丹尼斯·格里奥

1　亨利·德·蒙弗雷德（1879—1974）是法国著名的冒险家、作家和海员，以在红海地区的冒险经历和作品闻名，如《海上冒险家》(*Les Secrets de la Mer Rouge*, 1931)。他的生活充满了传奇色彩，被誉为 20 世纪最具冒险精神的法国人之一。——译者注

2　伊丽莎白·鲁迪内斯科（Élisabeth Roudinesco），《首批女性精神分析师》(*Les premières femmes psychanalystes*)，Mil-neuf-cent 期刊，n°16, 1998 年，第 27—42 页。

勒（Denise Griaule）在非洲，杰尔曼·蒂永（Germaine Tillion）在北非马格里布地区。她们经常被委托使用照相机摄影。尽管当时的照相机仅属于一种小众的附庸风雅之物。而女性拿起照相机后，其中有些人还将摄影变成了一种艺术，如玛格丽特·伯克-怀特（Margaret Bourke-White）和吉塞拉·弗洛因德（Gisela Freund）。

当然，女性旅行者仍然是少数。马克·马丁（Marc Martin）分析，在两次世界大战之间的"大型报道"中，尽管女性们遇到了种种困难，但她们还是进入了新闻这个领域。安德烈·维奥利（Andrée Viollis）是行业中最早，也是最为杰出的人物之一。她在牛津完成学业，能流利地说英语与德语。在爱尔兰，她完成了首次报道，1928 年为《小巴黎人报》工作前往苏联。当时已是职业生涯的晚期，时值 50 岁，因为她是出生于 1878 年。此外她还曾前往阿富汗、印度（采访甘地）、日本以及西班牙（内战期间）等地进行过报道。她最终赢得业内包括阿尔伯特·隆德（Albert Londres）等人士的尊重，他在她住院期间拜访过她。她的女儿，西蒙娜·特里（Simone Téry）以及晚辈姊妹们显得更为幸运，如马德琳·雅各布（Madeleine Jacob）以及真名是伊丽莎白·索维（Élisabeth Sauvy）的蒂塔娜（Titaÿna）。要知道在高度男性化的新闻行业中（女性人数只占 3.5%），需要充分的家庭自由，还需莫大的勇气以及出类拔萃的专业技能，女性才能有机会从事这项工作。她们的学历普遍在大多数男性同行之上，在语言运用方面她们更是专家。例如蒂塔娜，她精通三语。这些新闻女性一般是非保守主义者，或多或少都带有理想主义，为苦难或革命（有关俄国、红色维也纳、西班牙人民阵线等）以及左翼理想而吸引。安德烈·维奥利是社会主义者，马德琳·雅各布和西蒙娜·特里加入了共产主义团体，并为《人道报》服务[1]。当然蒂塔娜可能除外，受到与德军合作的诱惑，她于 1936 年对希特勒进行过一次颇为恭维的采访。

而今，许多知名女记者受报纸或电视台的派遣，遍布世界各地的前线，甚至出现在最危险的地方。她

---

[1] 马克·马丁，《大型记者：现代新闻业的起步》（*Les Grands Reporters. Les débuts du journalisme moderne*），巴黎，Louis Audibert 出版社，2005 年；尤其是第 292—298 页，《女特派记者》（*Des femmes grands reporters*）；安德烈·维奥利被提及约 30 多余次。

们冒着巨大的风险，有时还付出很高的代价。在这里，我想起了女记者弗洛伦斯·奥贝纳斯（Florence Aubenas），她与伊拉克导游一起被绑架了，所幸的是之后二人均被释放。

历史长河中的女性

女性史有自己的时间线，但并非那么容易确定。实际上，这是一个难以解决的问题。与政治历史不同，女性史通常更多地涉及文化、宗教、法律、生物以及技术等方面。但无论如何，女性史拥有属于自身领域的事件，就像宗教改革一样。克里斯汀·德·皮桑的《女士之城》或西蒙娜·德·波伏瓦的《第二性》等著作，以及医学上的发现（剖腹产或避孕药）或技术上的发明（缝纫机或打字机）都对女性史的格局起到了决定性的作用。自由避孕无疑是最重要的事件，在很大程度上改变了性别关系，并开始"瓦解"性别上的等级制度。当然，说到"避孕"此段历史，无论如何还需拓宽"事件"的概念，甚至包括"历史"的概念。

但现在我更关心的是，（人类的）整个历史是如何影响着性别关系的？男性和女性共同经历着重大事件以及时代变故——虽然是共同生活着，却以不同的方式经历着，因为他们各自处于当时社会中不同的阶层、处境。例如，有人开始思考是否有一个女性的文艺复兴？答案是肯定的，但女性的文艺复兴不同于男性的文艺复兴，两者间甚至有些矛盾。男性的文艺复兴强调女性对美丽的责任、对身体的要求；当然文艺复兴也为女性打开了知识的大门。宗教改革支持女性文艺复兴的教育，而天主教的反宗教改革也不落后于人。不过两者都一致认为有必要消灭女巫，因为她们被视为理性的障碍、现代性的替罪羊。

当代历史事件中有许多重大变革和战争这样的巨大转折点。以法国大革命和第一次世界大战为例，我们来看看它们是如何改变性别关系的。

法国大革命本身就矛盾重重。《人权和公民权宣言》的普世主义并不能真正涉及女性，因为女性并没有被视为个体。即便革命给予了女性公民民事权利，但她们毫无政治权利可言。在民事权利方面，女性在继承权、婚姻方面平等。女性可以以自愿原则为前提结婚，并可通过离婚来解除婚姻；而有关夫妻财产管理的权利，需要根据婚姻合同来进行。这就要求与大多数习俗决裂，尤其是诺曼底地区的习俗，在那里，民间风俗不承认女性所拥有的以上任何权利。这或许是皮埃尔·里维埃尔（Pierre Rivière）[1] 犯下"红眼杀亲"罪行的主要起因。米歇尔·福柯找到了他的自白书："我，皮埃尔·里维埃尔，杀了母亲、妹妹和弟弟。[2]……那是因为现在女人当道。"革命推翻了父权，

---

[1] 皮埃尔·里维埃尔（1815—1836）是 19 世纪法国诺曼底地区一个年轻的农民，他因在 1835 年 6 月 3 日谋杀了自己的母亲、妹妹和弟弟而被人熟知。被逮捕后，里维埃尔写了一篇长达数千字的自白书，详细解释了他为何会实施这一系列谋杀。详细描绘了他家庭内部的矛盾，尤其是他对母亲的强烈敌意。他声称母亲长期折磨他和他的父亲，他的杀人动机是为父亲复仇，并结束这种家庭悲剧。福柯对该案件产生浓厚的兴趣，并于 1973 年组织了一群学者对里维埃尔的案件进行了深入研究。这项研究成书中包含了里维埃尔的自白书、案件的法庭记录以及相关的社会和精神病学分析。——译者注

[2] 米歇尔·福柯，《我，皮埃尔·里维埃尔，杀害了母亲、姐姐和弟弟……一项十九世纪弑亲案》(*Moi, Pierre Rivière, ayant égorgé ma mère, ma sœur et mon frère... Un cas de parricide au XIXe siècle présenté par Michel Foucault*)，巴黎，Condorcet 出版社，1973 年。

就像杀死了国王一样。然而，复辟时期离婚权被废除。1804 年的《民法典》，根据乔治·桑的说法，那是一个"不公正的纪念碑"，恢复了丈夫与父亲在父权制度中的全部权利。杀人犯里维埃尔的行为是一种疯狂，还是一种预感？无论如何，法国大革命将女性排除在政治活动之外，首当其冲的是选举权。对于投票选举的组织者西哀士而言，她们都是"被动的公民"，与未成年人、外国人、最贫困者和疯子们是并列的，"至少，在当前状态下只能如此"，他这样说道。的确，除了孔多塞之外，这样一种带怀疑色彩的表述，很难引起他人的共鸣。当大门微微开启时，女性主义悄然渗透进来，甚至势如潮涌。

因为从那个时代开始，女性抗议便出现了。多米尼克·戈迪诺（Dominique Godineau）讲述了织毛衣的女公民的故事。城市的平民女性，尤其是巴黎女性，在议会看台上一边织着毛衣一边起哄、扰乱男性，以表明她们不会放弃自己的性别责任。而奥林普·德·古日（Olympe de Gouges）曾因忽视性别责任而备受批评。毫无疑问，有斗争意识的女性是少数派。因为大部分的女性，女性农民、女手工艺人、家庭主妇，对大革命都是漠不关心的，甚至怀有敌对态度，因为大革命扰乱正常秩序并颠覆宗教，而她们往往比男人们更为虔诚。然而，这些在俱乐部中的女性尽管是少数，却无比引人注目、声势浩大。这些俱乐部最终被雅各宾派关闭。这些妇女中最有名的是奥林普·德·古日，她是女演员与作家，创作了反对黑人奴隶制的戏剧作品，以1791年撰写的《妇女和公民的权利宣言》(*Déclaration des droits de la femme et de la citoyenne*) 而名声大噪。这段宣言文字被冒失地献给玛丽·安托瓦内特王后。几乎同一时期，1790年，尼古拉·德·孔多塞（Nicolas de Condorcet）[1] 写下过《论妇女获得公民权的权利》(*Sur l'admission des femmes au droit de cité*) 其中一段颇具有戏剧化的话是："女人，醒来吧；理性的警钟在整个宇宙中响起，承认拥

1　这是尼古拉·德·孔多塞于1790年发表的一篇重要文章。孔多塞在文章中论述了妇女应享有与男性同等的公民权利，特别是投票权和参与政治生活的权利。该文章是早期女性主义思想的重要文本之一，在历史上具有开创性意义，为后来的女权运动提供了思想支持。——译者注

有你的权利。"更精准地可以看到非常具有现代思想的是第 17 条和著名的第 10 条条例:"女性有权登上绞刑架,她也应该有权登上讲台。"事实上,两年后,也就是 1793 年,德·古日与罗兰夫人同时上了断头台。今天的巴黎六区的塞尔万多尼街(Servandoni)上,靠近卢森堡公园旁边,树立着一块纪念古日的纪念牌;而在街道的对面,另一个牌子提示着孔多塞也曾居住在这条街上,临死之前创作了《人类精神进步历史图景概要》(*Esquisse d'un tableau historique des progrès de l'esprit humain*)草稿。

19 世纪的革命大大破坏了权力体系,有利于实现性别平等的潜在诉求。1848 年正是如此,这一年有着最引人注目的成就,但也拥有最令人失望的经历。尽管有着如尤金妮·尼博耶、德西雷·盖、让娜·德洛安这一批"1848 年女性",还有女性报纸——《女性之声》(*La Voix des femmes*)、《女性观》(*L'Opinion des femmes*)——以及她们俱乐部,被道米尔(Daumier)和加瓦尼(Gavarni)漫画化,但是"普选权"只涉及男性,他们才是家庭中唯一代表,而家庭仍是政治结构中的基本单位。因此 1848 年运动的结果可以说是徒劳无功。直到 1944 年，法国女性才获得选举权。由于工人运动的冷漠和女性内部的分裂，她们遭到的排斥现象更加严重。虽然那个年代的乔治·桑非常活跃，但如同她的共和派和社会主义朋友那样，她认为社会问题才是首要问题，讨论或争取女性的选举权还为时过早，因为她们尚处于被压迫状态中。

另一类型的事件是各类战争。例如第一次世界大战，因其漫长和惨烈，对性别关系构成了真正的考验。这个事件是难以解读的。乍看之下，战争在象征意义上重新排列了性别：男人在前线，女人在后方；男人在战斗，女人在支持、替代、照顾、等待他们，甚至为他们哭泣。但与此同时，女性们也开始渗入男性主导的领域并担任任务，且做得颇为出色。她们驾驶着犁车、汽车、有轨电车，"弹药女工"们在武器工厂里制造着炮弹，女职员掌管着财务预算，处理资金，由此获得了更高的薪水。1915 年和 1917 年，她们自发在巴黎举行罢工示威，要求加薪。她们来去自由，抽着烟，随心所欲。男人们批评女人的高额花销，觊觎她们的丝袜，并怀疑她们的忠诚度。因为打破了习惯与常态，战争中的性行为成了大问题[1]。

战后人们想要恢复旧的秩序。在国家层面，"蓝色地平线议院"[2]成立，倾向于推行国家主义和保守主义政策；在家庭层面，亦是如此。男人们回来后，试图恢复先前的特权；在工作中，女性不得不常常让位于男性；在夫妻关系不和谐的家庭中，重聚变得困难重重，离婚案件增多。毫无疑问，一切再也回不到以前那样了。"疯狂的年代"试图翻开新的一页，并暴露出"性别身份危机"的深度［安德烈·劳希（André Rauch）］。对于男性来说，他们更为不安和困惑，而女性则变得更加勇敢，剪短了头发，穿上了短裙。从平等的角度来看，女性似乎是战争的主要受益者，因为战争最终加速了在"美好时代"之前早已萌芽的性别关系的演变。

---

1 让-伊夫·勒诺尔（Jean-Yves Le Naour），《一战期间肉体的痛苦与折磨：1914—1918年法国人的性习惯》（*Misères et tourments de la chair durant la Grande Guerre. Les mœurs sexuelles des Français*, 1914—1918），巴黎，Aubier出版社，2002年。

2 法国一战后新成立的议会被称为"蓝色地平线议院"（蓝色是法国制服的颜色，以及右翼的颜色）。——译者注显然，极权政权（意大利法西斯主义、德国纳粹主义）及其后继者（西班牙佛朗哥政权和法国维希政权）试图让各种事务与性别各归其原位，将性别差异与性别等级制度化视为绝对的原则：领袖、元首，都是男性。这种男性至上主义还借助一种魅惑手段。有时，女性会俯首屈服，正如我们在新闻纪录片中会看到的那样：在亲希特勒的群众集会中，她们呈现出如痴如醉的神情。

那么，这些女性是受害者还是心甘情愿的？对此，历史学界曾有过争论，并提出了一个基本问题，即女性（更广泛地说，所有社会参与者）对其角色的认同。研究纳粹主义的历史学家吉塞拉·博克（Gisela Bock）[1]认为，女性首先是国家政策的受害者，因为她们在种族纯洁名义下被迫进行了强制性绝育。她们的身体被全然置于国家命令之下。对于克劳迪娅·昆茨（Claudia Koonz）而言，纳粹女性组织对女性给予的是物质与象征意义上的特权。这也是丽塔·塔尔曼

1　吉塞拉·博克，《纳粹主义：性别化政策与德国女性生活》（*Le nazisme.Politiques sexuées et vies des femmes en Allemagne*），收录于《西方女性史》，第 5 卷，第 143—167 页。

（Rita Thalmann）博士论文的观点，认为第三帝国的"祖国母亲"[1]们是自愿接受其女性角色的。她是最早就此问题著书立说的学者之一[2]。这些女性历史学家强调，女性在历史以及自身历史中负有责任。如果我们认为女性是历史的参与者，那么相关的问题就无法回避。被压迫者并不就是无辜的。正如莉莉安·坎德尔（Liliane Kandel）所写的那样："人并非生来无辜，而是成为无辜的。"[3]

法国在被德占领时期以及维希政权的经历，提供了一个极权主义色彩较弱，但性别秩序恢复上颇为微妙的例子。比如大家熟知的贝当的口号："劳动、家庭与祖国。"这个口号一方面鼓励生育，一方面又对女性

1　纳粹政府鼓励妇女生育，并通过一系列政策激励女性承担"母亲"的职责，这种"祖国母亲"的形象成了纳粹种族主义和性别等级制度的重要部分。——译者注

2　丽塔·塔尔曼，《第三帝国下的女性》（*Être femme sous le IIIe Reich*），巴黎，Tierce 出版社，1982 年；（主编）《女性和法西斯主义》（*Femmes et fascismes*），巴黎，Tierce 出版社，1986 年。

3　莉莉安·坎德尔（主编），《女性主义和纳粹主义》（*Féminismes et nazisme*），伊丽莎白·德·芬特奈（Élisabeth de Fontenay）序，巴黎，Odile Jacob 出版社，2004 年。

工作持有敌意，既想压制，又想激励。1940 年秋的一项法令（实际上鲜有执行），将已婚女性排除在公务员岗位之外，目的是要让女性回归家庭。此外，堕胎会受到严厉的惩罚，1943 年，一名女性因堕胎被判处并执行死刑[1]。此外，19 世纪初的一些习俗也都得到一定的回归。在 20 世纪 20 年代，母亲节被引入，以颂扬母亲，而后被确立下来；在女子学校中，家政和育儿教育成了必修课程；人们崇敬圣母，布洛涅圣母在各个城市之间巡游，对赎罪精神进行宣传；私立学校得到推崇，因为已经"世俗化"的修女们可以在那里再次戴上头巾；还有些人鼓励成立家庭协会[2]。战败后的法国，只有一部分有罪恶感的法国女性屈服于这些威逼利诱。但总的来说，大部分女性经受住了考验。大多数人采取沉默式抵抗，这也是一种在民间社会

1　正如克劳德·夏布罗尔（Claude Chabrol）在 1988 年电影《女人韵事》（*Une affaire de femmes*）所展示的那样。

2　弗朗辛-缪尔-德雷福斯（Francine Muel-Dreyfus），《维希和永恒的女性特质：身体政治社会学的研究》（*Vichy et l'Éternel féminin. Contribution à une sociologie politique de l'ordre des corps*），巴黎，Seuil 出版社，1996 年。

中使用的强大武器。尤其是年轻女孩们，她们默默地过着她们的生活，还有一些加入了抵抗运动，使用女性武器、保守秘密、提供庇护、运输物资、传递信息，甚至还有少部分人参与了政治或军事行动。后来，人们最终承认了这些"影子女战士"[1]的作用。

以上每个历史事件均提出了有关性别关系的问题。性别关系被审视，也被改变。这些在性别关系上的重新划定，是否向着更加平等的方向转变，也取决于女性的行动，取决于她们所组织的集体运动以及所呈现的女性意愿的力量。

集体行动的形式

在公共空间中行动，对于女性来说并非容易。她们总是被要求囿于私人领域中，一旦她们表现得过于

---

1 参见弗朗索瓦丝·泰博（Françoise Thébaud）（主编），《抵抗与解放（法国，1940—1945）》[*Résistance et libérations* (*France,* *1940—1945*)]，载于《克利奥：历史、女性与社会》(*Clio* *Histoire，femmes et sociétés*)，n°1，1995 年；历史学的澄清。

张扬或说话大声便会遭到呵斥。然而女性们依然有所作为，且以多种不同方式实现。我想对此进行探讨。当女性置身于其传统角色时，通常都如鱼得水，对于生存危机导致的骚乱或慈善活动也应付自如。但当她们声称要像男人那样行动时，一切变得复杂起来。无论是伯里克利统治时代的雅典，还是克伦威尔时期的伦敦，抑或法国大革命时期的巴黎，长期以来，女性难以逾越政治领域。如同一座禁止她们进入的堡垒。

生活物资匮乏引发的骚乱，对于女性来说可能顺应了她们的意愿。作为生活和饮食的守护者，家庭主妇们完全有理由关心，甚至有责任去推动骚乱，因为这是她们的使命。她们负责监督食物的供应与价格。女性的运动可以说是18世纪"道德经济"的一个主推力：要求商品价格公正，并拒绝任何投机涨价。随着时间的推移，食物所呈现的重要性也会发生变化，于是"家庭主妇购物篮"中的内容会发生演变，折射出生活方式、生活水平的变化。19世纪，这种监督涉及谷物、面包、土豆以及其他产品，到了20世纪初（1910年），"高昂生活开销"的危机触及整个欧洲，法国北部的家庭主妇们要求"十苏[1]黄油",并抗议牛奶与糖的涨价。

当权者对生存危机导致的骚乱一直心存戒备,历史学家注意到了这一点,并对此进行了充分记录和深入研究,这些骚乱在17世纪至19世纪中叶非常频繁[2]。骚乱中男女混合,但女性参与者不断增加,成为"明显的骚乱者[3]"。随后,由于铁路的发展和市场的调节,相关问题才有所缓解,女性的公共干预变得越来越少。骚乱到底是什么情况呢?人们会聚集在市场、道路、磨坊,目标对象是食物的所有者:小麦种植者、磨坊主、面包师傅等,尤其是商人。在18世纪,他们被称为"囤积者",通过囤积物资剥削

1　苏(sou),法国货币名。——译者注

2　让·尼古拉,《法国叛乱:民众运动与社会意识,1661—1789》(*La Rébellion française, Mouvements populaires et conscience sociale, 1661—1789*),同前引;尼古拉·布尔吉纳(Nicolas Bourguinat),《混乱的谷物:19世纪上半叶面临粮食暴力的国家》(*Les Grains du désordre. L'État face aux violences frumentaires dans la première moitié du XIXe siècle*),巴黎,EHESS出版社,2002年。

3　阿莱特·法尔热,"显而易见的骚乱"(*Évidentes émeutières*),载于《西方妇女史》,同前引,第3卷,第481—496页。

人民，使人挨饿，因而备受人民憎恶。18世纪末所确立的粮食自由贸易，从长远来看是有益的，但在当时引起了诸多质疑。在物资短缺或物价哄抬的情况下，是女性们发出了警报，集结起来抗议。她们指责商贩，威胁他们，甚至推翻他们的摊位。还有的女性走上街头岸边，拦截车船，（为了生存迫不得已）拿走货物。于是越来越多的女性要求市政当局或是其他机构对谷物和面包征税，甚至要求国家进行征税。在这方面，家庭主妇扮演起了政治角色。1789年10月5日至6日发生过一场颇为轰动的事件。巴黎大堂（Les Halles）市场上的主妇们一同行进凡尔赛，她们寻找到"面包师傅、面包师傅夫人和小面包师傅"[1]，并把他们带回了巴黎。此次行动的目的是确保（巴黎）面包的供应。向来反对女性参与政治活动

---

[1] "Le boulanger, la boulangère et le petit mitron"（面包师、面包师的妻子和小面包师助手）这一称呼用来隐喻当时的法国国王路易十六、王后玛丽·安托瓦内特和他们的儿子小路易。在法国大革命之前，由于经济困境和粮食短缺，面包成为稀缺资源，民众的强烈不满引发了凡尔赛游行。国王和王后被比作面包师及其家人，象征他们对民生和粮食分配负有责任。——译者注

的米什莱，这次也盛赞了巴黎家庭主妇对合法权益的警觉与行动。作为养育者，她们不仅保护了孩子，也守护了人民，将其视作自己的孩子，如同人民的母亲一样。

生存危机导致的问题多少都有些暴力，有时会升级为暴乱，造成死亡。军队继而会介入、干涉，手段也相当残忍粗暴——进行逮捕、审判甚至处以死刑。其中也会波及一些女性，法官们通常不会过于严惩有孩子的母亲。母亲身份保护着女性，但人们对女性仍存有戒心。19世纪，人们常常将乌合之众与女性相提并论，形容这些群众"像女人那样歇斯底里"。在小说《萌芽》(1885年)中，左拉描绘了一场前所未有的史诗场景：以玛赫夫人（Ma heude）为首的矿工妇女进行示威活动，反对杂货商麦格拉（Maigrat），并对他进行了阉割。这充分展现了女性集体行动的本质：既满怀期待又令人恐惧，同时也凸显了男人的无能。

市场调控监管的完善让女性的这种干预慢慢退出舞台，到最后逐渐消失，女性于是也淡出街头。19世纪出现在示威活动及街垒中的女性逐渐减少。1848年的巴黎的不再像 1830 年那样发生街垒战。在里昂，1848 年至 1914 年的示威活动呈现更多的工人化与男性化。女性在其中的角色变得井然有序且富有象征意义。她们让工会示威活动变得有组织。比如在五一劳动节，她们会打扮得漂漂亮亮，戴着花冠，带上旗帜，佩戴一些装饰品，作为象征追求家庭普及化的标志。

罢工不能取代生存危机导致的骚乱。事实上罢工最初存在于工业中男性间的雇佣行为中，并非女性的首要追求。女性在罢工中的地位甚至不如她们的薪资地位。然而，她们还是参与了男女混合的罢工。她们的角色同样至关重要，正如男性罢工者的妻子们一样重要。罢工有时会持续很长时间，例如 1909 年法国南部马扎梅特（Mazamet）的毛纺工人罢工以及北部梅吕（Méru）的纽扣工人罢工，他们以非凡坚韧的意志在工人运动史上著称。他们甚至还组织过厨师的集体罢工，这是工人们团结的重要时刻。女性很少单独进行罢工，因为男性工人并不总是支持她们。她们的罢工主要是防御性质的，与纪律或工作时间有关。此外，她们的罢工更像是节日狂欢而非暴力行为。女性罢工常常以失败告终。当然，事情在发生变化，就业市场对女性的开放加剧了冲突。在战争期间我们可以清楚地看到，1917年，弹药女工和时装女工在首都街道上进行游行。女性在"人民阵线"的占领工厂运动中以及1968年的五月风暴运动中都非常活跃。不过女性力量真正出现是在20世纪70—80年代，尤其在服装厂或小型机械制造厂中，这些工厂依赖低薪且无需特别资质的女性劳动力。如法国乐杰福（Le Joint français）或者家居生活品牌莫林克斯工厂，这些工厂面临亚洲工厂的竞争，而亚洲工厂中的女工承受着更多的剥削。当这些工厂倒闭时，产生的冲突是无休无止且令人绝望的。

工会原本可以为女性创造机会[1]。在许多国家，加入工会的权利比选举权更早得到保障。例如在法国，1884年瓦尔德克-卢梭（Waldeck-Rousseau）法案规定："已婚女性，从事一份职业或一项工作时，无需

1　米歇尔·赞卡里尼-福内尔（Michelle Zancarini-Fournel）（主编），《职业、行业组织与工会主义》（*Métiers, corporations, syndicalisme*），载于《克利奥：历史，女性和社会》（*Clio Histoire, femmes et sociétés*），第3期，1996年。

丈夫许可，即可加入职业工会，并参与相关的管理与领导。"实际上，直到 1938 年 2 月 18 日相关法案颁布之前，女性仍然需要先获得丈夫的许可才能工作。该法律为女性的权益打开了一扇门，随后得到了扩大。1900 年，女性被宣布拥有选举权，并有资格参选劳动委员会；1907 年，女性有资格参选劳动仲裁委员会。但她们始终被排除在选举权之外，仅被承认了拥有一定的工会权利。这样的一种社会公民身份形式，长期以来多停留在理论层面，而未被实际实施。

女性融入工会的进程是缓慢的。作为被边缘化的员工，她们一开始没有融入工作文化中。因为她们的伴侣并不赞成女性加入工会，不愿缴纳会费与浪费时间，情愿让她们去做更重要的事情，而不是参加会议。起初，女性的发言受到控制。在法国北部的一些工会中，她们必须通过一名男性才能获得发言许可。英国的情况更糟：在 1830 年代宪章运动时期，小饭店和酒吧逐渐成了工会的聚集地，开始排斥女性。女性保持着沉默，退缩到角落里，而后再也不来了。此外，工会主义还有工党主义，他们都是把女性排除在外建立起来的。

在法国，受蒲鲁东启发的直接行动工会主义，带有男性主义色彩，对女性工作持敌对态度，认为只有在万不得已的情况才可以让女性工作。1913年的库丽奥事件展示了男性工人对女性进入某些职业或相关的工会所采取的沉默抵制态度。艾玛·库丽奥（Emma Couriau）在里昂的一家印刷厂中担任女打字员，其丈夫也在那里工作。她能够担任打字员已经非同寻常，要知道图书行业一直以来都是男性引以为豪的职业。库丽奥要求加入工会，但是被拒绝，随后她进行了漫长而艰苦的罢工。直到级别更高也更为开放的法国总工会下的全法图书联合会进行了干预，工会最后才被迫接受了她的加入。

男女混合的工会使得"正派女性"不便于参与。这就是为什么当工会与"女性化"领域相匹配时，相关的工会活动更容易成功。烟草、花艺与羽饰领域的工会相对有组织，由积极的女性活动家来推动。例如善于雄辩的雅各比女士（烟草领域）和优雅的布瓦尔小姐（花艺与羽饰领域），都能毫不犹豫地在大会讲台上发言，甚至乐在其中。

单性工会似乎更合适女性。延续了 19 世纪 70—80 年代"女士之家"的传统，使得工会更像是互助组织。"女士之家"的互助组织启发了后来的基督教女仆工会（Genêt）和女雇员工会，这由玛丽-路易丝·罗什比亚尔（Marie-Louise Rochebillard）发展起来。这个分支后来构成了法国基督教工人联盟（Confédération Française des Travailleurs Chrétiens, CFTC），随后演变为法国民主工联（Confédération Française Démocratique du Travail, CFDT），为此一开始便带有强烈的女性文化。珍妮特·劳特和妮可·诺塔便出自其中。法国基督教工人联盟和法国总工会（Confédération Générale du Travail, CGT）或工人力量工会（Force Ouvrière, FO）之间在性别关系上有着不同的历史渊源，这种差异至今深刻地影响着它们。玛格丽特·杜朗和塞韦琳创建的《投石党报》曾大力支持女性工会和罢工运动。但这种"资产阶级女性主义"式的支持也给她们引来了不少批评。

女性们从未有过完全的退让。七十年之后，法国总工会的活动家克里斯蒂安·吉乐（Christiane

Gilles）和尚塔尔·罗日拉（Chantal Rogerat）参与了
女性解放运动（Mouvement de Libération des Femmes，
MLF）的斗争。她们负责创办了法国总工会的女性
月刊《安托瓦内特》（*Antoinette*），并希望通过杂志来
揭示社会与工会中存在的"女性问题"。她们的活动
在 1977 年法国总工会大会上达到了顶峰。但最后两
位负责人被撤职，杂志也不得不销声匿迹。在女性和
工会之间存在一个分歧，工会认为性别关系处于社会
关系之下，是次要的。男性的统治是资本统治，对
女性的压迫的消除无法取代对无产阶级的压迫的消
除。而今在法国，工会组织中女性的比例较低，性别
不平等问题仍然存在：男性工会组织占据了工会组织
总数的 11%，而女性工会组织仅占 3.5%。女性占法
民主工联人员总数的 42%，占团结工会（Solidaires
Unitaires Démocratiques, SUD）的 36%，占法总工会
的 28%。

　　尽管存在这些限制，工会对许多女性来说仍是一
个团结的、社交的、面向世界与承担责任的地方。大
会是女性发声的真正舞台。在 1879 年著名的马赛大
会上，尤伯丁娜·奥克莱尔向工人们发表讲话。作为

"九百万奴隶的代表"，她要求男女完全平等的权利，这个美好的愿望得到了与会者的热烈支持。两次世界大战之间，女教师们更是开展了积极的工会运动，热切关注女性的诉求，包括节育和堕胎问题，以至于遭到法律起诉[1]。

无论如何，协会对女性来说是合适的。虔诚仁爱的协会、慈善和公益的协会比比皆是，特别是在英国。伦敦传教会依靠女性的工作来开展活动，如让伊万吉琳·布斯（Evangeline Booth）在由女性领导的救世军中成为女将军。无数组织中的女性都愿意为病人、穷人、"处于危险中"的儿童、老人以及囚犯们付出心血和勇气，如著名的伊丽莎白·弗莱（Elizabeth Fry）进行监狱探访活动。通过社会行动，女性可以有所作为，甚至可以成名。工人的世界成为女性前往考察与完成使命之地，部分女性甚至在当地扎根，如玛丽·珍妮·巴索（Marie-Jeanne Bassot）在勒瓦卢

1　斯拉瓦·利泽克（Slava Liszek），玛丽·吉洛（Marie Guillot），《从女性解放到工会解放》（De l'émancipation des femmes à celle du syndicalisme），巴黎，L'Harmattan 出版社，丛书《记忆之路》（Chemins de la mémoire），1994 年。

瓦-佩雷（Levallois-Perret）[1]建立了活动点，采取更适合女性的本地化、具体且小范围的行动，这为市政活动打下了基础。这是在城市中开展更多政治干预活动的第一步，也成为当今在法国和欧洲的重要立足点。

政治：禁忌之地

在所有边界中，政治的边界可以说在世界各国中都是最难逾越的边界。因为政治关乎决策的中心、权力的核心，被视为男性的专属领地与事务。希腊城邦排斥女性，就好比排斥奴隶与野蛮人那样，仅仅方式上有所不同。只有在城邦生存受到威胁的紧急状况下，女性才会介入，尽管这也使得城邦统治受到质疑。根

1　参见埃芙琳·迪博罗（Évelyne Diébolt）的《女性在医疗卫生、社会和文化领域（1801—2001）》[*Les Femmes dans l'action sanitaire, sociale et culturelle*（*1801—2001*）]，该书由"女性与协会"（Femmes et associations）于 2001 年出版；西尔维·费耶-思齐博（Sylvie Fayet-Scribe）的《19—20 世纪女性与基督教协会：从慈善到社会行动》(*Associations féminines et catholicisme, De la charité à l'action sociale, XIXe-XXe siècles*)，巴黎，女工出版社，1990 年。

据妮可·洛罗的说法，这种貌似平静实则暗流涌动的状态亦被视为一场灾难[1]。中世纪时期对神职人员权力的神圣化并没有改善任何情况。中世纪是一个"男性"世纪，贵族阶层借助教会祈福的婚姻来交换财产与女性，维护家族利益[2]。在某些特殊情况下，贵族会承认女性权力并将摄政权交给女王。到了文艺复兴时期，新柏拉图主义回归，性别关系变得微妙起来，并预示了"性别之争"。凯瑟琳·德·美第奇希望通过女性"高尚情操"与"温柔"的独特品质来为巩固王权做贡献，然而那个时期的统治比以往来得更为男

1　妮可·洛罗，《雅典娜的孩子们》(*Les Enfants d'Athéna*)，巴黎，Maspero 出版社，1981 年；《提瑞西亚斯的经历：希腊的女性与男性》(*Les Expériences de Tirésias. Le féminin et l'homme grec*)，巴黎，Gallimard 出版社，1989 年；《城邦，历史学家与女性》(*La cité, l'historien, les femmes*)，Pallas 期刊，1985 年，第 7—39 页。

2　乔治·杜比，《中世纪的男性：爱情与其他之论文》(*Mâle Moyen Âge, De l'amour et autres essais*)，巴黎，Flammarion 出版社，1988 年；《骑士，女性与神父：封建法国的婚姻》(*Le Chevalier, la Femme et le Prêtre, Le mariage dans la France féodale*)，同前引。

权化[1]。

法国大革命在这点上延续了旧制度，维系了萨利克法（loi salique）[2]，并添加罗马式理由以排斥政治中的女性：女性是一种"被动的公民"，享有人身财产的保护权，她们自身是被保护的对象；她们很少受到惩罚，因为她们没有责任与法律地位；要摆脱这种"被照料"的局面，女性须证明自己，展示她们是责任个体。在这个意义上，民主代表了一种潜力、一种包容的可能

---

1 丹尼·克鲁泽（Denis Crouzet），《凯瑟琳·德·美第奇高傲的心：圣巴托洛缪时期的政治原因》（*Le Haut Cœur de Catherine de Médicis. Une raison politique au temps de la Saint-Barthélemy*），巴黎，Albin Michel 出版社，2005 年；蒂埃里·瓦内格费伦（Thierry Wanegffelen），《凯瑟琳·德·美第奇：女性之权力》（*Catherine de Médicis, Le pouvoir au féminin*），巴黎，Payot 出版社，2005 年。

2 萨利克法是中世纪法兰克王国的一部成文法典，最初由法兰克部落首领克洛维一世在 5 世纪编纂而成。这部法典的内容广泛，涵盖了财产继承、犯罪惩罚、纠纷解决等方面，具有重要的法律和社会意义。萨利克法的最著名条款是关于王位继承的规定，即禁止女性继承土地和王位。这条规定后来在法国、神圣罗马帝国等地区的王位继承中被引用，用以排除女性及其后代的继承权，以确保王权在男性后裔之间传承。——译者注

性、一种普遍性的承诺。每个人首先应该被作为个体认可——这一民主的逻辑最终将会消解群体，包括家庭，这也涉及每个个体。这是女性所一直面临的问题。

要解决这个问题，需要思想的现代化、道德风俗的演变、女性的争取（如英国、法国、欧洲等女性主义），甚至诸如战争这样的冲击性事件。第一次世界大战后，许多国家赋予了女性选举权。但法国女性要等到二战后才获得选举权。阿尔热咨询议会在 1944 年 4 月 21 日的法令（第 17 条）中宣布："女性与男性享有相同的选举权和被选举权。"此外还须扫除激进分子最后反对的意见：在丈夫为因犯而缺席的情况下，妻子的投票是否会因缺乏了"天然的教育者"而变得危险？他们担心由于基督教民主党的操纵，女性的选票会向右翼倾斜。1945 年，法国女性进行了首次投票，她们的投票的确比男性更偏右。但她们在政治倾向上不断向男性看齐，尤其最近几年，女性构建了对抗极右翼党派国民阵线的一道强大堤坝。

为什么法国会拥有这份"独特性"[1]？人们举出了

---

[1] 莫娜·奥祖夫，《女性话语：法国独特性之研究》(*Les Mots des femmes, Essai sur la singularité française*)，同前引。

诸多理由。首先，旧有的萨利克法的传统将女性排除在王位继承权之外。在法国，女王只不过是"国王的妻子"，正如范妮·科桑迪[1]展示的那样；而在其他欧洲国家并非如此。英格兰（伊丽莎白一世）、俄罗斯（叶卡捷琳娜大帝）、瑞典（克里斯蒂娜女王），甚至奥地利（特蕾莎皇后，对在法国宫廷中的女儿玛丽-安托瓦内特非常关注）[2]都有自己的女性君主。其次，法国的性别关系的建构基于绅士风度和殷勤礼仪，这可以说是法国文明所独有的，使得法国女性远离政治冲突领地。法国男人希望的是与她们共度爱河，而非战争。但为什么工人运动在 1848 年"忘记"了女性，而当时的她们正如此迫切地要求获得选举权？家庭整体主义在法国持续存在，其视家庭为社会基本单位，并由家庭领导所代表，在学者安妮·维尔尤斯（Anne

---

1　范妮·科桑迪，《15 世纪至 18 世纪法国的女王：符号与权力》（*La Reine de France. Symbole et pouvoir, XVe-XVIIIe siècles*），巴黎，Gallimard 出版社，2000 年。

2　娜塔莉·泽蒙-戴维斯，《在政治中的女性》（*La femme au politique*），收录于《西方女性史》，第 3 卷，16 世纪至 18 世纪，第 175—194 页。

Verjus）[1]看来，这是建立"普遍"选举权的主要障碍。最后，还有政治上的考虑，人们担忧教会通过其影响的女性进行秘密操控。这是米歇莱特所担心的"忏悔室里的低语"，而日后，人们所担忧的也来自激进分子。

此外还尤其需要审视法国共和国的建立方式与过程。国王被处死的血腥牺牲赋予"公民加冕"[2]一种男性化与宗教化的特质，这与女性的软弱和轻浮格格不入。为此女性不配担任此神圣职责。最后，将普世主义与个人主义作为公民性加以大肆宣扬，这为女性创造了一个错综复杂的局面。无论从其天性，还是从其职责来说，女性都没有被当作个体对待。相关的争论不胜枚举，我仅想向大家指出，自从法国大革命两百周年以来，有关"普世主义"本质的讨论已持

---

1 安妮·维尔尤斯，《家庭普查：1789—1848 年的女性和选举》（ *Le Cens de la famille. Les femmes et le vote, 1789—1848* ），巴黎，Belin 出版社，2002 年。

2 皮埃尔·罗桑瓦隆（Pierre Rosanvallon），《公民的神圣：论法国普选制度》（ *Le Sacre du citoyen. Essai sur le suffrage universel en France* ），巴黎，Gallimard 出版社，1992 年；《吉佐的时刻》（ *Le Moment Guizot* ），巴黎，Gallimard 出版社，1985 年。

续了二十多年，这些讨论可重启我们对这一主题的思考。

　　在法国，政治是男人所征服的疆域，这是一个男性的行业。一些民主活动的组织者，如吉佐（Guizot），也急于用所谓的"玛丽-安托瓦内特综合征"[1]将女性有害的影响排除在沙龙、政治言论之外。作为政治中的一名女性，更甚者成为一名"女性政治家"，似乎与女性特质相悖。人们要么否认女性的魅力，要么把女性的一切都归功于其魅力。因此，在女性进入政府部门与入选代表方面，相当大的政治阻力仍然存在。尽管2001年通过了平等法案，女性在国民议会中仍然仅占12%，只不过在参议院中稍微多一些；行政部门中女性人数比例更少；所幸的是，女性在地方参政层面上取得了较大的进展。无论如何，假

1　因玛丽·安托瓦内特作为法国王后的奢靡生活方式和被指控的"干政"行为，她成了当时民众表达不满的对象，甚至是王室腐败和政治失败的"替罪羊"。此后，她的形象被长期定型为"乱政"的象征，带有负面含义，"玛丽·安托瓦内特综合征"被用来描述人们对女性在公共领域，尤其是政治领域中的不信任。——译者注

如未来有一名女性成为法国总统，这也不再会使法国人感到惊讶，甚至他们会对女性总统更有好感。

作为平等理念的发源地，欧洲凭借丰富多样的经验，理应推动女性事业的发展壮大。

女性主义

女性主义并非总有好名声。不少女性都不承认自己是女性主义者，就好比对待脸上的皱纹一样。尽管女性会说："我不是女性主义者，但是……"，她们还是清楚地知道自己受益于这项运动。正是因为知道女性主义是多样化的、多变的，我更应该将这些运动记录下来。长期以来，女性主义一直担当历史学研究的边缘角色，甚至在人们的记忆中也很少留下痕迹，这多是因为女性主义组织的薄弱性。当然在过去三十年里，女性主义得到了众多研究的关注，这些研究重现了女性主义先驱的风采，通过追溯历史，充分展示了该领域的重要性。不但参考文献非常丰富，甚至出现了一些综合性著作，如克里斯汀·福雷（Christine Fauré）的《女性政治和历史百科全书》和《女性主义世纪》¹。这些都表明了女性主义已经从记忆转为了历史，至少在西方学界中成为一种比较历史。

首先，"女性主义"（féminisme）一词的来源是什么？事实上其最初创造者并不太确定。人们认为是皮埃尔·勒鲁，他是"社会主义"一词的发明者，也有一种更确定的说法是 1872 年亚历山大·小仲马在小说中首次使用该词。不过最初 féminisme 是一种贬义说法，在小仲马眼里，是指一种过于"娘娘腔"的男人病态，他们支持有婚外情的女性，不会为荣誉而复仇。概言之，"女性主义"指的是一群懦弱的人。1880 年，法国女性选举权斗士尤伯丁娜·奥克勒自豪地宣称自己是一名"女性主义者"。19 世纪末，相关的名词或形容词开始流行起来，成为时尚，但并没有取代像

---

1 克里斯汀·福雷（主编），《女性政治和历史百科全书》(*Encyclopédie politique et historique des femmes*)，巴黎，PUF 出版社，1997 年；埃利安·古宾（Éliane Gubin），凯瑟琳·雅克（Catherine Jacques），弗洛伦斯·罗什福特（Florence Rochefort），布里吉特·斯图德（Brigitte Studer），弗朗索瓦丝·泰博（Françoise Thébaud），米歇尔·赞卡里尼-福内尔（Michelle Zancarini-Fournel）（主编），《女性主义世纪》(*Le Siècle des féminismes*)，巴黎，L'Atelier 出版社，2004 年。

"女性事业"或"妇女运动"这样的表述。这类表达更受英语国家女性的青睐。1975 年，英国女历史学家希拉·罗伯瑟姆（Sheila Rowbotham）回忆，在年轻时她把女性主义者看作"穿着粗花呢衣服、戴着玳瑁眼镜、扎着紧绷发髻的可怕人物，尤其是那些完全没有性别的人[1]"。同样，安托瓦内特·富克（Antoinette Fouque）这样写道："我竭尽全力奋斗，为的就是让妇女运动不成为女性主义运动。但我也许错了，当使用'女性'一词时，我们才有机会与所有女性或至少大多数人进行交流。"[2]毫无疑问她是对的。但她前期的想法正说明了刻板印象的影响。

广义上来看，"女性主义"和"女性主义者"指的是那些支持和为性别平等而斗争的人。如克里斯汀·德·皮桑在 15 世纪末创作了《女士之城》（*La*

1　引自 Françoise Barret-Ducrocq 的《英国女性主义运动的今与希》（*Le Mouvement féministe anglais d'hier à aujourd'hui*），巴黎，Ellipses，2000 年，第 7 页。希拉·罗伯瑟姆是英国女性史的先驱。在诸多例子中，如《历史中的遗忘》（*Hidden from History*），伦敦，Pluto 出版社，1973 年。

2　同前引。

Cité des dames），玛丽·阿斯特尔（Mary Astell）是 17
世纪的一位"前女性主义者"[1]。自 18 世纪末开始，更
多的集体化的信条与运动出现。于是我们被三份几乎
同时发表的奠基性文献所震撼：1790 年孔多塞的《论
女性获得公民权》、1791 年奥林普·德·古日的《女
性和公民的权利宣言》，以及 1792 年玛丽·沃尔斯通
克拉夫特（Mary Wollstonecraft）的《辩护女性权利》。
这是一个转折点，一个新时代的来临，女性主义在启
蒙运动时期开始暗潮汹涌，在法国大革命的推动下最
终爆发，如地壳的构造变动引发海啸一般。这样的运
动破坏力不大，但经常发生，仿佛女性的潜在诉求只
需等待一个缺口便会迸发出来。可以说，性别平衡之
不稳定，如同一座活火山。

　　女性主义的浪潮正如同波浪一样前进。这是一
种具有间歇性、不规则但又反复的运动方式，因为它
不依赖于稳定的组织进行扩张、壮大。女性主义更多
的是一场运动，而非某种党派——尽管有一些成立党

1　吉永娜·勒杜克，《18 世纪英国女性的教育》（*L'Éducation des
Anglaises au XVIIIe siècle*），巴黎，L'Harmattan 出版社，1999 年。

派但失败的尝试——所依靠的是个性鲜明的人物、短暂的集体以及脆弱的协会。没有活动场所使女性主义的发展变得颇为复杂。1848 年的女性主义者只能在那些拥有舒适房间和"足够的椅子"的女性同伴家中聚集活动。然而随着时间的推移，女性组织开始初具规模。20 世纪，各种协会如雨后春笋般涌现，有为"选举权"而奋斗的协会，有支持受教育女性的协会（AFDU），还有各种"联盟"与"委员会"。1888 年，在华盛顿成立了国际妇女委员会（CIF），主要是为了争取妇女选举权，该组织在世界范围内有所发展。法国的妇女委员会（CNFF）于 1901 年成立，到了 1914 年，该组织已经在 28 个国家相继成立了委员会。国际妇女委员会组织大会使女性了解了公共演讲、宣讲旅行与国际关系。亨利·詹姆斯（Henry James）在《波士顿女子》（*Les Bostoniennes*）中描绘了早期女演讲家苦乐参半的形象。

女性主义者采取了多种行动。首先是通过书写，例如请愿书的形式受到了英国女性的青睐，而乔治·桑也将其推荐给那些被剥夺了公民权等其他形式权利的女性。随着 1830 年和 1848 年革命的兴起，一些更为严肃的诉求逐渐浮现，例如对堕胎权 [1] 的争取、男女平等的呼声，书籍与报刊出版的自由也逐步发展起来。路易丝·奥托（Louise Otto）在莱比锡创办了《女性报》，其口号是："我为自由王国招募女公民。"1868 年，安娜·玛丽亚·莫佐尼（Anna Maria Mozzoni）的《女士报》(*La Donna*) 致力于成为欧洲乃至世界性的报刊，就像卡利罗伊·帕雷因（Kallirroi Parein）[2] 的《雅典女士报》一样。由著名女权运动人物玛格丽特·杜朗创办的《投石报》(1897—1905)，为女性所管理、撰写并排版，在短暂时期内一度成为发布重要意见与信息的大报，被同行们争相引用。此外还受益于诸多重要人物的背书，该报不时有科莱特的署名文章，还有颇具才华的记者，如塞韦琳"揭露"雷恩对德雷福斯案的审判的全过程报道。报纸坚定地

---

1 发表在《新观察家》(*Le Nouvel Observateur*) 上《363 名荡妇宣言》(*Mauifestation des 363 Salopes*) 可谓是相关请愿中的里程碑事件。原文佩罗标为 363 个，但本人查找资料获悉为 343 个。故为《343 名荡妇宣言》。——译者注

2 埃莱妮·瓦里卡（Eleni Varikas）在她的博士论文中，首次用法语研究了《女士报》(巴黎第七大学，1989 年)。

支持德雷福斯与露西。露西是德雷福斯坚定而低调的伴侣，在他们的通信中，她展现出无与伦比的勇气[1]。借助这个案件，女性主义者们几乎是通过强行的方式，跻身"知识分子"这一新的公众角色类别，而这个角色类别在过去一直都是以男性为主体考量的[2]。

女性主义者通过集会来行动。最著名的当数由约瑟芬·巴特勒（Josephine Butler）组织的反卖淫抗议集会，《普尔邮报》所揭露的相关丑闻引发了这场运动。1885年8月一个星期六的夜晚，25万人手持白玫瑰涌向伦敦的海德公园，并高呼："为女人投票，保

1　阿尔弗雷德和露西·德雷福斯（Alfred et Lucie Dreyfus），《经常给我写信，写得长长的……魔鬼岛的通信》(*Écris-moi souvent, écris-moi longuement... Correspondance de l'île du Diable*)，由文森·杜克勒（Vincent Duclert）编辑，米歇尔·佩У序，巴黎，Mille et Une Nuits 出版社，Fayard 出版社，2005年。

2　妮可·拉辛（Nicole Racine）和米歇尔·特雷比奇（Michel Trebitsch）（主编），《知识分子：知识分子历史中的性别问题》（*Du genre en histoire des intellectuels*），布鲁塞尔，Complexe 出版社，2004年；2001年，载于《克里奥：历史、女性与社会》期刊，第13期，由玛蒂尔德·杜贝塞（Mathilde Dubesset）和弗洛伦斯·罗什福尔（Florence Rochefort）主编，专题《女知识分子》(*Intellectuelles*)。

卫男性纯洁!"以谴责卖淫行为,捍卫国家的性纯洁。而面对这种具有清教主义色彩的行为,女性主义者内部并没有能达成一致。

尽管女性曾经被禁止上街游行,尽管她们因面临着强烈的谴责而感到不安——一名女示威者坦诚说道:"这让我感到火炽般的痛苦"——女性主义者们还是重新夺回了街道。她们的游行队伍看起来有条不紊、秩序井然。这一幕呈现在老照片中,也给漫画家带去了创作灵感。从波士顿到伦敦和巴黎,她们穿着优雅,头发整齐,高举着标语牌或横幅,挥舞旗帜,并系上了有抗议标识的围巾。两次世界大战之间,由于妇女选举权遭到阻碍,法国女性加大了游行力度,并在市集上分发传单:"法国女性要求投票!"1971 年至 1975 年期间,女性解放运动促使各国女性走上街头,从德国到法国的所有西方国家,甚至日本也不例外。这一次,我们可以称之为"群众性"的运动了。如今,街头和社会运动不再让女性畏惧。

女性示威活动是否存在暴力过激行为?答案是很少。女公民尤伯丁娜·奥克莱特戴着一顶大帽子出席市政厅的婚礼,抗议《民法典》要求女性向丈夫宣誓绝对服从的条款，可谓一次可爱的"插曲"。马德琳·佩尔蒂埃在抗议活动中仅仅用土豆砸碎窗户，那样是为了避免伤及无辜的风险，这已经算是比较能闹腾的了。两次世界大战之间，在杰出女记者路易丝·韦斯的推动下，抗议者们用铁链将自己锁在参议院的门栏上——这座顽固不化的议会机构——然后象征性地要亲手打破自己的束缚。英国女性参政运动的斗士更加具有"战斗"性，走得更远。她们因投掷了一颗炸弹（所幸没有造成什么破坏）被关押，继而在监狱中进行了一次绝食抗议，这是史上首次发生这样的抗议。其中一人是艾米丽·戴维森（Emily Davison，1872—1913），在德比马赛[1]上，她直接跳到了国王马头上。于是她成了女性参政运动的英雄；但在反对者眼里，她被视为疯子。上述事件算得上是女性主义运动中极端暴力的表现。但较为常见的是，女性利用聚会或采用讽刺的方式进行。她们唱着歌，拿着扫把，

1　德比马赛（Derby d'Epsom）是英国一项历史悠久且极具影响力的平地赛马赛事，通常简称为"德比"（The Derby）。该赛事创办于 1780 年，每年在英格兰埃普索姆唐斯赛马场（Epsom Downs Racecourse）举行。——译者注

喊出"燃烧的抹布"这一讽刺口号，高举犀利的横幅。一旦女性走上大街为自己的事业而斗争时，便容易被人们视为具有颠覆性、暴力的行为。

女性主义者还通过一些个人，如知名人士和社会活动家来开展运动。这些人都值得被叙述、被收录于名册。最开始她们是一些孤立的女性，从中产阶级或贵族中所解放出来［如玛丽·沃尔斯通克拉夫特（Mary Wollstonecraft）、蒙塔古夫人（lady Montagu）、蓝袜子母亲（mère des bluestockings）、乔治·桑、弗洛拉·特里斯坦（Flora Tristan）等］。之后一段时间内，女性主义者的范围扩大到工人阶级。但是工人运动对女性主义的态度有些犹豫不决，认为"女性主义是资产阶级的"，由中产阶级知识分子代表，她们通常是新教徒，如女教师、女律师［如玛丽亚·韦罗内（Maria Vérone）、伊冯·内特（Yvonne Netter）、吉赛尔·哈利米（Gisèle Halimi）］、女医生［玛德琳·佩莱蒂埃（Madeleine Pelletier）］、女记者、女作家。20世纪70年代至80年代的女性解放运动的力量在于获得了广泛民众的支持：它为女性大规模争取生育权自由而发声。

女性主义者通过多样化的联盟一同展开行动。她们与自由主义者结盟，因为后者将女性主义视为自由的延伸，如 1869 年发表的经典著作《妇女的服从》（*The Subjection of Women*）的作者约翰·斯图尔特·密尔（John Stuart Mill）便持有此看法。她们还与社会主义者结盟，至少在 19 世纪上半叶是如此。圣西门、傅立叶、罗伯特·欧文、皮埃尔·勒鲁等社会主义者，梦想将受压迫的无产者和女性团结在一起。不过接下来，事情变得更加复杂。理论上来说，性别斗争从属于阶级斗争之下；在权力实践中，无产阶级专政依靠党派，是非常男性化的。在革命斗士的男子气概和家庭主妇的贤良淑德之间，似乎没有留给女性共产党人太多的余地。

新教主义为女性主义带来了许多领导人。自由思想对新教主义持支持态度，但同时也警惕女性的迷信倾向。玛丽亚·德雷斯姆（Maria Deraismes）尽管遭遇困难，仍然创办了法国第一家女性共济会，该协会在通过纽维尔斯和韦伊法案方面发挥了重要作用。新马尔萨斯主义在美国和英国特别活跃，分裂了女性主义。英国人安妮·贝桑特（Annie Besant），法国人内力·鲁塞尔、玛德琳·佩莱蒂埃和加布里埃尔·珀蒂为推动计划生育而奔走呼告，虽然很多人不愿涉及性问题。

此外还存在着天主教女性主义及其所滋养的基督教工会主义。塞西尔·德·科利厄（Cécile de Corlieu）和莱昂蒂娜·桑塔（Léontine Xanta）深受这些思想的影响。这两位曾是年轻时波伏瓦的短暂榜样。《女性也是人》（*La femme aussi est une personne*）是 1936 年《思想》（*Esprit*）期刊上的标题，该期刊由埃马纽埃尔·穆尼埃（Emmanuel Mounier）创办。1949 年，他对《第二性》给予了热烈且友善的评论。然而教会的教义，无论在关于教士的权力与独身，还是关于避孕和女性地位等问题上，均难以接受女性主义的主张。

总的来说，女性主义与现代化、女性主义与民主之间存在着关联。

女性主义如海潮一般，一浪高过一浪。19 世纪，女性为性别平等而奋斗，这是由 17 世纪笛卡尔主义者提出的一个相对较新的概念，在此之后得到进一步的完善与重申，而非刻意强调性别差异而使女性陷入劣势。在不同国家与政治文化之间，女性主义存在一些具体的差异。性别文化在英语国家呈现得更为强烈，包括"母性主义"的变体，瑞典的艾伦·凯（Ellen Key）是其主要拥护者。她在德国以及和平主义者中找到了特别的共鸣，如法国的马德琳·韦尔内（Madeleine Vernet）。

20世纪下半叶，尤其在1970年之后，女性主义转向为女性"解放"而奋斗即开展女性和妇女解放运动，并逐渐发展为"在差异中追求平等"。女性重新发现自己的身体与性别，女性间的快乐、友谊与爱，以及同性之爱。女同性恋作为一种自主力量，重新定义了性别。

女性主义的种种诉求，在本书每一章中均有体现。它们交织勾勒出女性史的不同维度，只不过其时间线因发生在不同国家而有所差异。

人有获得知识的权利，这不仅意味着人应当接受教育，还应该被循循善诱。这无疑是最古老、最持久、最广泛共享的权利。因为它事关一切：解放、工作、晋升、创造与快乐。女性要求受教育的权利构成了第一条战线。女性提出这一要求的同时，也需要通过阅读、写作、进入教育机构等付出的巨大努力来实现。当然，这在不同国家所采用的方法不尽相同。法国普世主义的教育偏重于学位的获取，如朱莉·多比埃（Julie Daubié）通过了高中毕业会考。在英语国家和拥有更多差异化的国家，女性主义者依靠不同的机构，例如埃米莉·戴维森（Emily Davies）在希钦创办了一所女子学院，后在剑桥附近创办了著名的吉尔顿学院（Girton College）。而声誉卓著的剑桥大学直到1948年才勉强开始接收女学生[1]。1848—1850年间，玛尔维达·冯·梅森堡在汉堡开设了一家类似修道院的女子大学。德国的女性主义兼顾教学和教育性质，然而就规模和影响力来看，与美国的众多女子大学则不可同日而语。直至今日，后者［例如韦尔斯利大学（Wellesley College）］培养出了一大批女性精英，如希拉里·克林顿（Hillary Clinton）。

　　女性争取在工作、薪酬、职业和专业方面的权利构成了第二条战线，这兼具经济、法律和象征性维度上的多重意义，也具有明显的社会差异性。尽管工人阶级男性只把女性工资视为"额外收入"，但是他们仍

1　弗朗索瓦丝·巴雷－杜克罗克（Françoise Barret-Ducrocq），《英国女性主义运动的今与昔》，同前引。

然需要女性工资来补贴家用。资产阶级则让她们的妻子享受贵族式的悠闲（otium aristocratique），作为丈夫成功与奢华的象征。旧制度时代的人们这样说道："高贵的生活，就是无所事事。"在资本主义时代，这已经行不通了，但至少女性们还会保留一些宫廷作风，这种生活方式还是能彰显出上流社会的与众不同。这就是为什么她们一旦"工作"，便可能遭到责难——女性去工作被视为一种窘迫、家庭衰败的标志和社会的耻辱。这个阶级的女性不得不通过服务行业进入劳动力市场，因为服务行业的工作更符合女性特质。

女性争取获得公民权利构成了第三条战线，但这被法律层层封锁，英国与法国的情况均不太乐观。普通法将已婚妇女完全置于对丈夫的服从之下，丈夫对妻子的财产拥有绝对管理权，包括妻子自己的收入或工资。在这一点上，1804年的拿破仑法典并没有太大差别，堪称"可耻的民法典"，但这部法典在欧洲及世界其他各地却广为传播。和法国一样，英国女性不得不为管理自己的财产而奋斗，还要争取离婚权、工作权、婚姻财产平等权、共同监护权等权益。后来，她们还争取住所的选择权，甚至姓氏的使用权，斗争至今还在继续，每次都堪称史诗般的法律斗争。

英国卡罗琳·诺顿（Caroline Norton）对其丈夫侵占她的著作权而提起诉讼，可以说是最早发起运用法律斗争并赢得胜利的女性。巴巴拉·利·史密斯·博迪肯（Barbara Leigh Smith Bodichon）为已婚妇女在经济上的独立而进行了奋斗。在获得包括大量女工在内的上千个签名的请愿书支持下，她们成功地向议员施加了压力。1857 年，《已婚妇女财产法》（Married Women's Property Bill）的签署走出了第一步；十年后，1867 年，《婚姻诉讼法》（*Matrimonial Causes Act*）得以完善，最终承认了离婚权。而在法国，女性要等到第三共和国 1884 年《纳凯法》（*loi Naquet*）的颁布才获得类似权益。（夫妻）财产管理的改革更是多年后才姗姗来迟。在天主教国家中，女性获得公民权利尤为困难。这是因为婚姻在天主教中具有神圣地位，且家庭中的父权制观念在世俗社会中根深蒂固。然而公民平等是女性获得个人地位的关键，这也是为什么乔治·桑将其视为政治平等所要求的绝对先决条件。

政治权利包括三方面：选举权、代表权和管理权。在所有领域中，北欧都领先于南欧。芬兰于 1901 年成为第一个授予女性选举权的国家。2000 年，塔里亚·哈洛宁（Tarja Halonen）成为芬兰第一位女总统，她以简朴干练而著称。治大国若烹小鲜，芬兰人将这种现象解释为一种植根于古老人类学结构的母系传统。相比天主教和拉美国家，新教女性主义更积极支持女性获得选举权，并认为女性更能够为国家"这个大家庭"的管理做出与男性不同的贡献。在北欧国家，女性较早获得投票权和政治权利。这些国家毫不犹豫地采取了诸多激励措施。拉美国家则更加推崇男权，虽尊崇母亲，但母亲只能是一个家庭角色。

在法国，女性面临着文化、政治、历史上的种种障碍。过高的门槛使得一些女性和女性主义者在某种程度上放弃了政治——政治是否真的值得投入？ 1970 年，女性解放运动对议会政治嗤之以鼻：私人领域的事务不也是政治吗？然而，诉诸法律是一个常态。法国的性别平等法案建立在欧盟框架之内，最为激进。这导致法国的女性主义分为三大流派：宣扬性别平等的支持派、性别差异支持派，以及标榜共和普遍主义的反对派。目前实际成果较为有限，更多的是一种象征意义[1]。然而女性在政治中持续介入，尤其是在政府的各个层面上，女性开始承担起重要职责。例如在司法和军队这样的传统的男性壁垒领域，有女性担任了部长，有的甚至还当上了总理。现在人们认为，女性担任最高法官也是正常的，甚至是值得期待的。这象征着法国的"玛丽安娜"已从祭坛上走下，进入了政治竞技场。

要求和争取对身体的权利是当代女性主义的特征。波士顿女性健康丛书《我们的身体，我们自己》（*Our Bodies, Ourselves*）[2]销量达数十万册。这象征着新时代的开启。1971 年，吉赛尔·哈利米（Gisèle Halimi）创建了"选择"（Choisir）协会，并在 1972 年

1　前瞻性书籍有弗朗索瓦丝·加斯帕尔（Françoise Gaspard）、安妮·勒·加尔（Anne Le Gall）和克劳德·塞尔万-施赖伯（Claude Servan-Schreiber）的《去获得权力吧，女公民们：自由、平等、平衡》（*Au pouvoir, citoyennes! Liberté, égalité, parité*），巴黎，Seuil 出版社，1992 年。有关历史方法，请参考琼·W. 斯科特（Joan W. Scott）的《平等！普遍性与性别的差异》（*Parité! L'universel et la différence des sexes*），巴黎，Albin Michel 出版社，2005 年。

2　1973 年，译成法语，于 1977 年由 Albin Michel 出版。

巴黎北郊博比尼（Bobigny）[1]的历史性审判中捍卫了避孕自由与自愿终止妊娠的权利。由此在世界各地，女性解放运动将这两项诉求放在首要位置。1975年法国的"韦伊法案"[2]终于承认了相关权利，堪比一场革命。"由我决定是否想要一个孩子，决定什么时候要。"伊冯·尼比勒（Yvonne Knibiehler）有关女性的"人身权"的这一宣言完全颠覆了性别关系角色，成为重大变革的催化剂。与此同时，20世纪80年代，法国及许多其他西方国家开展了多场运动，致力于保护遭受强奸、工作场所性骚扰、乱伦、家庭暴力及虐待的女性。多项法律相继出台，并对相关司法诉讼的审理，以至于人们称之为"国家女性主义""女性受害者化"，

---

1 《选择女性事业：博比尼审判，博比尼法庭辩论的完整速记》（1972年11月8日，*Choisir la cause des femmes, Le Procès de Bobigny, sténotypie intégrale des débats du tribunal de Bobigny*），巴黎，Gallimard出版社，1973年，波伏瓦序；2006年新版，收录吉赛尔·哈利米未发表前言；附有玛丽·克莱尔后记，《我记得一切》（*Je me souviens de tout*，2005年8月）。

2 1974年，法国通过了著名女性政治家、时任卫生部部长西蒙娜·韦伊提出并由她名字命名的"韦伊法案"（*Loi Veil*），奠定了法国堕胎权的基础。——译者注

这也这引发了女性主义者内部的争论[1]。法律的介入已成为性别关系民主化的一个重要标志[2]。

最后，通过漫长的女性解放运动，并凭借以下这些人物可以精选成集的重要著作——从克里斯汀·德·皮桑到弗吉尼亚·伍尔夫，从玛丽·德·古尔奈到玛丽·沃斯通克拉夫特，再到路·安德烈亚斯-萨洛梅、西蒙娜·德·博伊沃尔、莫妮卡·维蒂格、朱迪斯·巴特勒、弗朗索瓦丝·科林，等等——我们得以勾勒出女性主义思想的框架，批判那些非现实的虚无普遍性，提出关于身份、差异和性别等级的问题，质疑性别及其与性关系（孰先孰后？哪个定义哪个？）女性主义谈论同性恋，因为这不仅是个人的权利，还是一种新的处世方式。酷儿理论打破了传统界限和定义。

1　伊丽莎白·巴当特（Élisabeth Badinter），《虚假的道路》（*Fausse route*），巴黎，Odile Jacob 出版社，2003 年。
2　玛丽·海伦·布尔西尔（Marie-Hélène Bourcier），《酷儿区域：性别认同、表征和知识政策》（*Queer Zones. Politiques des identités sexuelles, des représentations et des savoirs*），巴黎，Balland 出版社，2001 年。

女性主义引发了不同程度的反女性主义[1]——从恶俗的厌女漫画到极端的政治批评（如维希反女性主义）。但要衡量这些反女性主义的影响并非易事。这是对最有权势的女性进行施压的手段吗？也许如此。但我们是否应该像皮埃尔·布迪厄[2]那样将反女性主义仅仅视为一种政治游说？在构成社会的互动中，它至少在当代历史性别关系的现代化历程中有着一定标志意义的促进作用。

女性主义使女性成了公共舞台上的参与者，赋予了女性表达诉求的形式，让她们为愿望而发声。女性主义是平等、自由、民主的关键推动者。

波伏瓦曾说过："整部女性史是由男人写就的。……女性主义从来都不是一个自主的运动。"

对此，我们可以有不同的想法。

1　克里斯汀·巴贺（主编），《一世纪的反女性主义》（*Un siècle d'antiféminisme*），巴黎，Fayard 出版社，1999 年。

2　皮埃尔·布迪厄，《男性的统治》（*La Domination masculine*），巴黎，Seuil 出版社，1998 年。

现状如何？

在前五章中，我们沿着女性历史，追溯了多个路径，勾画出以下几大主线：根源与形式、身体、灵魂（宗教、教育、创作）、工作与职业、城市中的女性……这些主题吸引着我们，令人不停地追问：在这些边界之上，哪些是或曾经是关于性别关系的转变？性别差异是如何演变的？它又是以什么样的节奏，围绕什么事件来展开的？男女之间的分工、身份以及等级秩序又是如何嬗变的？

在这段探索历程中，让我感触颇深的是，有如此多的未能言说或者言犹未尽之处，原本我想通过明晰几个特定的点来消除相关困惑，但结果可能适得其反。关于女性健康问题，我本可以谈谈长久以来的"疯女人"[1]之说，正如对男性而言，暴力好像是他们的特征：女性是疯狂的代表，而男性是罪犯的化身。这种观念实质上是一种手段，将女性束缚于她们的身体和假定的不负责任中。

在违法犯罪行为方面，的确存在长期明显的不对称（近几年有所加剧）。在法国监狱里，96%是男性，4%是女性，她们是被遗弃、最为边缘化的人群，仿佛是违反女性标准最为突出的代表。在过去，圣拉扎尔女子监狱曾是女性团结的中心，但如今法国女性监狱只存在于雷恩。监狱的这种不对称性是否体现了男性暴力的恶化，还是呈现出如部分律师所声明的对女性的迫害的加剧？两者或许皆有可能吧。但在所造成问题、症状的背后，根源是什么呢？

我没能谈论残障女性这个问题。残疾所带来的根

1　雅尼克·里帕（Yannick Ripa），《疯女人的循环：19世纪的女性、疯狂与囚禁》（*La Ronde des folles. Femmes, folie et enfermement au XIXe siècle*），巴黎 Aubier 出版社，1986年。

本差异性，是否会强调或消除性别差异[1]？

我也没能谈论奴隶制度中的女性。在改变了非洲和美洲生活的奴隶贸易中，女性所占比例及地位是如何？她们做了些什么？女性的家务工作以及母亲角色又是如何被利用的？她们是否带着适应、抵抗或记忆元素？哪里可以找到这些信息[2]？我们或许可以参考托妮·莫里森（Toni Morrison）的著作《宠儿》（*Boleved*[3]）。

---

1 这正是莫迪·皮奥（Maudy Piot）以及其协会 FDFA（Femmes pour le dire, femmes pour agir）所提出的问题。可参见亨利－雅克·斯蒂克尔（Henri-Jacques Stiker）重要著作，《残疾身体与社会：历史人类学论文》（*Corps infirmes et sociétés. Essais d'anthropologie historique*, 1982），第三版，巴黎 Dunod 出版社，2005 年。

2 汉娜·克拉夫茨（Hannah Crafts），亨利·路易斯·盖茨（Henry Louis Gate Jr.）主编，2002 年；法文翻译本，《一名女奴隶的自传》（*Autobiographie d'une esclave*），巴黎，Payot，2005 年。这部虚构的传记被视为美国内战前黑人女性撰写的第一本著作。

3 出版于 1987 年的《宠儿》是美国黑人女作家托妮·莫里森的第 5 部长篇小说，1988 年莫里森因该书获得普利策奖，1993 年更凭借该书和《所罗门之歌》《爵士乐》等作品荣获诺贝尔文学奖。《宠儿》中文版本可见潘岳、雷格的译本，2006 年由南海出版社出版。——译者注我甚至没能谈及大屠杀中的女性。在对犹太人流放和灭绝中，性别上的差异到底有着怎样的影响？犹太信仰在女性间的传递是否产生了一些后果[1]？或许无法与大屠杀比拟，但在某些种族冲突中，如在前南斯拉夫战争中，女性的身体成为重要的争夺对象，而在斯雷布雷尼察大屠杀[2]中，强奸甚至被系统地作为战争武器使用[3]。

在上述情况下，女性始终是暴力、战争以及男性统治形式的受害者，而男性也同样是受害者。然而，

---

[1] 雅克·菲雅科夫（Jacques Fijalkow，主编），《犹太女性与非犹太女性：痛苦与抵抗》(Juives et non-juives. Souffrances et résistances)，巴黎 Max Chaleil 出版社，2004（法国拉考讷市学术研讨会）。

[2] 斯雷布雷尼察大屠杀是于 1995 年 7 月发生在波斯尼亚和黑塞哥维那的斯雷布雷尼察的一场大屠杀，造成超过 8000 名当地平民的死亡。——译者注

[3] 维罗妮克·纳胡姆-格拉普（Véronique Nahoum-Grappe），《战争与性别差异：系统性强奸（前南斯拉夫，1991—1995 年）》[Guerre et différence des sexes: les viols systématiques (ex-Yougoslavie, 1991—1995)]，收录于 Cécile Dauphin 和 Arlette Farge（主编），《暴力与女性》(De la violence et des femmes)，巴黎 Albin Michel 出版社，1997 年。

这远不能穷尽男女之间的关系，就像受害者的地位远不能概括女性在历史中的地位那样，事实上，女性是懂得抵抗、生存、并构建自己权力的。历史既不是一部女性不幸史，也不是其幸福史。女性是历史的主体——我希望在前面已阐述并充分展示了这一点，即拒绝非黑即白的性别观念。女性并不总是受压迫，她们有时会行使权力，甚至对他者施加压迫；她们也并不总是正确；她们有时拥有着幸福，也会坠入爱河。书写女性历史并不是为了修补历史，而是希冀人们对女性有更多的理解，从整体上去读懂女性。

审视我所梳理的路径，可以发现无论在时间上还是空间上，依然存在不少局限。我主要论述了现代历史，尤其是自己较为熟悉的当代史，因为本人拥有较多相关资源。然而古代和中世纪历史也尤为重要。在这些方面，我的同事拥有更多的史料，他们的想法与思考或许更为宽广，如克里斯蒂安·克拉皮什-祖贝（Christiane Klapisch-Zuber）和保琳·施密特·潘特尔（Pauline Schmitt Pantel）主编的《西方女性史》明显受到人类学视角、神话或神秘主义的影响。的确，在艺术表现领域和宗教中，甚至在法律、家庭关系、日常

生活甚至政治活动中确实如此。最近，安妮·布雷农
（Anne Brenon）[1]的研究呈现了中世纪法国南部奥克西塔
尼地区的卡塔尔派[2]女性是如何被贝居安运动的"反引
导"所吸引的。

甚至史前时代也以性别差异视角被重新审视。克
劳丁·科恩[3]展示了人们对远古时期女性的看法，在美
国（女性）研究的影响下，是如何发生了演变。起初，
史前研究是以男性视角为中心的，女性的痕迹被解释
为宗教、性爱或神话（例如"大女神"）方面的象征。
而今，研究更加倾向于将这类远古时期女性还原到其
多样的社会和性别角色中，重归日常生活。这或许有

1　安妮·布雷农（Anne Brenon），《卡塔尔派女性》（*Les Femmes
cathares*），巴黎，Perrin 出版社，1992 年，再版，2005 年。
2　卡特里派是一种基督教异端，主张禁欲、纯洁的生活方式，
许多女性在宗教活动中享有较高地位，甚至担任了重要的职务。
布雷农在其书中揭示了卡特里派女性的信仰生活、社会角色及她
们在反抗主流教会压迫中的作用，展示了她们如何通过精神信仰
争取更多的平等与独立，挑战当时的宗教和社会规范，为了解中
世纪异端教派中女性的地位提供了重要的史料。——译者注
3　克劳丁·科恩，《起源中的女性：西方史前时期的女性形象》
（*La Femme des origines. Images de la femme dans la préhistoire
occidentale*），见上文。

助于摆脱人们对性别角色的刻板印象，同时避免研究陷入业已被否定的母系社会论中。

这促使我们需要扩展（研究的）时间与空间的范围：跳出西方世界的局限，放眼至印度和日本等亚洲国家，还有拉丁美洲，特别是巴西（坎皮纳斯、里约、弗洛里亚诺波利斯有非常活跃的研究中心），非洲也不容忽视，尽管在那里人们还难以摆脱僵化的种族观念。但女性对商业的发展与城市繁荣的贡献却是毋庸置疑的[1]。

随着女性史经历全球化，我们遇到了经验的多样性与普遍价值的问题。尤其在伊斯兰教方面，我们深知其在文明冲突中的角色。然而性别差异是其中的核心问题，且比人们想象中的要更为复杂。哈比巴·法蒂（Habiba Fathi）[2]就当代中亚女性撰写过一

---

[1] 凯瑟琳·科克里-维德罗维奇（Catherine Coquery-Vidrovitch），《非洲女性：19世纪至20世纪非洲黑人妇女史》（*Les Africaines. Histoire des femmes d'Afrique noire du XIXe au XXe siècle*），巴黎，Desjonquères 出版社，1994年。

[2] 哈比巴·法蒂，《当代中亚的女性权威人物：前苏联伊斯兰教中的祖先探寻与身份重构》，奥利维尔·罗伊序，巴黎，Maisonneuve et Larose 出版社，2004年。

书，其基于 1995 年至 1999 年间的实地调查，涉及苏联解体后的中亚国家：乌兹别克斯坦、土库曼斯坦等。在那里，女性一旦获得了权力和职位，人们便称她们为 otin——"女人世界中的天选之人"。主要得益于她们，传统宗教文化被保留，使得这些国家仍为穆斯林国家。但如今，这些女性面临着新沙特瓦哈比主义的挑战，这是一种试图强制推行更突出原教旨主义和男权主义的伊斯兰教。因此在穆斯林的中亚地区，女性位于国家权力与民族身份的核心位置。女性历史在这种情况下变得至关重要。在该书的序言中，奥利维尔·罗伊（Olivier Roy）主张这些女性史应被视为一种主流历史，并避免被边缘化。他的这番话也适用于整个女性史。女性史的研究往往有故步自封的倾向，虽然潜心钻研女性的实践、场所与生活是令人着迷的，就像深闺和隐秘花园让人沉溺于女性内心与秘密深处的温柔之境，但这种乐趣不应该成为我们厘清性别关系的绊脚石。法蒂的研究方法兼顾普遍价值与特殊性，具有双重意义。她对文化和宗教差异持相对态度，也启发人们从其内部机制来进行剖析。

我们还可以用这种方法去思考头巾问题。面纱源自地中海沿岸，由基督教将其确立为女性依附的标志。尽管面纱在本质上依然是一种象征，但北非甚至法国的女性使用面纱时，可能具有另一层意义：它是一种保护，一种出行方式，一种装饰，一种在带敌意社区、城市中行走更为安全的方式。女性借此可以避开他人的目光。这正是阿西娅·杰巴尔在其多部小说（《在房间中的阿尔及尔女性》《爱情，幻想》《没有坟墓的女人》）中所暗示的，这些作品根植于杰巴尔的故乡阿尔及利亚的女性文化。她超越了这种文化，但并不将其摒弃。当然，这种相对主义有其局限。因为普遍性不是非内在的、天生的，而是通过争取性别平等、身体完整与个体自治来逐渐建立和实现的。这种普遍性尚未完成，也许是永远无法完成的，如同历史无法抵达终点。

如今女性史发展到了哪一步？作为一种叙述，女性史在世界各地，尤其在西方均已不同程度地存在，由此构建了一种有关身份认同的意识觉醒、一种记忆的尝试、一种借助性别差异视角来回顾并重新解读相关事件与变革的方法。在此基础上，一个有关男性和男性气质的历史研究[1]发展出来。在法国，这是一个活跃且颇有成果的领域，拥有不少研究团体与期刊，在公众中远比在大学内部更受到关注。在面对这种新进领域时，大学仍保持谨慎态度，尤其当它怀疑其存在社群主义的风险时。

女性在历史上的地位如何？一言难尽。因为女性们在不同的时期与事件中摇摆不定，一方面是胜利的乐观情绪（"我们赢了"），另一方面是带有幻觉的怀疑态度。在西方，性别平等虽然姗姗来迟，但现在已成为公认原则，甚至在欧洲宪法中也获得了承认。女性进入了原本她们无法涉足的诸多知识和权力的领域，包括军事与政治领域。她们赢得了许多自由，尤其是避孕自由，这是性革命的核心。人们不能再无视她们

---

[1] 安妮-玛丽·索恩（Anne-Marie Sohn）和弗朗索瓦丝·泰拉蒙（Françoise Thélamon，主编），《迈向男性史的研究》（*Vers une histoire de la masculinité*），收录于《没有女性的历史是否可能？》（*L'histoire sans les femmes est-elle possible*），巴黎，Perrin 出版社，1998 年，第 251—312 页；参见安德烈·劳希（André Rauch）和丹尼尔·韦尔泽-朗（Daniel Welzer-Lang）的研究，《暴力的男性》（*Les Hommes violents*），巴黎，Pierre et Coudrier 出版社，1991 年。

的快乐。

然而，理论与实践之间仍存在诸多差距。因此，在职责、职业以及工资平等方面的性别鸿沟依旧显著，女性在如宗教、经济和政治等领域仍阻力重重。尤其在法国，男女均担当家务劳动的情况相当少见。在创作领域也存在此类问题。虽然性别的边界在改变，但是男性的优势领域会重新形成。性别的等级远未消失，女性所取得的成果依然脆弱，而且形势时常会逆转。政治与宗教的极端主义将性别秩序与女性依赖视为他们的杠杆之一，产生了出乎意外的负面影响：孤独、冲突、家庭暴力等。这些问题可能因身份认同的焦虑而加剧，导致性别关系的紧张。

在世界范围内，全球化至少在最初阶段令最弱势的群体变得更加脆弱，特别是其中的女性，面临着贫困、饥饿、战争的威胁。这类国家间和种族间的战争波及的更多是平民，还有艾滋病的肆虐（尤其在非洲）、卖淫网络的猖獗，这与性解放胜利的乐观看法南辕北辙。女性的历史和男性的历史具有相同的悲剧性。

因此，我们试图去衡量的这场性别的革命尚未结束。实际上，它永无止境，如同其他领域一样，不存在所谓"历史的终结"。因此，我们无法终结对女性史的叙述，但可以追溯模糊的"从前"。从头说起，但没有"结束"。

我们需要跟随历史，但我们也可以创造历史。

参考文献 [1]

OUVRAGES GÉNÉRAUX

En guise d'introduction

BEAUVOIR, Simone de, *Le Deuxième Sexe*, Paris, Gallimard, 1949.

BOURDIEU, Pierre, *La Domination masculine*, Paris, Seuil, 1998.

BUTLER, Judith, *Trouble dans le genre. Pour un féminisme de la subversion*, Paris, La Découverte, 2005 (trad. de l'américain, 1990).

GOFFMAN, Erving, *L'Arrangement des sexes*, Paris, La Dispute, 2002 (trad. de l'américain, 1977), présenté par Claude Zaidman.

HÉRITIER, Françoise, *Masculin/Féminin. I, La Pensée de la différence*, Paris, Odile Jacob, 1996 ; *II, Dissoudre la hiérarchie*, Paris, Odile Jacob, 2002.

LAUFER, Jacqueline, MARRY, Catherine et MARUANI, Margaret, *Le Travail du genre. Les sciences sociales du travail à l'épreuve des différences de sexe*, Paris, La Découverte/MAGE, 2003.

MARUANI, Margaret (dir.), *Femmes, genre et sociétés. L'état des savoirs*, Paris, La Découverte, 2005.

MEAD, Margaret, *Sex and Temperament in Three Primitive Societies*, 1935, trad. fr., *Mœurs et sexualité en Océanie*, Paris, Plon, 1963.

–, *L'Un et l'Autre Sexe*, Paris, Denoël-Gonthier, 1966 (trad. de l'américain, 1949).

1. Cette bibliographie n'est pas exhaustive. Principalement de langue française, elle donne les références des livres cités ou principalement utilisés, dont certains, indiqués en notes, ne sont pas repris ici.

SCOTT, Joan W., *Gender and the Politics of History*, Columbia University Press, 1988.

TILLION, Germaine, *Le Harem et les Cousins* (1966), Paris, Seuil, coll. «Points», 2000 (un classique sans cesse réédité sur la condition des femmes dans le pourtour méditerranéen).

Historiographie, sources, méthodes

DUBY, Georges et PERROT, Michelle (dir.), *Femmes et histoire*, Paris, Plon, 1992.

FRAISSE, Geneviève, *Les Femmes et leur histoire*, Paris, Gallimard, coll. «Folio», 1998.

LEDUC, Guyonne (dir.), *Nouvelles sources et nouvelles méthodologies de recherche dans les études sur les femmes*, Paris, L'Harmattan, 2004.

PERROT, Michelle, *Les Femmes ou les Silences de l'histoire*, Paris, Flammarion (1998); en poche, Flammarion, coll. «Champs», 2001.

SOHN, Anne-Marie et THÉLAMON, Françoise (dir.), *Une histoire sans les femmes est-elle possible?*, actes du colloque de Rouen, Paris, Perrin, 1998.

THÉBAUD, Françoise, *Écrire l'histoire des femmes*, ENS-Fontenay, 1998 (la meilleure mise au point historiographique; importante bibliographie).

Histoires générales

DUBY, Georges et PERROT, Michelle (dir.), *Histoire des femmes en Occident*, 5 vol., Paris, Plon, 1991-1992; en poche, Perrin, coll. «Tempus», 2001 : 1, *L'Antiquité*, Pauline Schmitt Pantel (dir.); 2, *Le Moyen Âge*, Christiane Klapisch-Zuber (dir.); 3, *Temps modernes*, Arlette Farge et Natalie Z.-Davis (dir.); 4, *Le XIXe siècle*, Geneviève Fraisse et Michelle Perrot (dir.); 5, *Le XXe siècle*, Françoise Thébaud (dir.).

FAURÉ, Christine (dir.), *Encyclopédie politique et historique des femmes*, Paris, PUF, 1997.

COLLIN, Françoise, PISIER, Évelyne et VARIKAS, Eleni, *Les Femmes de Platon à Derrida. Anthologie critique*, Paris, Plon, 2000 (recueil de textes philosophiques commentés).

Des manuels commodes

BARD, Christine, *Les Femmes dans la société française au XXe siècle*, Paris, Armand Colin, 2000.

BEAUVALET-BOUTOUYRIE, Scarlett, *Les Femmes à l'époque moderne (XVIe-XVIIIe siècles)*, Paris, Belin, coll. «Belin sup/histoire», 2003.

GODINEAU, Dominique, *Les Femmes dans la société française, XVIe-XVIIIe siècle*, Paris, Armand Colin, 2003.

HUFTON, Olwen, *A History of Women in Western Europe. I, 1500-1800*, Londres, HarperCollins Publishers, 1995.

RIPA, Yannick, *Les Femmes dans l'histoire, France, 1789-1945*, Paris, SEDES, 1999.

ZANCARINI-FOURNEL, Michelle, *Histoire des femmes en France, XIXe-XXe siècles*, Rennes, Presses universitaires, 2005.

BIBLIOGRAPHIE SÉLECTIVE SELON LES THÈMES

Discours et images

AGULHON, Maurice, *Marianne au combat*, Paris, Flammarion, 1979.

–, *Marianne au pouvoir*, Paris, Flammarion, 1989.

–, *Les Métamorphoses de Marianne*, Paris, Flammarion, 2001.

BASCH, Françoise, *Les Femmes victoriennes: roman et société*, Paris, Payot, 1979.

BONNET, Marie-Jo, *Les Femmes dans l'art*, Paris, La Martinière, 2004.

COHEN, Claudine, *La Femme des origines. Images de la femme dans la préhistoire occidentale*, Paris, Belin-Herscher, 2003.

DUBY, Georges (dir.), *Images de femmes*, Paris, Plon, 1992.

HEINICH, Nathalie, *États de femme. L'identité féminine dans la fiction occidentale*, Paris, Gallimard, 1992.

MICHAUD, Stéphane, *Muse et madone. Visages de la femme de la Révolution française aux apparitions de Lourdes*, Paris, Seuil, 1985.

SCHMITT, Jean-Claude (dir.), *Ève et Pandora. La création de la première femme*, Paris, Gallimard, coll. «Le temps des images», 2001.

SELLIER, Geneviève, *La Drôle de guerre des sexes du cinéma français, 1930-1956*, Paris, Nathan, 1996.

–, *La Nouvelle Vague. Un cinéma au masculin singulier*, Paris, CNRS éditions, 2005.

VEYNE, Paul, LISSARAGUE, François et FRONTISI-DUCROUX, Françoise, *Les Mystères du gynécée*, Paris, Gallimard, coll. « Le temps des images », 1998.

Femmes dans les archives (publiques et privées)

FARGE, Arlette, *Vivre dans la rue à Paris au XVIIIe siècle*, Paris, Gallimard, coll. « Archives », 1979.

–, *La Vie fragile. Violence, pouvoirs et solidarités à Paris au XVIIIe siècle*, Paris, Hachette, 1986.

LEJEUNE, Philippe, *Le Moi des demoiselles. Enquête sur le journal de jeune fille*, Paris, Seuil, 1993.

PLANTÉ, Christine, *L'Épistolaire, un genre féminin ?*, Paris, Honoré Champion, 1998.

ROCHE, Anne et TARANGER, Marie-Claude, *Celles qui n'ont pas écrit. Récits de femmes dans la région marseillaise, 1914-1945*, Aix-en-Provence, Édisud, 1995, préface de Philippe Lejeune (un très bon exemple d'histoire orale).

SOHN, Anne-Marie, *Chrysalides. Femmes dans la vie privée, XIXe-XXe siècles*, Paris, Publications de la Sorbonne, 1996 (d'après les archives judiciaires).

Voix de femmes dans les bibliothèques

ADLER, Laure, *À l'aube du féminisme. Les premières femmes journalistes (1830-1850)*, Paris, Payot, 1979.

THÉBAUD, Françoise (dir.), *Pas d'histoire sans elles*, Centre régional de documentation pédagogique Orléans-Tours, 2004 (édité à l'occasion des *Rendez-vous de l'histoire* de Blois, 2004, consacrés aux femmes dans l'histoire).

THIESSE, Anne-Marie, *Le Roman du quotidien. Lectures et lecteurs à la*

Belle Époque, Paris, Le Chemin vert, 1983.

TILLIER, Annick, *Des sources pour l'histoire des femmes : guide*, Paris, Bibliothèque nationale de France, 2004.

–, (dir.), numéro spécial «Femmes» de la *Revue de la Bibliothèque nationale de France*, n° 17, 2004.

Le corps

ALBERT, Nicole G., *Saphisme et décadence dans Paris fin-de-siècle*, Paris, La Martinière, 2005.

BADINTER, Élisabeth, *L'Amour en plus. Histoire du sentiment maternel, XVIIe- XXe siècle*, Paris, Flammarion, 1980.

–, *L'un est l'autre : des relations entre hommes et femmes*, Paris, Odile Jacob, 1986.

BARD, Christine, *Les Garçonnes. Modes et fantasmes des Années folles*, Paris, Flammarion, 1998.

BARRET-DUCROCQ, Françoise, *L'Amour sous Victoria. Sexualité et classes populaires à Londres au XIXe siècle*, Paris, Plon, 1989.

BASCH, Françoise, *Rebelles américaines au XIXe siècle : mariage, amour libre et politique*, Paris, Klincksieck, 1990.

BEAUVALET-BOUTOUYRIE, Scarlett, *Naître à l'hôpital au XIXe siècle*, Paris, Belin, 1998.

–, *Être veuve sous l'Ancien Régime*, Paris, Belin, 2001.

BOLTANSKI, Luc, *La Condition fœtale. Une sociologie de l'engendrement et de l'avortement*, Paris, Gallimard, 2004.

BONNET, Marie-Jo, *Un choix sans équivoque. Recherches historiques sur les relations amoureuses entre les femmes*, Paris, Denoël, 1981.

–, *Les Relations entre les femmes*, Paris, Odile Jacob, 1995 (édition revue et augmentée).

BOUREAU, Alain, *Le Droit de cuissage. La fabrication d'un mythe*, Paris, Albin Michel, 1995.

BROSSAT, Alain, *Les Tondues. Un carnaval moche*, Paris, Manya, 1992.

BRUIT, Louise, HOUBRE, Gabrielle, KLAPISCH-ZUBER, Christiane et SCHMITT PANTEL, Pauline (dir.), *Le Corps des jeunes filles de l'Antiquité à nos jours*, Paris, Perrin, 2001.

CAMPORESI, Pierre, *Les Baumes de l'amour*, Paris, Hachette, 1990.

CORBIN, Alain, *Les Filles de noce. Misère sexuelle et prostitution au XIXe siècle*, Paris, Aubier, 1978.

–, COURTINE, Jean-Jacques et VIGARELLO, Georges (dir.), *Histoire du corps*, 3 vol., Paris, Seuil, 2005-2006.

DAUMAS, Maurice, *La Vie conjugale au XVIIIe siècle*, Paris, Perrin, 2004.

DAUPHIN, Cécile et FARGE, Arlette (dir.), *De la violence et des femmes*, Paris, Albin Michel, 1997.

–, *Séduction et sociétés. Approches historiques*, Paris, Albin Michel, 2001.

DUBY, Georges, *Mâle Moyen Âge. De l'amour et autres essais*, Paris, Flammarion, 1988.

–, *Le Chevalier, la Femme et le Prêtre. Le mariage dans la France féodale*, Paris, Hachette, 1981.

EDELMAN, Nicole, *Les Métamorphoses de l'hystérique au XIXe siècle*, Paris, La Découverte, 2003.

FOUCAULT, Michel, *La Volonté de savoir*, t. 1 de *Histoire de la sexualité*, Paris, Gallimard, 1976.

–, *Herculine Barbin dite Alexina B*, Paris, Gallimard, coll. «Les vies parallèles», présenté par Michel Foucault, 1978.

GAUTHIER, Xavière, *Naissance d'une liberté. Contraception, avortement : le grand combat des femmes au XXe siècle*, Paris, Robert Laffont, 2002.

GÉLIS, Jacques, *L'Arbre et le Fruit. La naissance dans l'Occident moderne, XVIe-XIXe siècles*, Paris, Fayard, 1984.

HENRIOT, Christian, *Belles de Shanghai. Prostitution et sexualité en Chine aux XIXe-XXe siècles*, Paris, CNRS éditions, 1997.

HOUBRE, Gabrielle, *La Discipline de l'amour. L'éducation sentimentale des filles et des garçons au XIXe siècle*, Paris, Plon, 1997.

– (dir.), «Le temps des jeunes filles», *Clio. Histoire, femmes et sociétés*, n° 4, 1996.

KNIBIEHLER, Yvonne, *La Révolution maternelle depuis 1945. Femmes, maternité, citoyenneté*, Paris, Perrin, 1997.

– et MARAND-FOUQUET, Catherine, *Histoire des mères du Moyen Âge à nos jours*, Paris, Montalba, 1980 ; rééd. Paris, Hachette, coll. «Pluriel», 1982.

LAMBIN, Rosine, *Le Voile des femmes. Un inventaire historique, social et psychologique*, Berne, Peter Lang, 1999.

LAQUEUR, Thomas, *La Fabrique du sexe. Essai sur le corps et le genre en*

LAQUEUR, Thomas, *La Fabrique du sexe. Essai sur le corps et le genre en Occident*, Paris, Gallimard, 1992 (trad. de l'américain, 1990).

LE NAOUR, Jean-Yves et VALENTI, Catherine, *Histoire de l'avortement, XIXe - XXe siècle*, Paris, Seuil, 2003.

LOUIS, Marie-Victoire, *Le Droit de cuissage, France, 1860-1930*, Paris, L'Atelier, 1994.

MOSSUZ-LAVAU, Janine, *Les Lois de l'amour : les politiques de la sexualité en France de 1950 à nos jours*, Paris, Payot, 1991.

MURARO, Luisa, *L'Ordre symbolique de la mère*, Paris, L'Harmattan, 2003 (trad. de l'italien, 1991).

PIGEOT, Jacqueline, *Femmes galantes, femmes artistes dans le Japon ancien (XIe - XIIIe siècle)*, Paris, Gallimard, 2003.

RIPA, Yannick, *La Ronde des folles. Femmes, folie et enfermement au XIXe siècle*, Paris, Aubier, 1986.

SÈVEGRAND, Martine, *Les Enfants du Bon Dieu. Les catholiques français et la procréation (1919-1969)*, Paris, Albin Michel, 1995.

SMITH, Bonnie, *Les Bourgeoises du nord de la France*, Paris, Perrin, 1989 (trad. de l'américain, 1981).

SOHN, Anne-Marie, *Du premier baiser à l'alcôve. La sexualité des Français au quotidien, 1850-1950*, Paris, Aubier, 1996.

STEINBERG, Sylvie, *La Confusion des sexes. Le travestissement, de la Renaissance à la Révolution*, Paris, Fayard, 2001.

TAMAGNE, Florence, *Histoire de l'homosexualité en Europe. Berlin, Londres, Paris, 1919-1939*, Paris, Seuil, coll. «L'univers historique», 2000.

TARAUD, Christelle, *La Prostitution coloniale. Algérie, Tunisie, Maroc, 1830-1962*, Paris, Payot, 2003.

TERRET, Thierry (dir.), *Sport et genre*, 4 vol., Paris, L'Harmattan, 2006.

TILLIER, Annick, *Des criminelles au village. Femmes infanticides en Bretagne (XIXe siècle)*, Rennes, Presses universitaires, 2002.

VERDIER, Yvonne, *Façons de dire, façons de faire. La laveuse, la couturière, la cuisinière, la femme qui aide*, Paris, Gallimard, 1979.

VIGARELLO, Georges, *Histoire du viol, XVIe - XXe siècle*, Paris, Seuil, 1998.

–, *Histoire de la beauté. Le corps et l'art d'embellir de la Renaissance à nos jours*, Paris, Seuil, 2004.

VIRGILI, Fabrice, *La France « virile ». Des femmes tondues à la Libération,*

Paris, Payot, 2000.

L'âme

AGACINSKI, Sylviane, *Métaphysique des sexes. Masculin/Féminin aux sources du christianisme*, Paris, Seuil, 2005.

BASHKIRTSEFF, Marie, *Journal (1877-1879)*, Lausanne, L'Âge d'homme, 1999 (dans le cadre du projet de publication intégrale, par Lucile Le Roy).

BECHTEL, Guy, *La Sorcière et l'Occident*, Paris, Plon, 1997.

–, *Les Quatre Femmes de Dieu. La putain, la sorcière, la sainte et Bécassine*, Paris, Plon, 2000.

Berthe Morisot, Catalogue de l'exposition de Lille (2002), Paris, Réunion des Musées nationaux, 2002.

BONNET, Marie-Jo, *Les Deux Amies. Essai sur le couple de femmes dans l'art*, Paris, éditions Blanche, 2000.

–, en préparation : *Guide des femmes artistes dans les musées de France.*

BREDIN, Jean-Denis, *Une singulière famille (les Necker)*, Paris, Fayard, 1999.

CERCOR (collectif), *Les Religieuses dans le cloître et dans le monde* (colloque, Poitiers, 1988), université de Saint-Étienne, 1994.

CHOLVY, Gérard (dir.), *La Religion et les Femmes (colloque de Bordeaux, 2001)*, Montpellier, université Paul-Valéry, 2002.

COHEN, Esther, *Le Corps du diable. Philosophes et sorcières à la Renaissance*, Paris, Léo Scheer, 2004 (trad. de l'espagnol, 2003).

COSNIER, Colette, *Marie Bashkirtseff. Un portrait sans retouches*, Paris, Horay, 1985.

DAVIS, Natalie Z., *Juive, catholique, protestante. Trois femmes en marge au XVIIᵉ siècle*, Paris, Seuil, coll. « La Librairie du XXᵉ et du XXIᵉ siècle », trad. de l'américain, 1997.

DELUMEAU, Jean (dir.), *La Religion de ma mère. Le rôle des femmes dans la transmission de la foi*, Paris, Cerf, 1992.

DUQUESNE, Jacques, *Marie*, Paris, Plon, 2004.

FAVRET-SAADA, Jeanne, *Les Mots, la Mort, les Sorts*, Paris, Gallimard, 1985.

FRAISSE, Geneviève, MÉNARD-DAVID, Monique et TORT, Michel, *L'Exercice du savoir et la Différence des sexes*, Paris, L'Harmattan, 1991.

FRIANG, Michèle, *Augusta Holmès ou la Gloire interdite. Une femme compositeur au XIXᵉ siècle*, Paris, Autrement, 2003.

GOULD, Steven G., *La Mal-Mesure de l'homme*, Paris, Odile Jacob, 1997.

HECQUET, Michèle (dir.), *L'Éducation des filles au temps de George Sand*, Arras, Presses universitaires d'Artois, 1998.

HIGONNET, Anne, *Berthe Morisot, une biographie, 1841-1895*, Paris, Adam Biro, 1989 (trad. de l'américain, 1988).

HOOCK-DEMARLE, Marie-Claire, *La Femme au temps de Goethe*, Paris, Stock, 1987.

KRISTEVA, Julia, *Le Génie féminin. La vie, la folie, les mots. Hannah Arendt, Melanie Klein, Colette*, Paris, Fayard, 3 vol., 1999-2001.

LANGLOIS, Claude, *Le Catholicisme au féminin. Les congrégations françaises à supérieure générale au XIXᵉ siècle*, Paris, Cerf, 1984.

LE DOEUFF, Michèle, *Le Sexe du savoir*, Paris, Aubier, 1998.

LEDUC, Guyonne, *L'Éducation des Anglaises au XVIIIᵉ siècle. La conception de Henry Fielding*, Paris, L'Harmattan, 1999.

– (dir.), *L'Éducation des femmes en Europe et en Amérique du Nord. De la Renaissance à 1848*, Paris, L'Harmattan, 1997.

MAÎTRE, Jacques, *Mystique et féminité. Essai de psychanalyse socio-historique*, Paris, Cerf, 1997.

MAYEUR, Françoise, *L'Éducation des filles en France au XIXᵉ siècle*, Paris, Hachette, 1979.

NOËL, Denise, «Les femmes peintres dans la seconde moitié du XIXᵉ siècle», *Clio. Histoire, femmes et sociétés*, «Femmes et images», n° 19, 2004, p. 85-103.

OZOUF, Mona, *Les Mots des femmes. Essai sur la singularité française*, Paris, Fayard, 1995.

PLANTÉ, Christine, *La Petite Sœur de Balzac. Essai sur la femme auteur*, Paris, Seuil, 1989.

REID, Martine, *Signer Sand. L'œuvre et le nom*, Paris, Belin, coll. «L'extrême contemporain», 2003.

ROGERS, Rebecca (dir.), *La Mixité dans l'éducation. Enjeux passés et présents*, Paris, ENS éditions, 2004, préface de Geneviève Fraisse.

SALLMANN, Jean-Michel, *Les Sorcières, fiancées de Satan*, Paris, Gallimard, coll. «Découvertes», 1989.

SCHMITT PANTEL, Pauline, «La création de la femme: un enjeu pour l'histoire des femmes?», *in* Jean-Claude Schmitt (dir.), *Ève et Pandora. La création de la femme*, Paris, Gallimard, coll. «Le temps des images», p. 211-232.

VIDAL, Catherine et BENOIST-BROWAEYS, Dorothée, *Cerveau, sexe et pouvoir*, Paris, Belin, 2005.

WEIBEL, Nadine B., *Par-delà le voile. Femmes d'Islam en Europe*, Bruxelles, Complexe, 2000.

Le travail des femmes

AUDOUX, Marguerite, *Marie-Claire* (1910), Paris, Grasset, coll. «Les cahiers rouges», 1987.

–, *L'Atelier de Marie-Claire* (1920), Paris, Grasset, coll. «Les cahiers rouges», 1987.

CLARK, Linda L., *The Rise of Professional Women in France. Gender and Public Administration since 1830*, Cambridge University Press, 2000.

CLAVERIE, Élisabeth, et LAMAISON, Pierre, *L'Impossible Mariage. Violence et parenté en Gévaudan*, Paris, Hachette, 1982.

DOWNS, Laura Lee, *L'Inégalité à la chaîne. La division sexuée du travail dans l'industrie métallurgique en France et en Angleterre*, Paris, Albin Michel, 2002.

FOURCAUT, Annie, *Femmes à l'usine dans l'entre-deux guerres*, Paris, Maspero, 1982.

GARDEY, Delphine, *La Dactylographe et l'Expéditionnaire. Histoire des employés de bureau (1890-1930)*, Paris, Belin, 2001.

GUILBERT, Madeleine, *Les Fonctions des femmes dans l'industrie*, Paris, Mouton, 1966.

KAUFMANN, Jean-Claude, *La Trame conjugale. Analyse du couple par son linge*, Paris, Nathan, 1992, Pocket, 1997.

–, *Le Cœur à l'ouvrage. Théorie de l'action ménagère*, Paris, Nathan, 1997, Pocket, 2000.

–, *Casseroles, amour et crises. Ce que cuisiner veut dire*, Paris, Armand Colin, 2005.

KERGOAT, Danièle, *Les Ouvrières*, Paris, Syros, 1982.

MAGLOIRE, Franck, *Ouvrière*, La Tour-d'Aigues, L'Aube, 2003.

MARTIN-FUGIER, Anne, *La Place des bonnes. La domesticité féminine à Paris en 1900*, Paris, Grasset, 1979, 1985.

–, *La Bourgeoise. Femme au temps de Paul Bourget*, Paris, Grasset, 1983, 1988.

–, *Comédienne. De Mlle Mars à Sarah Bernhardt*, Paris, Seuil, 2001.

MARUANI, Margaret, *Les Syndicats à l'épreuve du féminisme*, Paris, Syros, 1979.

–, *Travail et emploi des femmes*, Paris, La Découverte, coll. «Repères», 2000.

OMNÈS, Catherine, *Ouvrières parisiennes. Marchés du travail et trajectoires professionnelles au XXe siècle*, Paris, EHESS, 1977.

OZOUF, Jacques et Mona, *La République des instituteurs*, Paris, Gallimard, 1992.

PINTO, Josiane, «Une relation enchantée: la secrétaire et son patron», *Actes de la recherche en sciences sociales*, n° 84, septembre 1990, p. 32-48.

SCHWEITZER, Sylvie, *Les femmes ont toujours travaillé. Une histoire de leurs métiers, XIXe-XXe siècle*, Paris, Odile Jacob, 2002 (une synthèse claire et informée).

SEGALEN, Martine, *Mari et femme dans la société paysanne*, Paris, Flammarion, 1980.

SCOTT, Joan W. et TILLY, Louise, *Les Femmes, le Travail et la Famille*, Marseille, Rivages, 1987 (trad. de l'américain, 1978).

Femmes dans la Cité

BENSTOCK, Shari, *Femmes de la rive gauche, Paris, 1900-1940*, Paris, Des femmes, 1987.

BIRKETT, Dea, *Spinsters Abroad: Victorian Lady Explorers*, Oxford, Blackwell, 1989.

BLANC, Olivier, *Marie-Olympe de Gouges, 1748-1793. Une humaniste* *à la fin du XVIIIe siècle*, Paris, René Viénet, 2003.

BOUVIER, Jeanne, *Mes Mémoires ou Cinquante-neuf années d'activité industrielle, sociale et intellectuelle d'une ouvrière (1876-1935)*, 1936, nouvelle édition par Daniel Armogathe et Maïté Albistur, Paris, Maspero, 1983.

BRIVE, Marie-France (dir.), *Les Femmes et la Révolution française*, Toulouse, Presses universitaires du Mirail, 1991.

CAPDEVILA, Luc, ROUQUET, François, VIRGILI, Fabrice et VOLDMAN, Danièle, *Hommes et femmes dans la France en guerre (1914-1945)*, Paris, Payot, 2003 (une comparaison des effets des deux guerres sur les rapports de sexes).

CHARLES-ROUX, Edmonde, *Un désir d'Orient. Jeunesse d'Isabelle Eberhardt*, Paris, Grasset, 1988.

COLLIN, Françoise, *L'homme est-il devenu superflu ? Hannah Arendt*, Paris, Odile Jacob, 1999.

CORBIN, Alain (dir.), LALOUETTE, Jacqueline et RIOT-SARCEY, Michèle, *Femmes dans la Cité, 1815-1871*, Grâne, Créaphis, 1997.

COSANDEY, Fanny, *La Reine de France. Symbole et pouvoir*, Paris, Gallimard, 2000.

DIÉBOLT, Évelyne, *Les Femmes dans l'action sanitaire, sociale et culturelle (1801-2001)*, publié par l'association «Femmes et associations», 2001.

FAYET-SCRIBE, Sylvie, *Associations féminines et catholicisme. De la charité à l'action sociale, XIXe- XXe siècles*, Paris, Éditions ouvrières, 1990.

FRAISSE, Geneviève, *Les Deux Gouvernements : la famille et la Cité*, Paris, Gallimard, 2000.

GAUTHIER, Xavière, *La Vierge rouge. Biographie de Louise Michel*, Paris, Max Chaleil, 1999.

GAUTIER, Arlette, *Les Sœurs de solitude. La condition féminine aux Antilles françaises pendant l'esclavage*, Paris, Éditions caribéennes, 1985.

GODINEAU, Dominique, *Citoyennes tricoteuses. Les femmes du peuple à Paris pendant la Révolution*, Aix-en-Provence, Alinéa, 1988.

GRUBER, Helmut et GRAVES, Pamela (dir.), *Women and Socialism. Socialism and Women. Europe between the Two World Wars*, New York, Oxford, Berghahn Books, 1998.

GUÉRAICHE, William, *Les Femmes et la République. Essai sur la répartition du pouvoir de 1943 à 1979*, Paris, L'Atelier, 1999.

GUILBERT, Madeleine, *Les Femmes et l'Organisation syndicale avant 1914*, Paris, CNRS, 1966.

HOGDSON, Barbara, *Les Aventurières. Récits de femmes voyageuses*, Paris, Seuil, 2002 (trad. de l'américain).

KANDEL, Liliane (dir.), *Féminismes et nazisme*, Paris, Odile Jacob, 2004, préface d'Élisabeth de Fontenay.

KOONZ, Claudia, *Les Mères-patrie du IIIe Reich*, Paris, Lieu commun, coll. «Histoire», 1989 (trad. de l'américain, 1986).

LE BRAS-CHOPARD, Armelle et MOSSUZ-LAVAU, Janine (dir.), *Les Femmes et la Politique*, Paris, L'Harmattan, 1997.

LORAUX, Nicole, *Les Enfants d'Athéna*, Paris, Maspero, 1981.

–, «La cité, l'historien, les femmes», *Pallas*, 1985, p. 7-39.

–, *Les Expériences de Tirésias. Le féminin et l'homme grec*, Paris, Gallimard, 1989.

MARTIN-FUGIER, Anne, *Les Salons de la IIIe République. Art, littérature, politique*, Paris, Perrin, 2003.

MAUGUE, Annelise, *L'Identité masculine en crise au tournant du siècle*, Paris/Marseille, Rivages, 1987.

MICHEL, Louise, *«Je vous écris de ma nuit.» Correspondance générale, 1850-1904*, édition établie et présentée par Xavière Gauthier, Paris, Max Chaleil, 1999.

MUEL-DREYFUS, Francine, *Vichy et l'Éternel féminin. Contribution à une sociologie politique de l'ordre des corps*, Paris, Seuil, 1996.

PERROT, Michelle, *Femmes publiques*, Paris, Textuel, 1997.

RAUCH, André, *Le Premier Sexe. Mutations et crise de l'identité masculine*, Paris, Hachette Littératures, 2000.

–, *L'Identité masculine à l'ombre des femmes. De la Grande Guerre à la Gay Pride*, Paris, Hachette Littératures, 2004.

REYNOLDS, Sian F., *Women, State and Revolution: Essays on Power and Gender in Europe since 1789*, Amherst, The University of Massachusetts Press, 1987.

SOWERWINE, Charles, *Les Femmes et le Socialisme*, Paris, Presses de la Fondation nationale des sciences politiques, 1978.

THALMANN, Rita, *Être femme sous le IIIe Reich*, Paris, Tierce, 1982.

–, *Femmes et fascismes* (dir.), Paris, Tierce, 1986.

THÉBAUD, Françoise, *La Femme au temps de la guerre de 14*, Paris, Stock, 1986.

VEAUVY, Christiane et PISANO, Laura, *Paroles oubliées. Les femmes et la construction de l'État-nation en France et en Italie, 1789-1860*, Paris, Armand Colin, 1997.

VENAYRE, Sylvain, *La Gloire de l'aventure. Genèse d'une mystique moderne, 1850-1940*, Paris, Aubier, 2002.

VIENNOT, Éliane, *Marguerite de Valois : histoire d'une femme, histoire d'un mythe*, Paris, Payot, 1993 ; rééd., Paris, Perrin, coll. « Tempus », 2006.

– (dir.), *La Démocratie à la française ou les Femmes indésirables*, Paris, CEDREF, université Paris-VII, 1996.

ZYLBERBERG-HOCQUARD, Marie-Hélène, *Féminisme et syndicalisme avant 1914*, Paris, Anthropos, 1978.

–, *Femmes et féminisme dans le mouvement ouvrier français*, Paris, Éditions ouvrières, 1981.

SUR LE/LES FÉMINISMES

Trois ouvrages généraux, dotés de riches bibliographies :

Dictionnaire critique du féminisme, sous la direction de Helena Hirata, Françoise Laborie, Hélène Le Doaré, Danièle Senotier, Paris, PUF, 2ᵉ édition, 2001.

RIOT-SARCEY, Michèle, *Histoire du féminisme*, Paris, La Découverte, coll. « Repères », 2002.

Collectif (Éliane Gubin, Catherine Jacques, Florence Rochefort, Brigitte Studer, Françoise Thébaud, Michelle Zancarini-Fournel [dir.]), *Le Siècle des féminismes (XXᵉ siècle)*, Paris, L'Atelier, 2004.

Pour la France, nombreuses études, en particulier :

BARD, Christine, *Les Filles de Marianne. Histoire des féminismes, 1914-1940*, Paris, Fayard, 1995.

–, (dir.), *Un siècle d'antiféminisme*, Paris, Fayard, 1999.

CHAPERON, Sylvie, *Les Années Beauvoir, 1945-2000*, Paris, Fayard, 2000.

KLEJMAN, Laurence et ROCHEFORT, Florence, *L'Égalité en marche. Le féminisme sous la IIIᵉ République*, Paris, Presses de la FNSP/Des femmes, 1989.

PICQ, Françoise, *Libération des femmes. Les années-mouvement*, Paris, Seuil, 1993.

RIOT-SARCEY, Michèle, *La Démocratie à l'épreuve des femmes. Trois figures critiques du pouvoir (1830-1848)*, Paris, Albin Michel, 1994.

SCOTT, Joan, *La Citoyenne paradoxale. Les féministes françaises et les droits de l'homme*, Paris, Albin Michel, 1998 (trad. de l'américain, 1996).

–, *Parité! L'universel et la différence des sexes*, Paris, Albin Michel, 2005.

Pour l'Angleterre :

BARRET-DUCROCQ, Françoise, *Le Mouvement féministe anglais d'hier à aujourd'hui*, Paris, Ellipses, 2000.

–, *Mary Wollstonecraft*, Paris, Didier, 1999.

Pour l'Europe :

HOOCK-DEMARLE, Marie-Claire (dir.), *Femmes, nations, Europe*, Paris, université Paris-VII, 1995.

OFFEN, Karen, *European Feminism, 1700-1950*, Stanford University Press, 2000.

REVUES

Clio. Histoire, femmes et sociétés, Toulouse, Presses universitaires du Mirail (5, allée Antonio-Machado, 31058 Toulouse Cedex 9). 22 numéros parus (deux par an), 1995-2005 : numéros thématiques sur la plupart des thèmes abordés ici, avec historiographies, bibliographies et débats ; comptes rendus, informations ; un instrument de travail indispensable.

Archives du féminisme (informations sur les archives, les séminaires et les recherches en cours) : Christine.Bard@univ-angers.fr

Travail, genre et sociétés, La revue du MAGE, 15 numéros parus (avril 2006), éditée par Nathan jusqu'en 2004, par Armand Colin à partir de 2005.

图书在版编目(CIP)数据

我的女性史 / (法) 米歇尔·佩罗著；缪君译.
上海：上海人民出版社，2025. -- ISBN 978-7-208
-19500-4

Ⅰ. D441.9

中国国家版本馆 CIP 数据核字第 20258SU212 号

责任编辑 马瑞瑞
装帧设计 山川制本 workshop

我的女性史

[法]米歇尔·佩罗 著

缪 君 译

向 宇 校

出 版	上海人民出版社	
	(201101 上海市闵行区号景路 159 弄 C 座)	
发 行	上海人民出版社发行中心	
印 刷	浙江新华数码印务有限公司	
开 本	787×1092 1/32	
印 张	11.25	
插 页	5	
字 数	162,000	
版 次	2025 年 7 月第 1 版	
印 次	2025 年 7 月第 1 次印刷	

ISBN 978 - 7 - 208 - 19500 - 4/B · 1838

定 价 86.00 元